# 作者简介

张秉义，男，1950年5月生，中共党员，中国共产党第十七次全国代表大会代表，教授。曾先后任郑州大学党委副书记、河南财经学院党委书记、河南大学党委书记、河南省十届政协秘书长。

多年来，在《求是》、《高校理论战线》等报刊发表文章数十篇。主编、参编《大学生保密知识概览》、《大学生心理咨询》、《高校思想教育教程》等多部著作。

现为河南中华豫剧文化促进会副会长兼秘书长。

# 作者简介

韦有义,男,汉族,中共党员,大学本科,1948年4月生于河南洛宁。曾为新疆军区骑兵团战士,河南省教育厅办事员,河南省司法厅调研员,《中国律师报》特约记者。著有《解读朋友》一书。

现为河南中华豫剧文化促进会理事,河南作家协会会员。

# 桑振君传
SANGZHENJUN ZHUAN

张秉义 韦有义 著

**图书在版编目(CIP)数据**

桑振君传/张秉义,韦有义著. —— 郑州:河南大学出版社,2014.1
ISBN 978-7-5649-0820-1

Ⅰ.①桑… Ⅱ.①张…②韦… Ⅲ.①桑振君(1929~2004)-传记 Ⅳ.①K825.78-64

中国版本图书馆 CIP 数据核字(2014)第 026301 号

| | |
|---|---|
| 出 版 人 | 张云鹏 |
| 出版统筹 | 侯若愚 |
| 责任编辑 | 侯若愚 甘慧君 |
| 责任校对 | 甘慧君 |
| 封面设计 | 刘 苗 侯若愚 甘慧君 |

| | | |
|---|---|---|
| 出 | 版 | 河南大学出版社 |
| 地 | 址 | 郑州市郑东新区商务外环中华大厦 2409 室 |
| 电 | 话 | 0371-86059723(人文社科出版分社) |
| | | 0371-86059753 |
| 网 | 址 | www.hupress.com |
| 排 | 版 | 河南金河印务有限公司 |
| 印 | 刷 | 河南地质彩色印刷厂 |
| 版 | 次 | 2014 年 8 月第 1 版 |
| 印 | 次 | 2014 年 8 月第 1 次印刷 |
| 开 | 本 | 890mm×1240mm 1/32 |
| 印 | 张 | 10.75 |
| 字 | 数 | 288 千字 |
| 定 | 价 | 20.00 元 |

本书如有印装质量问题,请与河南大学出版社营销部联系调换。

1954年1月,桑振君赴朝慰问演出归来,在开封留影

解放初期,桑振君(左)与马金凤合影

1956年12月,在河南省首届戏曲观摩演出大会上,桑振君演出《白莲花》,获表演一等奖

1961年,桑振君留影

1960年,
桑振君(左)
与郑瑞芝合作
演出《红姊妹》,
桑振君饰演金玉姬

"上世纪五六十年代,买什么东西都要票,因我演戏较多,领导上发给我一张购买'上海表'的票。可当时我的工资低买不起表,真让我急哭了。桑老师知道后,先把钱替我垫上。为感激老师,此照片我保存了五十多年。"

——桑振君学生王皖源自述

1961年5月,桑振君(中)与吉林弟子康慧兰(左)、祝荣(右)合影

1962年,桑振君(第二排左四)与崔希学(第二排右三)结婚,常香玉(第二排左三)为证婚人

郭沫若亲切接见桑振君（右），中为胡小凤。1977年摄于北京

郭沫若夫人于立群与桑振君（右）亲切交谈。1977年摄

1977年，桑振君（第二排中）在北京部队排戏期间，与学员在天安门广场留影

桑振君（右）辅导东风剧团学生排演《打金枝》。1979年摄

桑振君与著名越调表演艺术家申凤梅（右）合影。1985年摄

1981年，著名京剧演员刘长瑜来到邯郸，与桑振君等东风剧团的演员合影
（前排右一为刘长瑜，前排右四为桑振君，前排左三为牛淑贤）

桑振君（左）与杨兰春（中）、阎立品（右）。1985年摄

桑振君（左）与崔兰田（右）在一起。1985年摄

苗文华（后右）、郭英丽（后左）在邯郸拜桑振君为师。1990年摄

桑振君（右）与刚获得中国戏剧梅花奖的弟子苗文华合影。2001年摄

1985年夏，桑振君（左二）与陈素真（左三）在邯郸久别重逢。（左一为左奇伟，右一为陈泓）

2000年,桑振君(右二)与赵铮(左二)、昊碧波(右一)、苗文华(左一)在桑派艺术研讨会上

桑振君(中)与两个新弟子宋凤丽(左)、常俊丽(右)。
2002年摄

第四次到谢顺明先生家里采访。2013年摄
（从左至右依次为韦有义、张秉义、谢顺明、丁庭选）

本书作者张秉义（左二）、韦有义（左三）在开封仇楼东马庄采访时
与桑振君亲属合影。2010年摄于桑振君故居前

2007年,纪念豫剧大师桑振君逝世三周年桑派艺术研讨会在郑州召开

2008年,豫剧桑派艺术被国务院公布为国家级非物质文化遗产

# 目　录

序 ·········································· 王全书（1）

引　子 ········································· (1)
一、桑孙两姓亲 ································· (3)
二、流浪卖艺人 ································· (7)
三、拜母学坠子 ································· (11)
四、锭子挂腮边 ································· (14)
五、站稳开封城 ································· (17)
六、大祸从天降 ································· (20)
七、单留一棵苗 ································· (23)
八、风刮进梨园 ································· (26)
九、刀劈老虎哥 ································· (31)
十、危难贵人现 ································· (36)
十一、寻亲汴京城 ······························· (39)
十二、无意感愚顽 ······························· (41)
十三、师从赵清和 ······························· (44)
十四、玉鸟冲出笼 ······························· (47)
十五、豫东一只凤 ······························· (52)
十六、夜演《三骑驴》 ··························· (55)
十七、救戏如救火 ······························· (58)
十八、采集百花蜜 ······························· (61)

十九、不知是结婚 …………………………………（63）
二十、学习刘玉梅 …………………………………（68）
二十一、鹿邑子夜逃 ………………………………（71）
二十二、"掂"中出技巧 ……………………………（73）
二十三、首进荷花城 ………………………………（77）
二十四、收徒谢爱芳 ………………………………（82）
二十五、三英战"皇后" ……………………………（87）
二十六、拜见陈素真 ………………………………（90）
二十七、编写连本戏 ………………………………（93）
二十八、有感李金波 ………………………………（98）
二十九、大义惹婚变 ………………………………（101）
三十、旅店大混战 …………………………………（107）
三十一、参加解放军 ………………………………（110）
三十二、快活逍遥镇 ………………………………（113）
三十三、落难西华城 ………………………………（118）
三十四、慰问志愿军 ………………………………（124）
三十五、大姐变成娘 ………………………………（130）
三十六、不让人鼓掌 ………………………………（135）
三十七、"论战"常香玉 ……………………………（138）
三十八、难做笼中鸟 ………………………………（142）
三十九、差点划右派 ………………………………（147）
四十、两见毛主席 …………………………………（152）
四十一、受难"反右倾" ……………………………（156）
四十二、"我不能请假" ……………………………（160）
四十三、晋演北京城 ………………………………（163）
四十四、许昌铸辉煌 ………………………………（166）
四十五、一根导火索 ………………………………（169）
四十六、忍痛离中原 ………………………………（173）
四十七、"咋会有后悔？" …………………………（175）

四十八、"文革"磨难多 …………………………………（180）
四十九、又见郭沫若 …………………………………（185）
五十、再进北京城 ……………………………………（188）
五十一、曲折平反路 …………………………………（191）
五十二、突然生变故 …………………………………（196）
五十三、月是故乡明 …………………………………（200）
五十四、退休人更忙 …………………………………（207）
五十五、收徒寄厚望 …………………………………（214）
五十六、三个文化人 …………………………………（220）
五十七、桑派复归来 …………………………………（224）
五十八、"不能摘桃子" ………………………………（229）
五十九、梨园三姊妹 …………………………………（231）
六十、永远的丰碑 ……………………………………（236）

## 附　录　　　　　　　　　　　　　　　　　　（241）

艺海无边 ………………………………… 桑振君（243）
豫剧大师桑振君的风雨之路 …………… 李铁城（254）
谈"桑"派艺术 …………………………… 袁世安（259）
桑派神韵美　难得是精神
　　——缅怀桑振君老师 ………………… 徐火旺（268）
发展豫剧桑派艺术之我见 ……………… 苗文华（277）
难忘娘亲 ………………………………… 谢爱芳（281）
桑老师给了我艺术生命 ………………… 刘伯玲（283）
我的恩师桑振君 ………………………… 赵贞玉（285）
桑老师教我的点点滴滴 ………………… 李素芹（287）
梦幻成真
　　——恩师永在我心 …………………… 王皖源（292）
我学老师当人梯 ………… 宋凤丽口述　赵培强执笔（295）

难忘恩师传艺情 …………………………… 常俊丽(298)
发现桑派之美 ……………………………… 王喜爱(301)
我的妈妈桑振君 …………………………… 崔婉琳(307)

跋 ………………………………………………… 张秉义(314)

# 序

秉义同志早前告诉我,他和有义同志合著的《桑振君传》就要杀青了,要我为之作序,我欣然答应。

我和秉义同志很早以前就相识了,他是教授,长期在高校担任领导职务,对音乐、戏曲有独到研究。我任河南省政协主席以后,向省委提议他来接任换届时到龄的省政协秘书长,接触就更多了。有义同志长期在司法厅工作,几年前,他的《解读朋友》一书出版,秉义同志为其作序,并送给我一本,读后印象颇深,虽未曾谋面,但神交已久。

司马迁的《史记》,开创了传记文学的先河。"传"者,记事"传"人也。传人者何?传其品、传其德、传其才、传其艺是也。如何通过记事,"传"出人物的风采,使传主鲜活起来,令读者感奋起来,那就绝非易事了。

我以为,写传,至少有两难。一是写真难。记事要符合基本的历史事实,最忌瞎编乱造,这就需要作者花大量的时间去作深入的调查研究,在广集素材的同时还要仔细地甄别真伪,这是一难。二是传神难。写传,需紧紧抓住人物的特点来写,是写人而不是造神,通过具体的事例,使传主跃然于纸上,给人以难忘的印象和有益的启迪,这是又一难。鉴于以上考虑,凡传记类书稿送我,都曾有所担心。但这次秉义送来书稿,大概是素知他办事一向比较严谨的缘故吧,倒是比较的放心。尤其是我披阅书稿后,感到作者较好地化解了以上两难,心中颇感欣慰。

本书采取的是白描手法,故事性很强,语言朴实无华,文笔自然流畅,读起来朗朗上口,默默看轻轻松松。可以说,雅俗共赏,是该书的一大特点。

文稿始终围绕着主人公,按照时间的先后顺序步步展开,娓娓道来,脉络清楚,不枝不蔓,有声有色。文中披露了一些鲜为人知的事情,许多情节颇具吸引力;涉及的人物也都栩栩如生。生动传神可说是本书的又一特点。

据我所知,为了写好这本书,他们已酝酿了四五年之久,跑到开封、许昌、邯郸等地挖掘素材,还专程到桑振君的出生地考察探访,几乎问遍了熟知桑振君其人其事的家属、同事和朋友,查阅的资料不计其数。作者对素材的取舍也把握适度,没有犯某些传记中"只说过五关,不说走麦城,一味打造完人"的毛病,做到了对读者负责、对社会负责、对历史负责。真实可信,应该是本书的另一个特点。

桑振君是豫剧名旦六大家之一,她创立的豫剧桑派艺术被列为国家级非物质文化遗产,为豫剧事业的传承发展做出了杰出的贡献。该书详细地记述了她如何从旧社会一个举目无亲的讨饭丫头成长为新社会人民艺术家的风雨历程;如何凭着超乎常人的勤奋,在党的关怀和人民的培养下,锻造成为豫剧流派创始人的辉煌人生。也用事实再次告诉我们,"世上无难事,只要肯登攀"乃至真之理、至彻之言。

桑振君没有上过一天学,却修改了39部传统戏,谱写了40多部现代戏的唱腔。她积极向上、学而不厌的精神,很值得人们,特别是正在上学的学生、正在工作的年轻人认真学习。

　　为豫剧名家作传是件很有意义的事。豫剧是一个庞大的系统工程。不同流派的不同特色绘就了中华豫剧的宏伟画卷,谱写了中华豫剧的激越旋律。各个流派之间的相互借鉴、争芳斗艳,既满足了人们多样化的欣赏,也弥补了彼此的不足。万紫千红,推陈出新,相辅相成,共同发展,当是豫剧流派的生存之道、发展之路。豫剧、曲剧、越调等各个剧种有众多在全国有相当影响的戏曲流派代表人物,我们期待有更多的作者拿起笔来为他们立传。

　　文化乃民族之魂,戏曲文化又是中华文化的重要组成部分。发挥中原文化优势,大力弘扬戏曲文化,助推华夏历史文明传承创新区建设,应是我们戏曲大省义不容辞的责任。

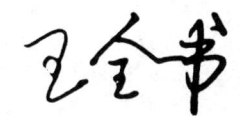

2013年金秋于郑州

（王全书　全国政协教科文卫体委员会副主任,河南省政协原主席,河南中华豫剧文化促进会会长）

# 引　子

　　72 年前的这个农家小院里,东边的三间瓦房并不存在。一天深夜,被村里恶霸势力封门烧毁的,是在这儿居住的一户坠子艺人家里北边的 2 间旧草房和西边的 3 间新草房。

　　院里不倒的残墙断垣,像个伤痕累累的老人,因为它,亲身经历了那场血与火的灾难;院中一块偌大的石头,更像是一个证人,因为它,见证了那场罪恶。村中一位 82 岁的老农,指着那块石头说,当年,血光之灾的第二天上午,他来到这个院里,就看见自己的小伙伴,也就是艺人家那个最小的女孩,被摔死在这块石头上……

　　突如其来的特大血案,给人们心里留下的是永远的伤痛。或许是冤魂不散,或许是对艺人的思念,或许是一种幻觉。大半个世纪以来,在夜深人静的时候,有人似乎能听到一阵阵嘤嘤的抽泣;有人听到一声声撕心裂肺的哭喊;还有人分明听到艺人依然在说唱坠子书的那种绕梁之音……

　　恶人的计划是满门抄斩,不留后患。但偏巧那天晚上,艺人家的大男孩和大女儿,在外面讨饭走得远了,寄居在外村,这样才幸免于难。可祸不单行,艺人家的那个男孩,紧接着又被日本人抓苦力,最终惨遭杀戮。就这样,一个拥有 9 口人的艺人之家,霎时间,只剩下了一个不到 9 岁、无依无靠、四处流浪的女孩。

　　也就是艺人家留下的这棵苦苗苗,后来靠着自己的天赋、勤奋、执拗的性格及上天的眷顾,从人生命运的最底层一路走来,闯过了人生之旅的一个个激流险滩,不仅成了和常香玉、陈素真、崔兰田、马金凤、阎立品齐名的艺术大家和流派创始人,而且还成了集唱腔设计、导演、教学于一身的戏曲改革家和教育家。她,就是本书的主人公,一个极具传奇色彩的豫剧大师——桑振君。

# 一、桑孙两姓亲

有着两千多年历史的开封,素有"七朝都会"之称,其作为中国历史上最辉煌的北宋时期的都城,更有"汴梁富丽天下无"的美誉。那时的东京城,经济繁荣,富甲天下,文化灿烂,风光旖旎,城郭气势恢弘,人口达150余万。这座古老的城市,不仅是继盛唐以后,中华民族科技、文化、艺术发展又一鼎盛时期的发祥地,而且还以其泱泱大国的京都气象,跃居为那个时期世界上最为繁华的第一大都城。

就是这么一座积淀厚重的古城,岁岁年年,年年岁岁,不断地以它似乎神秘的方式,向周边辐射着它特有的历史文化。

开封城西南方向十公里处的朱仙镇,是中国历史上著名的"四大古镇"和"四大木板年画"的文化圣地之一。在开封城东南方向的十公里处,同样也有着一个集镇。这个集镇叫作仇楼,要说它的名气,是远不能与朱仙镇相比的。可话说回来,都是在皇城根下,处于同一个辐射源的强大气场之中,早早晚晚,多多少少,定会有它一定程度的厚积薄发。

在这个集镇东南方向有一个叫东马庄的小村子,村子里有一对闻名全省的、说唱河南坠子书的伉俪艺人。1929年农历12月27日,一个女婴在这个艺人家中呱呱坠地。她,就是桑振君。几十年后有人说,桑振君的名气就是这块土地厚积薄发的体现。

东马庄村子不大,东西呈一线状,杂姓。桑振君家虽然在村子的东头,可人们对桑家并不陌生。最初人们知道的,是桑家的贫苦和特殊。后来人们知道的,是桑家成了一个说唱坠子书的艺人之家。

这一带的自然环境十分恶劣。千百年来黄河多次改道,看似一马平川的土地,因黄河水的泛滥成为不能灌溉、不长庄稼的盐碱地。"无雨风沙狂,有雨水茫茫,盐碱苗不长,一年没有半年粮,过罢春节就逃荒"的民谣,就是当时这里穷苦人们生活的真实写照。

贫苦是穷人的共性,而桑家在村里又是贫苦中的贫苦。早年,桑振君的奶奶过世后,只剩爷爷、父亲和叔叔三人。三个爷们守着两间烂草房和九分老坟地。如果说那里的贫苦人家是"一年没有半年粮",而桑家贫苦得连这半年粮也没有。

特殊,又是桑家的个性特征。说其特殊,是因为桑家父子三人所组成的家庭,是一个名副其实的光棍之家。桑振君的爷爷眼看自己日渐衰老,两个老大不小的儿子又说不上媳妇,整天唉声叹气。所以那时桑家的生活不仅仅是贫苦,在他们内心深处,还忍受着"不孝有三,无后为大"这种传统观念的折磨。说来也巧,就在桑振君的爷爷正为自己的家境无可奈何的时候,当地一个名叫孙明先的说唱坠子书的名老艺人,悄悄地走近了桑家,给桑家带来了转机。

桑振君的父亲小名叫"良",中等身材,白白净净,很是机灵。他生性活泼,从小就爱跑腾,尤其爱看戏,更喜欢听人说唱河南坠子书。只要听说有唱坠子书的来到村里,他便是常客,能成晌成夜地听;打听到外村有了书场,他也能跑上十里八里去听。桑振君的叔叔小名唤"旗",他胆小怕事,不善言辞,甚至有点木讷,可他吃苦耐劳,喜爱农活,从不乱跑。桑振君的爷爷一直把希望寄托在桑振君父亲的身上,可看到儿子天天这样不务正业,很是忧愁,更是恼火。特别是儿子听书回来,半夜三更敲门的时候,桑振君的爷爷不但拒不开门,而且还大声责骂:"听坠子是能顶饥,还是顶渴?你要这样再混下去,这家早晚要毁到你手里!"

说唱坠子书的孙明先老人,无儿无女,无房无地,腿还略有残疾。但他技艺超群,教过好多徒弟,这些徒弟出师后全都远走高飞、自立门户了。眼看自己已是入土大半截的人了,养老送终的事还没有着落,这自然成为了他的一块心病,因此有心再收一徒。正是在这种走村串乡、说唱坠子书的过程中,孙明先发现了一棵好苗子:桑家的大儿子不仅是他的常客,而且听书聚精会神,跟着故事情节,他有时若思,有时若忆,对坠子艺术好像有一种天然的灵敏悟性。偶尔,在他们眼神瞬间的碰撞中,老人似乎还感受到了这个年轻人的善良和厚道,朦朦胧胧中,似有一种心灵的相约。

桑振君的爷爷说不上是读书人,但也不是那种撞到南墙不回头的死脑筋。他知道再这样熬下去也不是办法。所以当孙明先托人,向他表明想收他大儿子为徒时,他也就顾不得当时所谓的下九流之称了,保命要紧,有后为大!思量再三,他一横心,接受了孙明先的请求。

桑振君的父亲说唱坠子书后,不但技艺进步很快,而且婚姻进展也很快,不久就有人上门提亲了。桑振君的爷爷乐得合不拢嘴,他丝毫不敢讲究女方要有多好的条件。可孙明先老人却有个硬性要求,就是无论如何也要找上一个能说唱坠子书的姑娘。也就是在他的筹划下,桑振君的母亲,一个叫"荣"的姑娘,走进了桑家。姑娘不仅模样长得端庄,而且嗓音嘹亮,灵气逼人,与丈夫相比,不论是发音还是吐字,都是有过之而无不及。孙明先收她为关门弟子后,没有了后顾之忧,就拿出了自己的全部本事,教给了他们许多诸如《刘公案》、《彭公案》、《施公案》、《响马传》、《七侠五义》等大部头的坠子书。

有名师压阵,又有鸾凤齐鸣。一时间,孙明先的这两个徒弟,很快就唱红了方圆百十里地,他们也成了孙明先老人最为得意和骄傲的一对弟子。据东马庄的老年人说,当时有些说坠子书的艺人,都害怕他们进开封城说唱,一是他们会的段子多,二是唱得好。那些人担心,一旦这对艺人进了城,定会抢了他们的生意。据传,只要他们承诺一直在乡下,这些同行就会在其他方面,给他们一些补偿。

孙明先老人给这一对徒弟取名为"桑志良"、"许志荣"。过去艺人取名都是有讲究的,坠子书艺人姓名中间的那个字,就代表着自己的辈分。孙明先的那个"明"字,说明他是"明"字辈;徒弟名字中的"志"字,说明他们是"志"字辈。河南坠子书发源于开封,流行于河南、山东、安徽、北京、天津等地,这些说唱坠子书的人,即使素不相识,但只要一说出自己的名字,就等于续上了"家谱"。该当爷爷的当爷爷,该当孙子的当孙子——辈分是不能乱的!后来桑振君拜师学艺时,取名叫桑梨花,就说明她是"梨"字辈。据说她的这个"梨"字辈,在河南坠子行中的辈分,还是很高的。许多说唱坠子书的人,不论男女,也不管年龄大小,一旦跟她论起辈分来,差不多都得管她叫姑。

桑家娶进媳妇的第二年,就生了一个白胖小子,取名为桑振生;桑家有了孙子之后,一个孤寡老人——桑老汉的嫂嫂,就让桑老汉把桑振君的父亲桑志良过继给了她。桑家这时候加上这个过继的大奶奶、师爷孙明先,已有了7口人和一亩八分老坟地。

四五年之后,桑志良喜得千金桑振君。再后来又生一个儿子小山,最后生了一个女儿叫小频,小频比小山小一岁。小频的奶名是桑振君的母亲取的,寓意是频繁、多了。没有想要,像是上天强塞给他们似的。

桑老汉有生之年,虽然没有看到后来9口之家的人气,但还是如愿以偿地看到了自己的大孙子。有时候人活的,就是一个心劲儿和盼头。愿望没有实现的时候,拼命地劳作、拼命地奔波,看着也是健健康康的。可愿望一旦实现了,在泄气的那一刹那,啥病都来了,而且还是那么地不堪一击……大孙子出生不久,桑老汉就故去了。

## 二、流浪卖艺人

坠子书的说唱伴奏,只需要一把坠胡和简板。坠胡,不大,不重,随身可带;简板,由说唱人拿着,不用时可以装在兜里。这种"人少好吃饭,船小好调头"的说唱形式,使得他们的演出方式极为灵活。他们可以唱说书场、唱院书、唱红白喜事、唱赶大会(俗名叫刨地窖)、唱饭场等。但这些说唱形式,一是得走出自己的家门,二是得看别人的脸色。所以,那时艺人说唱坠子书,就相当于一种相对体面一点的讨饭而已。

拖家带口、四处流浪的说唱,自然是困难重重。出门行走的时候,桑振君的哥哥桑振生没有问题,但跛足的师爷能照顾好自己就算不错了;年幼的弟弟妹妹,或由父母来抱,或坐在堆满简单行李的独轮车上,由桑振君的叔叔推着;而刚满5岁的桑振君,就只能靠着自己的两条腿来量路了。有时说唱要赶远路,年纪小,体力又弱,桑振君常常走着走着,两腿一软,就倒在了地上。这时,她的母亲就会赶上来,艰难地背她一程。她从小就是个懂事、要强的孩子,一听到母亲喘着粗气,看到母亲大汗淋漓的样子,就马上闹着下来,而且为了表现自己有力气走路,还逞能地向前跑上几步,让大人来看。母亲当然知道她的心思,也为她的懂事而感动,有次就噙着泪花劝她说:"我知道你是个乖孩子,不要跑了,还是匀着力走路省劲儿,再跑会把身子骨累坏的。"

说唱坠子书的人,最喜欢的是唱"说书场"。所谓"说书场",多是请不起唱大戏的村子所采取的一种娱乐方式。一般都是在收获季节之后,收成不错,庄稼人心里高兴,于是村里几个管事的人凑起来一合计,就叫上一班说坠子书的,来村里庆贺一番。

唱"说书场"采取的,是分家派饭的方式。这就是,不管说唱坠子书的来了几个人,都是一家一个,分到光景相对好一点的人家,让他们招待。这对艺人来说,不管怎么说,能吃个肚儿圆,偶尔还能吃上白面与高粱面卷成的花卷。不仅如此,到演出结束时,各家还要有所表示,有钱的出钱,没钱的出些粮食。一般给的都是些高粱、谷子、豆类;差点的,是给些红薯;再差点的,就是给几捆高粱杆,当柴火烧。但这种好事,也是老天爷在管着。要是遇着歉收的年景,庄稼人怎么着都高兴不起来,自然也不会请这些艺人来分他们的口粮了。

其次是唱"院书"。这就是那些富裕的人家,或心里高兴,或有了红白喜事,就把这些坠子书艺人请到府上演唱,多则三天,少则一天,这种一家一户的单请,虽然在排场和实力上比不上村里的唱"说书场",但起码也是有吃有住,或多或少总算有点报酬,比讨饭强。

再就是"刨地窖"。啥叫"刨地窖"呢?就是那个地方起会了,遇到唱大戏,唱坠子书的人可以借水行舟,在人家场子的外围,找个相对干净、平坦的地方,扎上个场子,唱上几段后,端着个小箩筐,到每个人跟前收钱。这种演出的方式,既要靠自身的能力,也要靠运气。桑振君的父母对自己的说唱很有自信,每每遇到这种机会,基本都能牢牢地抓住,一天下来,也总能收个串儿八百的。

有一次,遇上赶大会,生意很好。那天,她的母亲就接二连三地唱个不休。母亲不下来给妹妹喂奶,妹妹就号啕大哭。桑振君就只得背着妹妹,让弟弟扯着她的衣襟,去旁边讨饭。到了一个饭摊前,也不说要饭,只是静静地站在一边,看着人家又吃又喝。看了一会儿,妹妹大声哭,弟弟小声哭,她虽然没哭出声,但眼泪直往下掉。大概吃饭的人吃得差不多了,看着三个小孩饿得怪可怜,也觉得那个带孩子的小妮子,又特别懂事。这时,一个中年男子就向他们呼唤:"哎!那个小妮儿过来!给你两个包子。"桑振君慌忙跑过去，人家果然给了两个包子。她嚼好后先喂妹妹，再喂弟弟。弟弟妹妹饿，她也饿呀，嚼包子的时候，她真想把它一口咽到肚子里。但弟弟妹妹没吃好，她就强忍着，一直不吃。

等母亲唱完了，全家才能歇息。这时，他们就可以凭着自己的劳动所得，直着腰杆去集市买汤、包子、馍馍一类的食品，有滋有味地品尝了。尽管还不敢敞开肚皮去吃，但他们已经觉得像过年一样幸福和满足了。

如果没有这种赶大会、傍戏场的机会，那就只有去唱"饭场"了。唱"饭场"，顾名思义，就是根据农村人爱端着饭碗，出来扎堆儿吃饭的习惯，去饭场给人家唱上几段。在桑家，一般是桑振君的母亲唱上一两段后，由她的父亲出来，转圈作揖求告说："乡亲父老们，我们全家走到这里，已断了盘缠，看在我上有老下有小，饥饿难挨，请大家可怜可怜过路人，不管稀的稠的，给我们一点，让我们充充饥，也好赶路，我就先谢谢乡亲父老了。"这样一说，有人端汤，有人端饭，还有的拿个窝窝头、菜团子送到面前。这时收上来的东西，师爷都不许动，也不让吃，一直要等到人家吃饱了，离开了原地，他们才能坐下来分享。

有一次，说唱结束，人也走光了，可突然又回来了个老太太。她看桑振君小小年纪，饿得一脸菜色，可也没闹着要吃送来的食物，于是动了恻隐之心，特意回家，拿来一个窝窝头塞给桑振君说："小姑娘，看把你饿成啥样了，这个窝窝头可是给你的啊！"桑振君听她特意说，这个窝窝头是给自己吃的，接过来就咬了一口。这时她母亲慌忙走过来，在向老太太表示感谢的同时，用身子挡住了桑振君，还用她的一只手臂，勒住了桑振君的脖子。桑振君咬下的这一口咽不下去，当然就不能再吃第二口了，她也不明白是怎么回事，只觉得怪怪的。她从小就害怕母亲，也不敢哭，更不敢问，她母亲目送那个老太太回到自家院门后，便在桑振君的腮帮子上重重地拧了一把。桑振君"哇"的一声哭了出来，这撕心裂肺的哭声好像刺疼了她的母亲，母亲突然感到太难为孩子了。她哽咽着说：

"傻妮子,窝窝头咱能带走,留到哪天断顿了,咱再吃多好,这些汤汤水水的,吃不完,带不走,就可惜了。"桑振君一听,恍然大悟,立刻点了点头,用袖子擦了擦眼泪,表示以后再也不这样了。

## 三、拜母学坠子

1935年的春上,桑振君的师叔程志学来家,带来了个好消息,说是有个地方,要起一个很大的庙会,光去会上唱坠子书的,至少就有六七个班。春天正是青黄不接的苦日子,在家正为生计发愁的师爷、父母,一听到这等好消息,无疑是"马思边草拳毛动,雕盼青云睡眼开",立马就来了精神。

唱坠子书的有个规矩,不管会上去多少人,都是合伙演出。如果人太多了,生意又好,那就分开场次,再多演上几场。但每个场子上收的钱,都不能动,要等到演出全部结束后,再按人头分账。显然这次说唱的分账方式,刺激了师爷。他平时不大吸烟,但这次听了徒弟的话后,闷着头抽了两锅旱烟才慢慢地说:"让小振君也快点学唱,以便到时候也能参加分账。"

学唱坠子书的还有个规矩,学唱就得拜师,不拜师不能学唱。小振君拜谁为师呢?她母亲是师爷最得意的门生,师爷也看出小振君是一棵好苗子,于是就让她直接拜母亲为师。

拜师那天,桑振君兴奋不已,早早就起床了,她穿上最好的衣服,把脸洗了一遍又一遍,又找出母亲的那把破梳子,把头发梳得光溜溜的,高兴地在院里跑来跑去,把鸡子都撵得嘎嘎乱叫,惹得大人们都笑了。

直到快中午的时候,拜师仪式才正式开始,师爷的徒弟也都赶来助兴。仪式虽然简朴,但不失庄重。桑振君头顶着红帖和家法,直挺挺地跪在她母亲面前,向其三叩首。她母亲这时就把一副小简板,郑重地放在了她的手心,并按照唱坠子书的排辈,给她正式取名为桑梨花。也就是从这一天起,桑振君就算正式迈进了艺人的门槛。这时她的实际年龄,还不满6岁。

拜母亲为师后,桑振君觉得自己一下子长大了许多。她渴望母亲能早一天教她,更盼望着自己能早一天登台演出,可这个想法还不敢跟母亲说。不过她的母亲也没耽误给她传艺,先后给她念了《偷石榴》《黑小放牛》《朱买臣休妻》等小段子。

桑振君的母亲教得很认真,一字一句、一个腔弯一个腔弯地教,同时也很严肃,严肃得让桑振君有点害怕。母亲对她是抱有很大希望的,只要能挤出一点时间,哪怕怀里抱着孩子,手里做着针线活,也要看着桑振君练习。

可桑振君到底是年纪小,又是刚入门,母亲只要在她的面前,她心里就发怵,越紧张越出错。这样,不是忘词就是错词,不是咬字不清就是掉板。要是忘词了、唱错了或咬字不清,她母亲就走上来,边拧她的腮帮子,边厉声喝道:"叫你再出错! 叫你再出错!"要是掉了简板,她母亲拣起简板就打,直把她的左手打得又红又肿为止。母亲还常说:"咱们唱坠子书的,最讲究的就是嘴皮子功和手功,嘴皮子功就是咬字得清,不清就像钝刀子杀人。手功就是打简板,简板打不好会乱了节奏。"

桑振君的个性强,也很执拗,她不相信自己学不会,也不相信自己会一直挨打。要说也怪,她小小年纪,也没有人告诉她,但她乖乖地躲到一个没人知道的地方,悄悄地练,一遍又一遍如饥似渴地练。

常言说,兴趣有多大,功夫就有多深。经过这么一段时间苦练后,她基本熟练掌握了坠子书的演唱要领,渐渐感到有了底气,见母亲不但不害怕了,反而有了一种表现的欲望。

看桑振君进步这么快,她的父母和师爷都很吃惊。有一天,师爷亲自给她拉弦测试了一番,小振君刚一唱罢,师爷立马起身,果断地说:"梨花是棵好苗子,可以上场了!"

师爷的话就是命令。当天晚上,母亲走到她床前命令般地对她说:"快点儿睡觉,明天的庙会上,你先给我唱一段垫戏!"母亲不说还好,她这一说,桑振君反倒没有了睡意。想着有生以来的第一次演出,想着从此就可以给家里挣钱了,想着下一步怎样学好母亲那些大部头的戏,想着快些长大,再把自己打扮得漂亮一些……想着想着,带着一脸的笑意,她慢慢进入了梦乡。

第二天赶到会场,人还不是很多。母亲要桑振君先唱上一段,以打开场子。

千锤百炼第一次,未免有点紧张。可当她的父亲给她报了《朱买臣休妻》的段子后,师爷的弦、梆一齐作响时,她一下子就进入了角色,什么也不害怕了。打起简板,显得那么自信和从容,她按母亲教她的内容,一板一眼,唱得有声有色。当唱到"身上无衣肚里饥"一句时,她联想到自己家里的苦难生活,不由自主地流出了眼泪,这一下子便感染了观众。都说这么瘦弱的一个小女孩,竟能唱得这么细腻、这么投入,立马给她来了个满堂彩。

掌声和叫好声,反倒把桑振君吓了一跳,差一点把下面的唱词给忘了。好在她天天练,基础扎实,心板又比较硬,很快就缓过神来,打了一段简板后,继续有板有眼地唱了起来。

下场时,又一次响起了热烈的掌声。

## 四、锭子挂腮边

不管桑振君的母亲唱多长时间,也不管师伯、师叔怎么轮番登场,他们都会为桑振君留出一点时间,让她也唱上一两个小折子。桑振君虽然只有 6 岁,可由于是入门弟子,每次都能参加分账。不过别人分得的是一份,她只有半份,但对穷人来说,这已经相当丰厚了。

后来,好唱家来得多了,桑振君有时就上不了场。不过按照老规矩,即使这些轮不到说唱的人,也还是照样能够分账。桑振君的父母是有颜面的人,总觉得这样不好,但如果不要桑振君这半份,又会得罪他人。于是,他们一商量,就干脆把桑振君留在家里,让她照看弟弟妹妹。这样,既少了拖累,也躲开了分账。

父母临走前,都要烧上一锅稀粥、开水等等,留给他们喝。吃的,也是尽量照顾。不过,留在家里的三个孩子,待遇是不同的。妹妹最小,待遇最高,一天可以吃一个烧饼或麻花,不够吃可以吃窝窝头;弟弟次之,吃不上烧饼、麻花,但窝窝头基本不限量;而桑振君一天只能吃一个窝窝头,不够吃,就只能靠红薯来补充。

弟弟妹妹最娇,一天见不到父母,免不了哭闹。特别是妹妹,还在吃奶,数她哭闹得最多。

有一次,妹妹又哭闹了,怎么也哄不住。桑振君为了哄她不哭,就和弟弟一起做游戏给她看。玩什么游戏呢?就是把弟弟的双手绑住,让他跪在地上,她拿着父亲做的木头手枪,对着弟弟的头,一喊"哐哐",弟弟就应声倒地。就是这么个游戏,屡试不爽,每次都把妹妹逗得咯咯直笑。

## 四、锭子挂腮边

　　桑振君父亲做的木头手枪,还比较精致、逼真,不仅打磨得光溜溜的,而且在枪口上,还镶着个铜子弹壳。也就是这个铜子弹壳,惹出了事端。

　　有一次的游戏中,她照弟弟的前额一顶,又喊"哐哐"的时候,想不到弟弟这次突然往前一冲,前额印堂实实地撞到了枪口上,桑振君猛地一撒手,枪口上镶着的那个铜子弹壳吸掉了弟弟前额上的一块肉,霎时血流如注,弟弟疼得在地上直打滚……桑振君吓得一下子慌了手脚,她赶忙抓了一把高粱面,往伤口上糊,可血还是没能止住,于是又急忙解下自己的一根腿带,硬把伤口包住……

　　她一再向弟弟道歉,可弟弟还是又哭又闹。要按一般的五六岁的女孩,这时会吓得一块儿哭,或者不管哄住哄不住,会坚持去哄。可桑振君呢,看哄不住弟弟的哭闹,就请求弟弟来惩罚自己。她顺手拿起一根纺棉的锭子——那是一根二三十厘米长、一头儿带尖的铁棒,让弟弟来戳她。弟弟接过锭子,一边闭着眼哭,一边向她脸上戳去……桑振君倒是睁着眼睛,毫不躲闪,任凭弟弟来刺!

　　锭子刺中了她的右下腮,牢牢地悬挂在肉上。这时,桑振君不但不拔,还有意地让它吊在那里,让弟弟看着解气。

　　弟弟用锭子戳她的这一下,确实是不轻。桑振君右下腮上那处依稀可见的伤疤,就是那次受伤的印记。

　　晚上,父母回到家里,看见一个那样包着头,一个这样兜着脸,浑身上下都是血,一下子都惊呆了。母亲问她是咋回事,她如实相告。没等她把事情说完,母亲顺手拣起身边的笤帚就一阵猛打。

　　母亲原以为,桑振君会向她求饶,谁知,一把笤帚都打散了,她却一声没吭。母亲当然不会解气,大声喝道:"死妮子,你给我跪下!"桑振君心想:"跪就跪吧。"

　　这样,人是跪下了,但还是一声不吭……

　　眼看夜都深了,桑振君依然在跪着。这时她的父亲躺不住了,起来在屋里走了两圈,又俯在她母亲的耳边,不知说了些什么,只听得她母亲叹了口气,说:"小贱人,起来睡觉吧!"

惩罚这才以此告终。

桑振君后来回忆说:"我闯下了大祸,就应该老老实实地接受惩罚,要不,我心里也不安稳。"

## 五、站稳开封城

"七七事变"的消息传到乡下,人心惶惶。农村本来都穷,这样一来,庙会少了,唱"院书"、唱"红白喜事"的也少了,一家人的生活就成了问题。这时桑振君的一个师伯陈志邦,听说师傅、师弟在乡下生活不下去了,就在开封城的相国寺,为他们租了一个书棚。当前这境况,他们一家也就顾不着当初的约定了,为了生计,他们首次举家进入了时为河南政治、经济、文化中心的省会——开封。

一家人在开封城南关赁了两间房子。师爷、叔叔、哥哥住外间,桑振君和父母、弟弟妹妹住里间。开封城到底跟农村不一样,进城了,怎么着也得收拾打扮打扮。她母亲是主演,就做了一件新褂子和一条新裤子,罩在自己破旧的棉衣棉裤上;父亲做了一件大褂,罩在破棉袍上。给桑振君则做了一件粗布方格格棉袍,而且还买来了胭脂和粉,每次演出的时候,母亲都给她擦点胭脂,扑上点粉,再在眉心点个红印,显得又精神又漂亮。

抓住了"人挪活,树挪死"的机遇,又有着技胜一筹的实力,桑振君的父母很快就在开封城唱响了。尤其是桑振君的母亲许志荣,看好她的观众特别多。他们每天上午9点开演,中午不休息,一直唱到下午6点才收场。桑振君的母亲唱的,都是大部头的连本戏。桑振君和她的父亲都为她的母亲唱垫戏。

相国寺演出的场地,是个一尺多高的小土台,有二三领席那么大。说唱的、拉弦的都在那上面。离台不远处,有几张桌子,每张桌子都围着几把椅子。再往后,就是几排比较简陋的长木条凳。

来这里的人，都是来听大部头戏的。围着桌子坐在椅子上的，都比较阔气，他们时常点戏听。点戏有点戏的规矩，一般都要拿些点戏钱。如果没人点唱，桑振君的母亲就按照他们出的戏名，按部就班地唱，每唱完一折，就端着箩筐下去收钱。

收钱，是向那些坐在后面长木条凳子上的人收。坐在桌子边的，用不着去收。这些人有钱，也懂得规矩。点戏了，掏点戏钱；如果不点戏，听完后掏出钱，往桌子上"啪"地一放，就是他的听戏钱了，而且往往是只多不少，也不用找钱。

通常桑振君的母亲唱罢一阵子，歇脚时，就让小振君上去唱段垫戏。

有一次，她在演唱罢《偷石榴》后，一个穿着长袍大褂，戴着礼帽、墨镜的中年男子，直接走到桑振君跟前，说："小姑娘，唱得不错，我这块大洋，是赏给你的啊！"她回头看了看师伯，师伯朝她笑眯眯地点了点头，她接过大洋便向师伯跑去。因为，按照说唱坠子书的规定，个人是不允许收钱的。不过，这个书棚是师伯说了算，他这次破了例，把这一枚大洋赏给了桑振君。

一块大洋，分量本来就沉甸甸的。而桑振君这时感受到的分量，似乎是双倍的，她小心地接过那块大洋，捧在手里擦了又擦，因为在她幼小的心灵里，除了银元本身，它还包含了对自己说唱的肯定和赞赏，这才是最重、最大的分量呀！

9岁的桑振君，这时劲头更大、信心更足了。

事实上，也就是这三年的说唱坠子书，对桑振君的艺术人生，产生了很大的影响。

在这里，她懂得了"天道酬勤"；在这里，她练好了嘴皮子功；在这里，她初步适应舞台……从某种意义上讲，后来被称为"梨园奇葩"的豫剧桑派艺术，也正是从这里，开始起步。

开封城里的演出，让桑家的经济收入也大有改观。可穷人还是过惯了自己的苦日子，桑振君每天都是早早起床，到地里挖野菜。什么荠荠菜、狗狗秧、面条菜、马齿苋、白蒿蒿稞，这些能吃的野菜,尽量都挖回来。她母亲把这些菜收拾干净后,再放上一丁点油,在锅里一炒,或吃窝窝头,或吃捞面条,或吃糙米饭,尽管是粗茶淡饭,但和以前相比,他们已经非常满足了。

## 六、大祸从天降

开封城的说唱,收益比在农村确实好一点。可好景不长,由于日本鬼子的猖狂入侵,他们的飞机不断来开封城轰炸,城里已待不下去了,一家老小就又回到了农村。

这时,她家里加上师爷、过继的大奶奶,老少共有九口人,北屋的两间破草房已住不下了,她的父亲就用在开封积攒下来的钱,在院子西边又盖了三间新草房。

"人往高处走,水往低处流。"如果没有开封城的这一段经历,桑振君的父母也许会像以前那样,在农村走村串乡,乐此不疲地说唱下去。可有了这段经历,再回到原来生活的起点,真有点"曾经沧海难为水"了。另外,眼下的情况也大不如前。日本人的进一步侵略,对农村影响很大,农村本来就穷,演出市场就更小了。桑振君的母亲是个要强的人,又是个急性子,结果急出了病。一时间,她就不能出去演唱了。她的父亲为了维持生计,就自己出去唱单场,而桑振君和哥哥桑振生,说是出去演唱,其实也是一种变相的讨饭。

对于东马庄的人们来说,他们的回来,还是给村里增加了欢乐和生气,尽管桑振君的母亲后来生病,不能说唱了,但前来看望她的人,仍有不少。不仅有本村的,还有外村的。穷人家的人气和欢乐,以及新盖起的草房,让隔壁的恶霸李兆庆心里很不是滋味。

这时,一场意想不到的灭门之灾,正悄悄地向桑振君家袭来。

1938年农历3月11日,那是青黄不接的初春的一个晚上,桑振君的父亲桑志良,被隔壁李兆庆等一伙恶霸势力叫去喝酒。善良的艺人并没有多想什么,可那帮蛇蝎心肠的恶人早已设下了圈套。桑振君的父亲一走进李家大院,就中了埋伏,恶人们蜂拥而上,不由分说,先把他乱刀砍死。之后,又带着钢刀、铁叉一类凶器,来到桑家。为防熟睡中的桑家人外逃,他们先把桑家2间北屋、3间西屋的房门从外面用铁丝拴死,然后纵火焚烧。

天干、风高,风助火威,桑家小院顿时一片火海。桑振君的母亲许志荣扒着门缝呼喊救命,可杀人不眨眼的恶魔,把刀从门缝里插进去,将她捅死。桑志良过继的母亲,在屋里哭喊着说:"我不是他的亲娘,你们不能把我也烧死呀!"这样,恶人们才打开窗户,把她放了出来。老太太出来的时候,怀里抱着桑志良的小女儿。这个叫作小频的女孩,晚上是给老太太暖脚的。这伙恶人一看是桑志良的小女儿,一把夺过来,顺手摔死在院内的一块石头上,可怜的小频顿时脑浆迸裂,没了性命。桑志良最小的儿子小山,是跟桑振君的师爷孙明先一起睡的,老人从屋里逃出来时,两手还紧紧地护着他,这些人发现是桑志良的小儿子,就上前来夺。老人扑通一声跪下说:"这还是一个孩子呀,你们放过他吧!"杀红了眼的恶人们,一脚蹬倒老人,用粪叉挑住这个小孩的肚子,随即把他扔进了熊熊的火海……

孙明先一看救不了这个孩子,就慌忙逃了出来。恶人们当时正忙着斩草除根,没再顾及这位老人。

别看老人是个跛足,有了十万火急的事,也是疾走如风。他急急忙忙地跑出来,就是为了通风报信,快快转告那天晚上没有回家的桑振君和她的哥哥桑振生,老人心里默默地祷告:"老天爷呀,保佑这两个孩子吧!保佑他们平安,千万不要回家!"

原来那天,桑振君和哥哥出去讨饭,傍晚到了一个叫老牛庄的村子。那个村子离他们家大约有七八里路,也是他们以往常去演出的地方,因此,桑家在那里很有人缘。

事情也就这么凑巧,老牛庄的乡亲们得知他们的母亲病倒了,都很同情,纷纷劝说他们不要再唱了,赶快回去好好照顾母亲。于是，这家给点粮食，那家给点柴火，给的东西多了，他们带不走是一个原因，加上天色已晚，好心的乡亲们就留他们住下了，准备第二天一大早，帮他们送回家去。谁知，就是这样的天偏地巧，兄妹俩才幸免于难。

孙明先不知道这兄妹俩的去向，况且年老体弱，又是个跛足，行动不便，一时不知到何处去找。情急之中，他忽然想起桑振君有个姑母，依稀知道家在什么地方，就连夜赶到了桑振君的姑母家，告诉了他们桑家被灭门的噩耗。顾不得悲痛，桑家姑姑立即安排家人，连夜四处寻探，终在黎明前找到了桑振君兄妹二人。

李兆庆那帮恶人定下的目标是，斩草除根，不留后患。他们没有发现桑志良的大儿子和大女儿，当然不肯善罢甘休。桑振君的姑姑家前脚找到了这两兄妹，这伙恶人后脚就撵了过来。不过这时，他们家里早已做好了防备，把这兄妹俩藏在了邻居家的地窖，这才又躲过了一劫。

村里的那帮恶霸势力，为什么与桑振君的父亲不共戴天呢？原来恶霸头子李兆庆，就住在他们家隔壁，不知和谁结仇，早前他的儿子被人绑架了。那时，日本人正在四处搜寻抓苦力，绑票的人很害怕，先跑了。看票人找不到绑票人，惶惶之中就把李兆庆的儿子给放了。李兆庆的儿子回村后，李兆庆武断地猜疑：桑志良经常走南闯北，一定是他充当内线，勾结了绑匪。加上他平时对桑家就十分嫉妒，于是借机下黑手，终酿成了这场特大血案。

## 七、单留一棵苗

兄妹俩在姑母家,也不能久住。他们按照表哥的吩咐,跑到了六里庄翟振明的家里。

翟振明人很厚道,又重义气,平时与桑振君的父母也很熟悉,闻听朋友家出事,他答应帮忙。他先留兄妹俩住了几天,并千叮万嘱,不让他们出门。静观了两天,看看外面没什么风声,随即写了封信,又给兄妹俩拿些钱,让他们火速赶到杞县,找一个人称王司令的人,以寻求保护。

王司令名叫王金轩,也是穷苦人出身,种过地,也做过小本买卖。乱世中,他跟着一个地头蛇,拉起了杆子,结拜了几个把兄弟,在这方圆几十里内有一定影响。

王金轩还算是一个有正义感的人。他和他的七八个弟兄,看着这个地头蛇天天奸淫烧杀,残害无辜,心中终觉不是滋味,深感长此下去没什么好的出路,于是和他们一合计,就像《水浒传》中的林冲那样,来了个"刀劈王伦"。杀了地头蛇,众弟兄推拥他成了司令。

王金轩有了人,有了枪,加上他又有基本的正义感,所以,在那兵荒马乱的年月里,当地的穷人就把他当成了救星。

翟振明跟兄妹两人介绍了王金轩的情况后,兄妹俩随即就跑到杞县的凤凰台,找到了王金轩。王金轩听了他们的哭诉,不出几天,就派人到东马庄找到了李兆庆,重重地"敲打"他一番,并警告他们:"好自为之,今后,决不能再找这兄妹俩的麻烦,否则,小心狗命!"

那些年月，整个大盘都是穷人受压迫，王金轩当时能这么做，已经是十分不易了。据说，后来王金轩由于与共产党有接触，也帮共产党办了一些事情，最后，死在了国民党上将刘汝明的手里。

有了王司令壮胆，兄妹俩又折回来去找师爷。

师爷老家在孙寨，一开始说过，他无儿无女，无地无房，他最后收桑振君的母亲为关门弟子，就是想让他们给他养老送终的。现在徒弟没了，家也没了，他就蜷缩在村口孙家的破祠堂里勉强过活。当兄妹俩在破庙里找到他时，老人已病了三天了。

孙寨的乡亲们都很可怜这位老艺人，这些好心的人们，有的给他在地上铺了麦草，有的给他送来了窝窝头，还有的给他拿来了红薯之类的食物，乡亲们的关照给老人带来些许安慰。

祖孙三人相见，抱头痛哭了一场。后来还是师爷先擦干了眼泪说："孩子，家已经成这样了，难过也没用，只要你俩在，咱还有希望。不过你们俩现在还得先要饭，等我身子好了，我再好好教你们。"

有天晚上，祖孙三人正在破庙里说话，忽然听见外面有人叩门，师爷惊恐万状，害怕再有闪失，马上示意两个孩子先藏起来。待兄妹两人钻入供桌底下之后，老人才迟迟挪到门口。但他没有急于开门，只是侧耳细听。还是桑振君耳朵灵，她在供桌下听出是她叔叔的声音，这才跑出来把门打开。

亲人相见，悲喜交加。桑振君的叔叔带来了花卷和红薯，也带来了亲情，一时间，这座破庙似乎也增添了几分暖意，桑振君在恍惚中，觉得又像是个新家。

桑振君的叔叔，非常勤劳本分。桑振君的父母从开封城回到村里以后，她的叔叔觉得不能再给哥嫂添麻烦了，就出去给人家当了长工。灭门的那天晚上，他也算躲过了一劫，后来听到噩耗，心里又难过又害怕，但更多的是思念。这次回来，他带的这些食品，都是自己平时舍不得吃，慢慢省下来的。

孙寨的乡亲们看桑振君兄妹俩也来了，又给他们送来了一口锅、几个碗,还有可以当筷子用的一把高粱杆。生活、生命的希望之火,在祖孙三人的心中重新燃起。

谁知,这微弱的希望之火很快就熄灭了。

有一天,兄妹俩要饭途中,正赶上日本人抓苦力,桑振君的哥哥躲避不及被抓了起来。哥哥撇不下妹妹,拼命挣扎呼喊,桑振君不愿再失去哥哥,抱着哥哥死死不放。日本人掰开她的手指,当即就把他哥哥绳捆索绑地带走了。

桑振君哭着回去,把这情况告诉了师爷,老人的病情随即加重。没隔两天,又有人到破庙报信说,桑振君的哥哥被抓走后,因几次逃跑未遂,最后,被日本人枪杀了,尸体就抛弃在开封的柿园,有人看见,已经被野狗啃得面目全非了。

师爷再也经受不住这样沉重的打击,只几天工夫,就含恨去世了。

师爷去世后,本村的族人帮她埋葬了老人,虽说是一顶破席子裹身,也总算是入土为安了。师爷下葬的时候,桑振君抱着师爷不放,她拼命地哭喊着:"爷爷,爷爷!你不是说要和我们相依为命吗?你不是说还要教我说唱坠子书吗?没了哥哥,我就不能给你养老送终了吗?您怎么不相信我呀!您不能撇下我一个不管呀!"

悲痛欲绝的哭喊,撕心裂肺的诉说,在场的人无不为之落泪动容……

# 八、风刮进梨园

师爷一生饱经风霜,见多识广,他临死前再三嘱咐桑振君说:"东马庄的那些仇人,是不会放过你的,你也不要连累亲戚和熟人,要远走高飞,走得越远越好……"

一个不满9岁的女孩子,孤身一人,挎个破篮子开始了流浪的生涯。白天怕人,怕狗,忍饥挨饿。晚上,愁的是漫漫长夜,不知何处可以安身。特别是遇着刮风下雨的天气,要是能在破车屋、庙宇角、门楼下躲避一夜,只要雨淋不着,那就是烧了高香。若再能抱着人家卖羊肉汤的锅台,或跳到人家灶洞里避雨避寒,那简直就是享福了。

桑振君这段痛苦的经历,让她刻骨铭心。

解放后,她当上了许昌地区豫剧团业务团长、头牌大主演,享受着特供的待遇,但她从不搞特殊,一样和大家睡地铺,一样和大家吃大灶,这种朴实的作风和这段经历是分不开的。2002年,河南的一名戏迷朋友,慕名到邯郸桑振君的家里,一看房子又旧又暗,家具也是破烂不堪。他没想到,这么一个大艺术家、大名人,又是市政府的文化顾问,竟会蜗居在这里,不禁脱口问道:"桑老师,为啥不要套新房?"桑振君一脸轻松地回答:"单位给我分了一套新的,我让给别人了。""那咋不再买一套新的?"没想到刚刚还是和颜悦色的桑振君,骤然一脸严肃地提着那位同志的名字说:"过去我一个讨饭的孩子,遇到刮风下雨了,能在谁家的门楼下蹲一夜,就非常满足了。难道说今天这样的条件,还不满足吗?"桑振君说的,就是这一段的流浪生活。

为了远走高飞,桑振君讨饭一直讨到了杞县的凤凰台。那天,恰好凤凰台在唱大戏。戏班的班主是三代梨园世家的谢顺玉,而戏班的后台老板,就是曾经保护过他们兄妹俩的土司令王金轩。

一看到人山人海、拍手叫好的场面,桑振君的忧愁和恐惧为之一扫。听到锣鼓齐鸣、琴弦瑟瑟的声响,看到台上演员的蟒袍、玉带、凤冠和出神入化的表演,桑振君的全身像着火一样,她忘记了饥饿,忘记了恐慌,忘记了自己是一个无亲无故、蓬头垢面的讨饭妮子,她拼命地向戏台挤去,竟然和一个年轻貌美、披金戴银的女人,撞了个满怀。

事情巧就巧在这里。与她相撞的那个女人不是别人,正是土司令王金轩的太太。她带着两个跟班,还没来得及发作,便惊诧地发现司令太太对这个有点另类的女孩产生了兴趣。太太好奇地询问桑振君说:"几岁了?""9岁。""爹娘呢?""都死了。""还有没有什么亲人?""只知道叔叔给人家当长工,不知道在什么地方。"是出于怜悯?还是慧眼识珠?司令太太发现,尽管眼前的这个小女孩,头发乱得像个鸟窝,脸脏得像个画眉,但在第一眼与这个女孩的目光碰撞时,还是感到了她特有的气质,再听着她口齿伶俐、字正腔圆的回答,她似乎有一种怪怪的感觉,说不清楚,但她认定,这个女孩绝不是个一般的讨饭妮子。

她掏出了一块大洋给桑振君,桑振君不接。旁边两个跟班的跟着帮腔说:"太太给你的,还不赶快接住!"可不管他们怎样说,桑振君就是不接。司令太太看她这样,不但没有生气,还和颜悦色地拉住桑振君的手说:"小乖乖,不要怕,看你怪可怜的,我给你找个吃饭的地方去!"

命运的改变,常常孕育在偶然之中。司令太太给桑振君所找的"吃饭的地方",正是谢顺玉的这个戏班。

要说,"吃饭的地方"很多,可她为啥要把桑振君领到戏班呢?就是凭那特殊的感觉!大凡漂亮、气度不凡的女人,一般也都特别在意洞察同样的女人,这种所谓的第六感觉往往也比较准确。但现在想来,她那时也未必会看透,眼前的这只丑小鸭,正是一只金凤凰呢!

司令太太拉着桑振君,一进门就吆喝说:"谢老婆儿,我给你送来了个童养媳,你们要好好让她学戏,长大了,让她跟你的小斐……"

谢老太正在和面,一看是司令夫人驾到,慌忙起身,一边说着"太太尽管盼咐,太太尽管盼咐",一边迎上前去,手上沾着的面泥,都顾不上去洗。

桑振君看谢老太慈眉善目,满口答应让她学戏,心里顿时生出一份温暖。但她不知道什么是童养媳,也不知道谁是小斐……

原来谢老太有两个儿子和一个女儿。大儿子叫谢顺玉,是这个戏班的班主。二儿子叫谢顺明,也就是司令太太所说的那个乳名叫小斐的 12 岁男孩。最小的是个女儿,叫谢凤珍,年纪与桑振君相仿。

1938 年春夏之交的这一天,桑振君永远不会忘记!正是这一天,9 岁的桑振君在做了谢家童养媳的同时,正式迈进了豫剧的大门。

谢老太人本善良,再加上司令夫人的面子,她待桑振君像自己的女儿一样。看小振君一副邋遢的样子,就先给她洗了洗头发,洗完了,用梳子把她疙疙瘩瘩的头发捋顺以后,又用篦子把她头上的虱子、虮子刮了个一干二净。由于桑振君和她女儿的年纪、个头都差不多,谢老太就先拿出女儿的衣服给她穿,生活用品让她用,没过几天,又给她做了一身新衣服。

桑振君自打那天看到豫剧,心里就有一种特别的骚动,她固然热爱坠子书,但现在,已完全被豫剧所吸引了。她压根也想不到,豫剧的场面会这么大,乐器会这么多,服装、道具会这么的丰富,而且,豫剧又是众多演员的共同表演,比唱坠子书气派多了。想到这些,她感到身上就像着火一样,她急切地盼着能早一点学习豫剧。

早上,她看见别人起来踢腿、拿顶、下腰,她也自觉地起来,比葫芦画瓢地跟着他们一块练。谢老太看这个妮子不懒惰，就交代大儿子让她"上棚"。所谓"上棚"，也就是上舞台。

谢老太一声吩咐，当班主的大儿子满口答应。这样，桑振君就和凤珍、毛妮、二兰这三个小姑娘一块，开始跑起了龙套。

人该吃那一碗饭，似乎是天生的。戏曲界就有这么一句话说："老天爷要是不赏你吃这碗饭，一辈子都是跑龙套。"跑龙套虽然是戏班里最简单的活，可演员入门大多得从跑龙套开始。桑振君当然也不例外，什么大站门、偏门、凹门、一条鞭、过场、二龙出须等，还有过去听都没听说过的一些基本套路，她和大家一起苦练。

她的天赋大概就在这里，这些东西只要她看个一二遍，就全记住了。

桑振君多想跟她们一块练功呀，可那个叫张金岭的武功老师，却是严词拒绝。

不让跟着练，她就悄悄地远远地在一边看。她们踢腿她踢腿，她们下腰她下腰，她们拿顶她拿顶，她心想，反正我横竖不怕摔，不信就练不好。但她哪里知道，掌握不住要领瞎练，没有不吃亏的，有时候摔得两眼冒金星，直掉眼泪。但过不了一会儿，她一抹眼泪，爬起来照样练。

没人教，没人管，没人去多看一眼。尽管如此，桑振君已经很满足了。几十年后她回忆说："自从到了谢家，有吃的，有住的，有自己最喜爱的豫剧，就是再苦，也比讨饭强太多了；再累，我也能挺得住。"

她还特别注意别人在舞台上使用的技巧，自己也琢磨着去学、去练。尤其对主演的唱腔、主演的一招一式，她常常暗自揣摩并偷偷记下。像乌龙搅柱、翻抢背、打虎跳、前翘、后翘、抢脸等，她都是白天留意记在心里，晚上偷偷跑到人家麦场的麦秸窝里，不断地练习和琢磨。俗话说："夏练三伏，冬练三九。"三伏天还好说，三九天就难过了，桑振君的手、脚、耳朵都冻得裂开出血，但她一直坚持着……

最难的是练声。一开始,她喊嗓子喊不出来。因为她原先的嗓子是唱坠子书的,坠子音域不宽,豫剧不仅音域较宽,发声方法与坠子也大不相同。跟人家搭不上调咋办?她就先学着人家喊"咿咿,啊啊",开始自己觉着不像,似乎找不到感觉,她揣摩着别人喊嗓子的力道,一遍一遍地试,反反复复地找。慢慢地,找到了一点尖音,她突然感到摸着了窍门,再逐渐地、一点一点地往上拔……

"不经一番冰霜苦,难得梅花放清香。"桑振君在后来的回忆中说:"我白天偷偷地出去练功,夜里还悄悄地爬起来喊嗓子。最多时,一夜喊过三次嗓子。一看三星还没有正南,就再回去睡一会儿,其实根本就睡不着,刚躺一会儿,腾地一下又起来,又去喊嗓子。喊了一阵,天色还没有泛灰,就再回去。刚迷瞪一会儿,又赶紧起来再去喊嗓儿……"

功夫不负有心人,没过多久,桑振君已经学会了不少唱段。

## 九、刀劈老虎哥

桑振君虽然是谢家的"媳",但这个"媳"的前边还有"童养"二字。其实,在旧社会,童养媳的地位是非常低的。大凡家境能过得去的人家,谁肯把自己的女儿送出去当童养媳?那些当童养媳的女孩,哪个没有一本血泪斑斑的苦难史?所谓童养媳,顾名思义就是,穷人家为了活命,把没有成年的女孩子送到相对富裕的人家寄养,等熬到了婚嫁的年龄,再与人家的孩子婚配。

幸运的是,谢家对桑振君还不错,但她毕竟还是童养媳。来自戏班里的一些歧视和伤害,时常困扰着她、折磨着她。她几次想把这些苦恼告诉谢妈妈,可每次都欲言又止,觉得谢家戏班也不容易,人家能容下自己、收留自己就已经难能可贵了,决不能再给人家添麻烦。

其实就是桑振君把处境告诉谢妈妈和班主谢顺玉也没用。因为在旧社会,童养媳不但在寄养人家里没有地位,在外面也同样没地位。谢家戏班对她再好,也是相对而言。在那个年代,他们绝不会为她一个童养媳得罪周围的伙计和朋友,更无力改变这种根深蒂固的世俗偏见。

戏班里有三十多人,起了个伙,伙房有四个笼屉,就自然地按着四个笼屉,分成了四个饭摊。每个主演、老师傅的饭,就由她们这四个跑龙套、打彩旗的小妮子来送。懂事的桑振君每次端饭都站在最后。要知道先端饭和后端饭,是不一样的。先端饭的把她的那一笼端完了,就可以先去吃饭了;而最后端饭的,等她把饭端完了再去吃饭,别人都吃得差不多了,她才刚刚开始。不知道别人是给她开玩笑,还是在挖苦她,桑振君常常听到有人指指点点地说:"这个小妮子真能吃,你看到现在还没吃饱呢。"桑振君的自尊心很强,听到别人这么说自己,心一横,干脆就不吃了……

一顿可以,总是这样谁受得了?谢凤珍把这情况告诉了谢妈妈。谢妈妈知道后,就给她一点零花钱,让她在吃不饱的时候,买个烧饼吃。桑振君当然也不好意思去花这些零用钱,她见小姐妹们没吃饱饭的时候就去伙房要馒头吃,于是也学着她们的方式去要。伙房的大师傅姓冯,长得高高大大的,小姐妹们都叫他"大个儿叔",她也跟着她们叫。那些小姐妹到那里,只要叫一声"大个儿叔,我没吃饱,给我一个馒头吧",冯大个儿就会二话不说,笑呵呵地拿给她一个馒头。可桑振君去要馒头时,冯大个儿眼睛一瞪,不但不给,而且还挖苦她说:"啥?没吃饱?哼!等你将来把戏唱好了,我单独给你做好吃的中不中!"

小姐妹们都很同情桑振君,就商量着让她站在前头。桑振君想着这样就可以吃饱了,心里高兴,就连跑带跳地第一个到了伙房。冯大个儿看她第一个进了伙房,两眼一瞪训斥说:"干啥?看你慌得跟拾炮似的。"桑振君忙说:"大个儿叔,我是来端饭的。"几个小姐妹也帮腔说:"大个儿叔,是俺们让她站到前边呢!""去去去!后边站!"冯大个儿还是要她最后端饭、最后吃饭,以这种不近人情的手段来刁难她。

戏班里有个管大衣箱的青年男子,小名叫老虎。小姐妹们都管他叫老虎哥,桑振君也随着她们叫。可就是这个老虎哥,单单与她过不去。

那时的演出,都是搭一个高一点的戏台,前边再搭一个水棚,以供舞台上的演员喝水和洗脸。老虎哥管着大衣箱和舞台的供水。一旦舞台上没水了,他就提着水壶,到前台吆喝一声,把手中的水壶一晃,供水的伙计就跑过来,接过水壶,把开水灌满,再送过去。

大多数人到戏班,是为了有口饭吃,桑振君可不单单是为了那口饭吃。她喜欢豫剧,更盼望有朝一日成为她所喜爱的豫剧中的一个角儿。所以只要一没事,她就聚精会神地扒着场门,观看台上演员的表演。老虎哥在送水时,每每看到桑振君扒着场门看戏的时候,不是抓住她的膀子往一边一甩,就是没轻没重地往一边一推,而且一次比一次厉害。桑振君最初以为,可能是自己碍着人家的事了,就没多想。在老虎哥离开后,她照样扒着场门,继续观看演员们演出。

老虎哥看她"屡教不改",不知是嫌她太没记性,让自己有失尊严,还是害怕这个最底层的小妮子日后超过自己,心生妒意。于是就来了个狠招,数九寒天里,他冲着她露着脚丫的右脚,狠狠地跺了一脚。要知道她还是个孩子啊!一个大男人的这一脚,实在是太厉害了,把她跺得一屁股坐到台板上,眼冒金星,半天都没缓过劲儿来。冬天她没棉鞋穿,都是捡人家的旧鞋凑合,本来脚都冻得又红又肿,老虎哥的这一脚不偏不倚,正好跺在她的脚丫上,十指连心呀,疼得小振君浑身都在打哆嗦。老虎哥不但不安慰她,还不依不饶地挖苦说:"我咋看你也成不了什么好唱家,你要能成了角儿,你信不信我敢把我的眼抠出来,让你当泥球踢!"

老虎哥对桑振君的欺负,给她的刺激很大。开始,她只是闷闷不乐,后来,她越想越觉得不是滋味,越想越生气。特别在夜深人静的时候,她躺在床上,老虎哥、冯大个儿这些人,就像凶神恶魔一样,在脑海中不停地狞笑、晃荡。她翻来覆去怎么也不能入睡,心想:"要是领班的欺负我,人家是当家管事的,也许我有不对的地方;主演欺负我,一班人是靠人家挣钱活命的,人家多少也有点资格。连一个看大衣箱的、做饭的都来欺负我,这日子还有过头吗?特别是老虎的那一脚,可叫狠呀,他只是把我的脚指头跺流了血,他要把我脚跺残了,腿蹾断了,我不能演戏咋办?"她越想越怕,不敢再往下想了……

她当然也想到了离开这里,可她舍不得谢妈妈,舍不得小姐妹们,更舍不得让她如痴如醉的豫剧。不跑,就得留下,要留下,就得与这些人斗,与其被他们欺负死,不如与他们拼个鱼死网破!"人这一辈子,最穷不过要饭,最大不过是死!"桑振君这句用了一生的口头禅,就是在这时产生的。

自从有了这个想法,桑振君便什么也不怕了。过去唯唯诺诺、怯声怯气的桑振君突然像换了一个人似的,她横下一条心,拼死也要维护自己的权益和尊严。

不久,在一场《刀劈杨藩》的演出中,因为饰演樊梨花的主演一登场,这些跑龙套的妮子就得一直围着她转,不论前台后台,都是形影不离。她唱得慢,她们就转得慢,唱得快,她们就转得快。她一唱到紧垛子的"二八板"时,这些小妮子们简直就是飞跑了,跑下来大家都累得趴到戏箱上直喘气。这时,管大衣箱的老虎哥正好赶到,他不欺负别的小妮子,就单单抓住桑振君的头发辫,把她掂到戏台临时的厕所边训斥说:"大衣箱是你趴的吗?这才是你待的地方!"尽管他把桑振君掂得呲牙咧嘴,后脑勺还掂出了像痱子似的小疙瘩,桑振君当时还是强忍住了,因为她知道,戏还没有演完,这时若要大吵大闹,一定会影响演出。虽然没有发作,但这时桑振君已憋足了一口气:"狗日的,你等着吧,你别认为你姑奶奶好欺负!"

到下一个台口又演《刀劈杨藩》,桑振君从跑圆场起,就筹划着如何来报复老虎哥。等到樊梨花一唱完,大家都下了场,她随手抓了一把单刀,直奔老虎哥冲去……

过去演戏的社会地位很低,常受人欺负,为了自卫,戏班都备有开刃的真刀,桑振君抓起的正是这样的真刀。因为演出已经结束,她更是毫无顾忌,一进后台便大骂:"狗日的老虎,我操你八辈祖宗!"话音未落,便一刀向老虎哥砍去。老虎哥闻声猛然回头,大惊失色,慌忙中躲了一下,但这一刀还是砍到了肩上,幸亏大冬天穿着棉衣,才没有酿成大祸。老虎当然也不是吃素的,等他挨过了这一刀,缓过了神后,上去就夺过钢刀,把桑振君按倒在地,结结实实地痛打了一顿。

虽然桑振君这一次还是吃了亏,不过也真把老虎哥吓了一大跳!人最怕的就是不要命,老虎也有打盹的时候。老虎哥想到这里,禁不住打了个冷战。

从此以后,他倒确实老实了许多……

## 十、危难贵人现

　　桑振君的那一刀,虽然让老虎哥收敛了许多,但她在戏班几乎是待不下去了。自己本是受害者,却被人当成了洪水猛兽,像躲瘟疫一样躲着她。有的说:"这小妮儿,这么小都恁野道,以后长大了还得了?"还有的说:"咱戏班可不敢要这样的人,给掌班的说说,叫她快点走吧!"就在戏班众口一词,纷纷谴责桑振君的时候,一个叫薛东信的老师冷不丁地说:"兔子急了还咬人呢!"没想到,就他这简单的一句话,竟平息了众人的议论。薛东信为啥能把人都镇住呢?一是他的人品好,二是业务也棒,不论是男女八角,还是文场、武场,包括司鼓等,他都能拿得起、放得下,可以说是戏班的台柱子。既然台柱子都这么说了,别人自然也不好驳他的面子。
　　薛东信为什么会仗义执言呢?原来老虎踩桑振君那一脚时,他就在旁边站着,那情形他看得真真切切。特别是当桑振君颤颤巍巍艰难地站起时,他虽然没说什么,可两眼却一直在看着她。后来,老虎抓住桑振君的头发往厕所甩的那一次,恰好又被他看到了。薛东信当时虽然是一言未发,但桑振君却看到了他那同情的眼神……
　　正因为有了他的支持,桑振君看似"山重水复疑无路"的命运,才有了"柳暗花明又一村"的转折……
　　薛东信师傅不仅有本事,有威信,而且还独具一双慧眼。桑振君刚来没多久他就发现,在跑龙套的这四个小姑娘中,就数桑振君悟性高,虽然来得最晚,可她是"后来者居上",再难的东西也是一点就透、一学就会,比其他人都强,薛东信认为,她具有超强的灵性。再者,他还发现,桑振君经常扒着大门看演出,只有老虎这些人认为她是在看热闹,碍事,薛东信却认为:"这个小妮子可不是瞎看呐,她有心思,有抱负。"他还观察到,尽管老虎、冯大个儿等无情地讽刺、挖苦桑振君,甚至肆无忌惮地欺负她,但她依然痴迷地观察和学习,从来没有放弃,因此,他认定她以后必定能成大器。

戏班还有个唱红脸的演员,叫李红献,也很有正义感。他一手托两家,与薛东信和谢家两边的关系都不错,他看着桑振君确是个好苗子,就先与薛东信说好,让他以后好好教教桑振君。然后,他又跟桑振君说:"我跟薛东信老师已经说好了,你去请他教你吧。"情况自然是一个愿请,一个愿教。这样,薛东信就成了桑振君的第一个启蒙老师。

"三代不忘媒,九代不忘师。"桑振君成角儿后,一直把薛东信当养老师傅来孝敬。在几十年后,当薛东信的孙女薛琳在安阳演出时,桑振君不请自到,亲自给她排戏。薛琳感激万分,受宠若惊。桑振君则诚诚恳恳地说:"你爷爷是我的恩师,没有他,就没有我桑振君,这个恩情永远也报答不完。"当然,这些都是后话。

薛东信教给她的第一个启蒙戏,是田秀玲的《断桥》,这个戏完全是祥符调,非常好听,还录制过唱片。薛东信一板一眼、一字一句、一个腔弯一个腔弯地教,教得非常认真。桑振君如饥似渴,全神贯注,学得精心,进步神速,没几天就把这个戏学会了。薛东信非常高兴,就让桑振君主演白娘子,毛妮、二兰给她配戏,分别扮演许仙、小青。一次演出中,在唱到"一没有亲,二没有故,孤苦伶仃何处奔投"这一句时,因为桑振君在这方面感受颇深,顿时热泪盈眶。观众当然不知道她的身世,只是以为她演得好,入戏快,感情真,表演到位。于是,掌声雷动,喝彩声不断。连戏班里的人都吃惊地说:"这小妮儿也没见咋学,进步咋恁快呢?"

薛东信更是为自己的慧眼识珠而高兴,又连着给她教了《拣柴》、《三娘教子》、《六月雪》、《柜中缘》、《赶刘秀》、《双头马》等七八个小戏。在这些小戏中,她都是主演。特别是《拣柴》,学的是豫剧皇后陈素真大师的看家戏。在这个戏里,桑振君主演姜秋莲,薛东信亲自出马,给她配戏演乳娘。一时间,昔日那个倍受欺负的小妮子,在戏班里真有点人模人样了。

由于桑振君演出的效果不错,连她领班的大伯哥谢顺玉,对她也是刮目相看了。谢顺玉显然也是为了培养她,接着,给她压了重担子,让她饰演多种角色。如在《牛郎织女》中,让她演牛郎;《五凤岭》中,让她演张美荣;有时候也让她与主演配戏,演个丫鬟什么的,拉个三套。有一次演出《秦英征西》,谢顺玉让她演秦英。秦英是小花脸,小花脸的角色她从没有演过,所有的台步和程式动作她也不知道该怎么去做。但她知道花脸、架子花脸和娃娃生的这些动作,就只管拿到舞台上去用。这些,当然都归功于她私下的勤学苦练,虽然她举手投足还不太规范,但因为是小孩,能比葫芦画瓢,把它拿下来就已经很不错了。这个戏演完后,大家都齐声称好,一致夸她悟性高、心劲儿灵,领班的谢顺玉自然也十分高兴。

赢得了她大伯哥谢顺玉的夸奖,她心里就有了底儿。因为她知道,谢顺玉不仅出身于梨园世家,会的看家戏很多,而且,他对人、对艺术的要求也相当苛刻,平常对人的肯定和赞扬一向是非常吝啬的。他今天能表示满意,就已经是对自己的肯定和赞扬了。

就是在这样一片赞扬声中,桑振君也没有放弃自己私下的练功和练嗓,而且,依然扒着大门看演出。不过,这个时候的老虎哥倒是学"乖"了,再也不敢欺侮桑振君了。

说起这个"老虎哥",也是个苦命人,后来没有多久,在一次流动演出的途中,他被土匪的一颗流弹击中了头部,结束了他贫困的一生。

至于那个做饭的大个儿叔,也变得和善多了。话又说回去,那时跑龙套的桑振君是因为最后一个端饭,才老是吃不饱,受大个儿叔的气。可现在地位变了,不再端饭了,吃不饱的问题自然也就不存在了。

## 十一、寻亲汴京城

1941年,此时的桑振君在谢家的戏班已牢牢站稳了脚跟。

就在她的艺术表演水平快速上升的时候,河南遇到了百年不遇的灾荒之年。

"人挪活,树挪死。"眼看在杞县实在生活不下去了,班主就带领大家渡过黄河,到了安阳。可没想到安阳的情况更糟糕,没停上多少时间,又辗转到了焦作。这样跑来跑去才知道,咋跑也跑不出被河南老百姓称作"水、旱、蝗、汤"的四大灾害。不能再跑了,就只能在那里死挺。演出顾不住本,干脆停演。停演之初,剧团每天还能买5斤面条,再擦点萝卜丝,煮上一锅混合面充饥。没想到后来的日子越发艰难了,那年腊月二十三的夜晚,焦作北山的土匪,实际上就是国民党部队的一些散兵游勇,下来把焦作城洗劫一空。据谢顺明回忆,当时,他们一家八九口人,为了维持生命,三天只吃了一个白菜疙瘩。

戏班无法生存下去,开封大舞台的白经理,也就是专做这一门生意的经纪人,把他们这个戏班卖到了徐州。卖掉的演员都是坐着闷罐火车走的。可当火车将要开走的时候,不知道是他哥哥谢顺玉的安排,还是这些人掉了队,谢妈妈、桑振君、赵秀霞和一个打二锣的,都没随车前往。

桑振君举目无亲,本想跟着谢妈妈,让人家继续"童养",可谢妈妈却是爱莫能助地说:"情况你都看到了,咱本想着到黄河北会好些,想不到这里的情况更糟。你先回去找你叔叔,凑合着过一段。等将来咱戏班再成立了,好去接你回来。"

桑振君想想，谢妈妈说的也是实际情况，就答应去找叔叔。可开封在哪，怎么走，她都不知道。不过这时的桑振君，已经有点人模人样了，一般人还不怎么小看她。戏班里有个姓赵的青年人，是打二锣的，桑振君觉得他人还不错，常称他赵哥。他也准备回开封，也愿为桑振君带路。另外还有一个叫赵秀霞的，是戏班在焦作请的主演。赵秀霞家也是开封的，他们都非常乐意和桑振君一块回开封。就这样，他们三人搭伴，总算安全回到了开封。

一到开封城，赵哥就先回家了。赵哥一走，桑振君才突然发现，原来自己想得太简单了，光知道叔叔在开封，可开封城这么大，到底是在哪家哪户呢？她犯了愁。好在赵秀霞没有抛弃她，就劝桑振君说："先到我家歇歇脚吧，让我母亲帮你打听打听，找到了你叔叔再说。"

桑振君随赵秀霞到了赵家。赵秀霞的母亲在南关开了个妓院，日子还算能过，待人也还厚道。桑振君在赵家住了三天，赵秀霞的母亲问桑振君："你知道你叔叔在哪儿吗？""光知道在开封给人家扛长工，不知道是在哪一家。"赵秀霞母亲一听，扑哧一声笑了起来，她熄灭烟头说："开封城这么大，又不是农村这个村那个庄的，一打听一个准儿，在这儿，你去哪儿找啊？"

应该说，是桑振君后来在谢家班有了一定的地位，在一定程度上影响到了她当时的处境。不难设想，如果她还是个跑龙套的，她的那个赵哥和赵秀霞，不一定会与她一块来开封。再者，到了赵秀霞家里，赵秀霞母亲自己开着妓院，也没有起歹心，把她往火坑里推，而是真心帮她，给她找了个"吃饭的地方"。

"我看你叔叔一时半会儿也找不着，我就先给你找个干娘吧。这年头保命要紧，不管咋说，先给你找个吃饭的地方！"赵秀霞母亲的这些话，既是给桑振君找出路，实际上也是逐客令。

桑振君能说什么呢，在这种无可奈何的情况下，她只有点头应允了。

## 十二、无意感愚顽

果然没过几天,赵秀霞家来了一个女的,三十啷当岁,人长得很漂亮,穿着打扮也很阔气。赵秀霞的母亲立即招呼桑振君说:"丫头,快点过来,你娘来了,快认你娘!"

桑振君虽然失去了亲娘,可这些日子,她一直跟着谢妈妈生活,心中早已找回了亲妈的感觉。这会儿,为了有个"吃饭的地方",她又要认下一个素不相识的"干娘",尽管前几天就得到了消息,有了一定的思想准备,但事到临头,心中还是有一种说不出来的滋味。

"快拜呀,快拜你娘!"赵秀霞的母亲催促着。

桑振君来不及细想,反正"干娘"毕竟也是娘,大概也会像谢妈妈一样亲的,于是,趴到地下就磕了个头,叫了声娘。

干娘看她模样不错,人也挺机灵。二话没说,就把她带走了。

原来桑振君认的这个干娘,是日本特务队长的三姨太。那年月,这些当汉奸的助桀为虐,中饱私囊,且不说大太太、二姨太家怎么样,就这个三姨太的家里,也活像个小宫殿。独门大院内,树木花草,一应俱全;室内铺着地毯,家具、摆设也可谓富丽堂皇,特别是中堂条几上摆的那些古董玩意儿,琳琅满目,让桑振君看得目瞪口呆、眼花缭乱。

桑振君到这儿的第二天,干娘就给她布置了任务,除了每天扫地、擦桌子、端饭、洗碗,还要把条几上的古董和所有器物,统统擦上一遍。

桑振君原以为,干娘也是喜欢戏的,也会像谢妈妈那样,把她当女儿看待,也会让她学戏的。可她真的没有想到,她的这个干娘根本不是让她当干女儿的,而是把她当丫鬟使的。

干娘家的这些古董和器物,桑振君别说过去没见过,就是听也没听说过。面对这些东西,她不知从何处下手。她看着茶碗的上面和下面,都有一个小盘,可洗完之后,就不知道该怎么摆放了。她思忖着,这两个盘子,大概都是盖茶碗的。当然要把大盘子放在上面盖,小盘子放在下面当垫子,没想到全都弄反了。还有茶几上、条几上的那些东西,擦的时候不注意,也记不住,擦过以后,就再也摆弄不到原来的位置上了。为这件事,干娘没少骂她,还常常用手指点着她的脑门狠狠地说:"你就是个猪脑子,榆木疙瘩也该开窍啊!"后来,看她还没长进,就开始打她。

小时候学唱坠子书出错了,挨母亲的打,那是为了她喜爱的艺术,桑振君上心,也长记性,而且为了不再挨打,她还偷偷地勤学苦练。可现在这些杂活,她压根就没放在心上,满脑子充斥的都还是戏。她一边干着活,一边哼着戏。干娘一听见她哼戏,就发火,骂她是"下三赖"、"臭戏子"。不让唱,她就憋一会儿,过了一会儿又忘了,或实在是憋不住了,又开始小声唱起来。

"我让你不上心!我让你不上心!"干娘后来干脆不骂了,听见她唱,就拧她的嘴、扇她的脸。

戏,好像就是桑振君的命,不让唱就要憋死。为了唱戏,她想出来一个好办法。

干娘家住在午朝门外,离龙亭很近,这样,她每天在天亮以前,就悄悄地跑到龙亭的潘杨湖边喊嗓子,喊上一阵,再偷偷回去假装睡觉,天亮以后再起来干活。干活时,干娘要在身边,就在心里唱;不在身边,就放开唱。有时候她还趁干娘出去的空隙,在院里练功、练嗓。也许是太投入了,有时候干娘到了她身边,她还浑然不觉,干娘以为她是故意与自己作对,只要发现,逮住就是一阵没头没脸地痛打,而且一次比一次厉害。

有一天,干娘出去打牌了,桑振君像往常一样,留在家里打扫卫生。她手拿着抹布,带着戏曲表演的动作,正忘乎所以,一边擦一边唱的时候,干娘已悄悄走到了她的身后。本来对她"屡教不改"就很恼火的干娘,这次可能是输钱了,更显得气急败坏,她二话不说,飞起一脚,直朝桑振君狠狠地猛踢过去,桑振君丝毫没有防备,身子向前一扑,左脸实实在在地撞到了墙棱上,只听得"嗵"的一声,小振君翻身倒地,满脸鲜血直流,抹布从手中甩落到墙角……

干娘没想到会这么严重,一时也被眼前的场景吓得愣住了。此时,她才意识到,自己下手似乎太重了。再看看桑振君,没有哭,没有闹,好像也没有恨,反而挣扎着爬回去,要拣起抹布继续干活。

已经动了恻隐之心的干娘,急忙上前,先是一脚踩住了抹布,然后轻轻地把它往身后一踢,俯身双手拉起了桑振君。她让桑振君坐在凳子上,掏出自己的手帕,一边轻轻地给她擦血,一边关切地问:"疼不疼?""不疼。""你恨干娘不恨?""不恨!""你就那么想唱戏?""想!""不唱不行?""不行!"没想到干娘这次竟爽快地说:"你要真想学,我就给你找个有名的好老师,咱正儿八经地学!"

桑振君万万没有想到,一向反对自己唱戏的干娘,今天怎么心血来潮会让自己学戏,而且还是请名师学,堂堂正正地学。"谢谢娘,谢谢娘!"桑振君一边说,一边急急忙忙地跪下,给干娘连磕了三个响头。这一刻,昔日凶神恶煞般的干娘,在她心中就像是一尊无比善良、漂亮的女菩萨。

## 十三、师从赵清和

在20世纪三四十年代,梨园界有这么一句话,说是"进了开封不用问,不是赵门是杨门"。这句话的意思是,当时凡是进省城开封来学戏的,进的不是赵家的门,就是杨家的门,两者必居其一。杨门,指的是戏曲教育家、绰号大洋马的杨金玉老艺人;赵门,就是另一个戏曲教育家,干娘给桑振君请的老师——赵清和。

著名戏曲教育家赵清和,唱腔宗祥符调,以青衣、老旦、婆旦应工。其青衣戏代表作有《桑园会》、《双官诰》、《大登殿》、《地塘板》、《骂庞涓》,婆旦戏有《桃花庵》、《法门寺》等。赵清和虽说没挂过头牌,但作为豫剧教育家来讲,的确有着丰功伟绩。桑振君、吴碧波、宋桂玲、侯秀真、刘素真等24位艺术家,全是他的磕头弟子,在这些弟子中,绝大部分也都是轰动一时的头牌演员。而没有磕头拜师的,更是不计其数,就连当时的豫剧皇后陈素真,也受过他的指点。

其实桑振君的干娘也是个戏迷。为了桑振君拜师,也是为了她自己的面子,她在相国寺的一家酒店为桑振君举行了拜师仪式。拜师仪式庄严、温馨、热闹、欢乐。赵清和夫妇、干娘的知心朋友以及先入门的赵门弟子都参加了这个仪式。桑振君入了赵门以后,与刘素真、娄姬凤、宋桂玲等一帮先去的徒弟一块学习。

赵清和施教与众不同。一是专拣板眼复杂的戏教;二是不光教一种角色,生、旦、净、末、丑全教;三是严肃认真,每一个小的过节都不马虎;四是刻苦训练,早上四点钟就带他们到城墙上喊腔(练嗓),回来就推圈(练台步)、踢腿、下腰,然后坐下来念戏文,念好了才能回家吃饭;五是把徒弟当成亲女儿看待,从不打骂。

桑振君每天一早起来到龙亭练嗓子,练罢后吃点东西再到赵老师家练功。

开始教戏时,赵老师又增加了一些内容,上午踢腿、下腰、跑圆场、走台步,下午练唱功。桑振君住在午朝门附近,离相国寺隔壁的赵老师家有四五里路,一天跑两趟很累。师傅、师娘都很善良,他们知道桑振君的身世后,又看她勤奋、刻苦,对她更是着意关照,有时桑振君早上要是来不及吃饭的话,就在师傅家就餐,师娘时不时地还特意上街给她买个烧饼。

赵清和一家为什么对桑振君这么好呢?桑振君的天赋和勤奋是一个因素,另一个因素则是他们共同的身世。

赵清和自幼丧母,家里一贫如洗。父辈四人,大伯赵廷相出去讨饭,死在了邻近的浚县;二伯赵廷福,荒年饿死在家里;三伯赵廷有,据说是逃荒到山西的洪洞县,后来杳无音信,看来也是凶多吉少。就他父亲赵兴旺这一支,还算好些,日子虽苦,但靠卖唱和乞讨,总算有口饭吃。

赵兴旺带着他的两个儿子——赵清和与七岁的弟弟赵清云,曾先后到过登封、驻马店等地。他们一路唱着"莲花落",一边讨饭,一边学戏。赵清和出师后先是在尉氏、滑县、浚县、汤阴等地唱戏,18岁来到开封,又搭上一个唱戏的窝班,父亲给戏班做饭打杂。后来班主嫌他父亲年老体弱,把他撵回了农村。戏唱响了的赵清和多次要求回家看望父亲,班主硬是不允。后来他父亲病重,多次来信都被班主压了起来,直到死后好久,赵清和才得知音信。这些世态炎凉、举目无亲的痛楚,让他对桑振君格外地同情、怜悯和关爱。

别看师傅、师娘在生活上对她照顾倍至,在教学上却是严格要求、一丝不苟。赵清和为了培养桑振君,不但选择跨行当的戏来教,还专门选择一些有一定表演难度的戏来教。

桑振君学的第一个戏是《反西唐》,也叫《樊梨花征西》,这是一出帅旦的戏;第二个是《黄金蝉》,是刀马旦的扎靠戏;第三个学的是《日月图》,是小旦戏;再就是《抬花轿》,是花旦戏。

赵清和挑选的这几出戏,都很有代表性,都是不同的人物、不同的身段。这些戏中人物不仅性格鲜活,而且身段漂亮,一招一式都非常好看。特别是《黄金蝉》这出戏,主要是展示演员刀枪把子和武功动作的,老师给她下的功夫最大,她学得也十分到位。

师傅认真教,徒弟努力学,经过一年左右的时间,桑振君已基本掌握了这几出戏中不同人物的程式动作和唱腔。

学习期间,桑振君还在开封的和平戏院唱了一场垫戏。这是她有生以来第一次在这么豪华阔气的剧场演出。开封的名角太多了,当时在这个剧院演出的就有:赵秀英、刘蓉花和她的大师姐娄姬凤、刘素真等。为了演那场戏,她的那位干娘还在饭店为她请了客……

桑振君演完垫戏回到了后台,恰好师傅赵清和也在后台。卸妆后,她慌忙跑到师傅跟前,没有说话,就那么一站,但那架势分明就是想听听师傅的意见。赵清和笑了笑说:"快去洗脸吧!"虽然就这么五个字,可桑振君还是从他的表情上看出,师傅是十分满意的。

# 十四、玉鸟冲出笼

那天夜晚在回家的路上,桑振君心里说不出的高兴。虽然她以前学了几年戏,也演过一些垫戏,但从没有在这么好的大剧院演出过。她想:"今天的演出只是个开头,以后我要加倍地努力,争取在这里当上主演。"

不想成角儿的演员不是好演员。桑振君自进了豫剧的大门,就有这个愿望,不过有了今晚的这场演出,她觉着离那个主演的目标,真的是越来越近了。

成功是最好的激励。此后,除了在老师那里勤学苦练,她回到家里,只要有一点空闲时间,她都不会放过,常常是"口中念念有词,手脚比比划划",没有半点松懈。

就在桑振君雄心勃勃、勤学苦练的时候,她干娘的生活、娱乐方式又发生了变化。过去,她是出去到别人家打牌,她只要一走,桑振君就自由了,有的是练唱时间;可现在,她是把人叫到自己家里打牌,只要这些人一到家里,桑振君就被彻底拴住了,干娘曾两次冲着她吆喝:"听着,以后只要有人来家里打牌,你就必须待在家里,老老实实地伺候牌场,不能再去学戏啦!"

桑振君对这些杂务事本来就没有兴趣,再加上现在学戏正学得入迷,心无二用,常常出错。比如倒水,不是倒满了水漫出来,就是端水的时候,洒在人家身上。点烟的时候,也常常是心不在焉,人家要抽烟了,她好长时间还划不着火柴;或者是火柴划着的时间早了,一不小心,前半截余烬的火柴掉到人家身上,留下一个小烙印。客人不高兴,干娘更是恼怒。等到这些客人走了以后,干娘就开始大发脾气。"茶七、饭八、酒满杯你不知道?!""不知道。""是真不知道,还是假不知道?""真不知道!"桑振君是穷苦人家的孩子,哪里知道这些规矩? 可干娘以为她是在故意顶撞自己,扑上去又是拧脸,又是扯嘴,口中还恶狠狠地吼着:"现在你知道不知道!现在你知道不知道!"桑振君赶忙说:"我说的是过去真的不知道,现在是知道了。"干娘这才罢手。

那一天,也就是她挨过暴打的第二天,上街买酱油时,她遇见了她的叔叔。

她原本到开封就是来找叔叔的,如今遇见叔叔,遇到这个世界上她唯一的亲人,心中一阵激动。她本想上前喊住叔叔,但一想到自己脸上的伤,马上又犹豫了。到底是大女孩,知道了害羞,也害怕叔叔看见自己脸上的伤心里难过,于是她掉头就跑。

其实,心地善良的叔叔也一直在寻找他的侄女,现在突然发现,怎能眼睁睁地看着她跑掉,于是,赶紧去追。叔叔在后边一边追,一边喊:"闺女,我是你叔,你跑啥哩?"跑到一个拐角人少的地方,桑振君站住了。叔叔喘着气说:"闺女,你不认识叔叔了?"桑振君双手捂着脸,哭着说:"认得。"叔叔拉过她的手一看,脸上青一块紫一块的,心疼地问:"闺女,这是咋了?"桑振君哭得更厉害了。

待她述说了在干娘家的情况以后,她的叔叔也跟着哭了起来。

后来,还是她叔叔说:"你跟我逃走吧!"桑振君说:"我不敢。干娘是日本人特务队长的三姨太,那个特务队长神通大得很。要是跑了被抓回来,连命都没了。"桑振君的叔叔一听这话,马上就泄了气。不过,他还是劝导桑振君说:"你看咱一家人,都快死完了,就剩下咱爷俩了,你要是现在不能走,也不敢强走,等以后看机会,能走了再说。我现在身上还有一块大洋和几个铜板,也没舍得花,都给你吧。"

叔叔把钱交给桑振君,爷俩又一阵痛哭。最后,叔叔无奈地离去了。

桑振君的叔叔对侄女像亲闺女一样亲。桑振君爱吃西瓜子,他就种西瓜。别人吃他的西瓜可以不给钱,但得把西瓜子留下。等积攒到半布袋的时候,他就跑几十里、几百里,给桑振君送去。桑振君当然也忘不了叔叔的恩情,特别是她成名以后,她把叔叔当作亲爸爸来养。就是在"文革"中,她的工资从200多元降到了60元,每月领到工资,她都不忘先给叔叔寄去5元钱。后来,叔叔也正是在她的帮衬下,娶妻生子,让桑家的这一支血脉传了下来。

桑振君买完酱油回去,心里还咚咚地跳个不停,叔叔给的钱没地方放,这个可让她犯了大难。开始,她把钱放到枕头底下、地毯底下、古董下面,但都觉着不保险。干娘一干人整天在家里打牌,出出进进的,弄不好就会被发现。再者,干娘会随时随地检查自己的房间,这钱万一藏不住被翻了出来,她定会怀疑是自己偷了家里的钱,那可是跳到黄河也洗不清。想来想去,小振君把钱放到了厕所里的一块砖头下面。她知道干娘爱干净,去厕所都是捂着鼻子,她不会在那里多待,更不会去动那块砖头,因为她怕那块砖头会脏了她的手。尽管是这样,桑振君心里还是放心不下。有事没事常去看看,生怕藏的钱不翼而飞。

桑振君不能再去学戏的情况,自然引起了师傅、师娘的注意。赵清和是经过世面的人,看到踌躇满志的桑振君三天两头"旷课",早已猜透了其中原因。他实在不想让这么一个勤奋、好学又极具灵气的得意弟子半途而废,可又不能明说。有一天,做完功课后,他特意把桑振君一人留下来开导了一番。尽管他对桑振君说的这些话,在过去休息的时候,也跟学生们说过,可那是闲聊的,并没有引起桑振君足够的注意。而现在,师傅单独把她留下,跟她一个人讲,桑振君朦朦胧胧地觉得,向来办事严谨的师傅似有特殊的交代。

桑振君听得十分认真,记得也格外清楚。师傅一共说了三条。一是"要顾下",师傅说:"咱们这些唱戏的,都是穷苦人出身,谁家要是有一点办法,也不会让自己的孩子,来当咱这下九流。哪天你要是出去了……"桑振君注意到,说到这里,师傅还停顿了一下,看了她一眼又接着说:"哪天你要是出去了,成了角儿后,自己吃点稠的,也要让人家吃点稀的,一定不要忘了底下的人。"二是"不抢茬儿",师傅说:"这一点很重要,一定要记住,就是不论到哪个地方,只演咱自己的戏,不要接人家主演的戏。接了人家主演的戏,就等于夺了人家的饭碗,不地道。"三是"不争角儿",师傅还特意交代:"不争角儿就是在一个戏里,不要在乎主角和配角、轴戏和垫戏,只要你有艺术,观众照样买你的账。"

后来,桑振君才逐渐体味到,师傅的这席谈话有两层含义:一是告诫自己如何做人,二是提醒她不要荒废了自己所钟爱的艺术,师傅特意强调"哪天你要出去了",似乎还有……

天天在这里伺候牌场,动不动还要挨干娘的打骂,这日子什么时候是个头呀?再这样耗下去,戏真的就学不成了!桑振君开始犯愁。

有一天,桑振君突然萌动了逃跑的念头,但转眼间,又犹豫起来,她想到干娘的那个丈夫,那个日本人的特务队长,不觉地打了一个寒战。

逃还是留?桑振君心中一直在激烈地斗争。"哪天你要是出去了……"她反复琢磨着赵师傅的一席话,演戏的热烈场面、戏中一个个鲜活的人物不断闪现在她的面前……渐渐地,她感到心中像有一团火在燃烧,那火焰越烧越旺,火势越烧越猛,她忽觉精神亢奋,头脑也愈加清晰……这团火,不仅烧掉了以往的那种胆怯,而且更重要的是,给她带来了燃烧后的冷静:师傅明明知道,我在干娘家里伺候牌场,可他为什么不说这些,而是特意给我嘱咐了这"三条"?我要在干娘这里一直混下去,师傅那"三条"不是白说了吗?"哪天你要是出去了",啊!师傅不是明明在暗示我吗?想着想着,桑振君热血沸腾:"人,最穷不过要饭,最大不过是死。就是死,也不能在这里熬死!"

此时,桑振君已拿定了主意。

桑振君过去伺候牌场不积极、不主动。现在心里有了主意,脸上有了笑容,眼里也有了活儿。为了稳住干娘,她千方百计想赢得干娘的信任,好让她放松警惕。过去打扫卫生,一天一遍,现在一天两遍;客人来打牌了,上茶、点烟,她忙前跑后,格外主动。干妈几次当着客人的面夸她:"这妞儿,可比原来有眼色多了。"

机会很快就来了。有一天,别人约干娘出去打牌,由于桑振君早就有了这方面的打算,干娘前脚刚一出门,她拿着叔叔给她的钱,撒腿就跑了出来。

匆匆地奔出了午朝门外,桑振君顿觉心旷神怡,虽然这一带她很熟悉,但今天似乎到了一个新天地,她感到天也蓝了,地也阔了,自己像一只冲出了笼子的小鸟,在空中自由地飞翔……

她留恋师傅、师母,留恋她演过垫戏的和平戏院,留恋她练嗓子时站过的潘杨湖边的大青石,她还留恋……可她清楚地知道,眼前的开封城再大、再好,也没有自己的落脚之地呀,只有跑出这开封城,才会有自己的安全和希望。

逃到哪里去呢?想想方圆这几个地方,桑振君最后觉得,还是到杞县为好,因为那里是自己进入梨园的发祥之地,对那里的一草一木,她最为熟悉;而且,她最近听说,薛东信师傅仍在杞县的一个戏班,投靠师傅当然也最为安全。

"回杞县!"桑振君主意已决。

想着马上就可以回到豫剧表演的舞台了,马上就可以见到恩师薛东信了,此时的桑振君心里充满了对未来的憧憬:师姐们都成了角儿,我一定也会成角儿的,而且我将来成了角儿,一定要记着师傅的教诲,当一个"顾下"的角儿,当一个受人尊敬的角儿……

## 十五、豫东一只凤

旧地重返,只是不见了当年的谢家戏班。不过这时的杞县,倒真的还有一个戏班。桑振君听说的一点不假,她的恩人、启蒙老师薛东信就在这个戏班里,而且还是这个戏班的大拿和台柱子。薛东信一直就很看重桑振君,现在知道她又是省城"科班"的赵门出身,所以这次桑振君找来,他不仅欢迎她留下,而且还着力扶持她,让她堂堂正正地当上了主演。这一年,桑振君只有14岁。

桑振君把薛东信当恩人和启蒙老师来敬,薛东信也把她当孩子和徒弟来关爱。他先后给桑振君教了《玉堂春》、《对绣鞋》、《莲花庵》、《桃花庵》、《洛阳桥》、《六月雪》、《三上轿》等戏。这些戏都是桑振君主演。虽说这些戏的唱腔基本上都是祥符调,但薛东信对桑振君没有太多的限制。这样,有着扎实坠子书基本功底的桑振君,就很自然地在自己的一些唱腔中,大胆地融进了一些坠子书的旋律。

演出中,桑振君渐渐地发现,"坠子"融入"梆子"的这种特殊结合,不仅她自己觉着新颖悦耳,观众对此也十分买账。留心观察演出现场反应的她,早已从观众的笑脸上、观众会心的笑声中,看到和听到了大家对这种特殊结合的认可。

最初的成功尝试使桑振君初步感受到这种天衣无缝、巧妙嫁接的特异功效,同时,又使她受到了更大的启发。常言说:"好女不穿嫁时衣,好男不守祖上业!"也就是从那时起,她悟出了一个道理:只有根据自身条件,形成自己的特色,观众才会喜欢。

从此,在继承传统的同时,桑振君不断地在舞台上尝试着这种有趣的嫁接。

桑振君的名字也很快在杞县以及周边的几个县叫响,被人称为是——豫东飞出的一只凤。

人一旦出名,想挡都挡不住! 很快,睢县的戏班派人前来联系,邀请薛东信和桑振君到睢县戏班,和他们一起搭班演出。

薛东信以为,桑振君一定不会同意,因为她在这里已经崭露头角,演出顺风顺水的,名气也正在上升,到人家戏班去,起码不再会是头牌演员。"她会去吗?"薛东信心里一直在犯嘀咕。桑振君是个心直口快的人,她并没有看到师傅犹豫的眼神,也没有先听听师傅的意见。她主动地找到薛师傅,痛痛快快地表示:"他们既然来请,咱赶快去呀!"而且还十分认真地说:"我到那里后,要好好向徐桂兰大姐学习,长我的本事。"

桑振君的这番话,让薛东信吃了一惊! 他没有想到,小小的桑振君竟然还有这个心思——猪圈难养千里马,花盆难栽万年松。桑振君是人小志不小,前途无限量啊!

徐桂兰是睢县剧团的掌班,也是主演。桑振君到那以后,她牢记师傅赵清和的话,凡是徐桂兰的戏,她都不接,心甘情愿地给徐桂兰当配角。徐桂兰发现桑振君诚实、善良,于是主动让桑振君演她自己的戏,并且也同样地给桑振君拉二套、当配角。两个主演同时登台,争芳斗艳,又亲如姊妹,睢县剧团的名气一下子就窜上来了。

消息传到柘城,柘城的张老太爷坐不住了。这个据说是扒灰头的张老太爷,有钱有势,他的侄子张岚峰是给日本人做事的,官做得很大。有这么一个侄子撑腰,爱戏的张老太爷更是霸道,他有个大公议班还不知足,又成立了一个小公议班。小公议班里没主演,他就打起了桑振君的主意。而且名义上说是请,实际上跟抢差不多。徐桂兰没有办法只得同意,桑振君倒也没有反对。因为她觉得,到这个小公议班,学到的东西可能会更多,进步的也会更快。

张老太爷看到15岁的桑振君,嗓音清脆、明亮,唱腔新颖、优美，表演飘逸、流畅，学习又勤奋、刻苦，知道是个不可多得的人才，料定她还会有更大的发展空间。为了提高桑振君的名气，实际上也是为了提高自家小公议班的名气，张老太爷就在自己家门口的大广场上，转圈搭起了戏台，邀请当时豫东最知名的七个戏班，连唱了三天对台戏，之后觉得不够，又特意留下了著名旦角演员陈素花，让她和桑振君同台对唱了一场《叶含嫣》。

陈素花是陈素真的义妹，又是陈素真在杞县时收的两个弟子之一。1934年，陈素花随陈素真来到开封，在豫声剧院和来自山东的黄儒秀相恋，后来二人又相携来到商丘、宁陵、睢县等豫东地区发展，很快就风靡豫东艺坛。陈素花久负盛名、风华正茂，在演唱技巧方面，比初出茅庐的桑振君显然要成熟一些，但这次和桑振君同台，她已完全感觉到，要不了两三年，这个比自己小10岁的小妹妹，就会后来居上。陈素花不但不嫉妒，反而很喜爱这个小妹妹。桑振君虚心向她学习了《射雕》、《思春》两折戏，陈素花教得也很坦诚、认真。这次对台中与陈素花的相识，也让她们结下了终生不渝的友谊。

# 十六、夜演《三骑驴》

柘城的张老太爷,大名叫张影辰。他一手筹建的戏班,把它取名为小公议班,是相对大公议班而言的。大公议班成立于清光绪年间,因为是县衙的班头所建,所以便以"公议班"命名。就是这个大公议班,曾拥有过"五杆旗"的辉煌,当年,这个戏班因"大花旗花桂荣"、"大红旗唐玉成"、"杏黄旗黄儒秀"、"雪白旗刘玉梅"、"小蓝旗陈素花"而闻名遐迩,称雄于豫东。显然,张影辰这个取名,也是在寻求昔日的辉煌。

张影辰,是一个名符其实的恶霸、戏霸,豫东一带无人敢惹。他为什么敢如此称霸?主要是依仗他的侄子。他的侄子张岚峰,位高权重,是日伪政权的军事委员会委员、苏豫皖边区绥靖副司令,当时拥兵9万,他的队伍是河南省历史上最大的一支伪军。老百姓公认,张岚峰是日军祸害豫东一带的头号帮凶。

张岚峰自幼就过继给张影辰为子。少年时代的张岚峰聪明伶俐,但桀骜不驯。家里就给他找了个媳妇,试图以陪伴的方式来管教他,但他不愿意接受这种约束。去开封冯玉祥部当兵后,他青云直上,连冯玉祥的夫人李德全都看中了他,把自己大姐的女儿,也是张自忠将军的堂妹张志兰,许配给了他。张岚峰攀上了高枝,常年在外,很少回家。

张影辰靠着张岚峰的面子,当上了柘城县的保安团长。这样,嗜戏如命的张影辰就更是为所欲为了。他要是兴致上来的时候,该煞戏了,他硬是不让煞,也不管夜深夜浅,只管接着点戏。

张影辰看戏有个习惯,他不走,其他人谁也不能走,谁要是有事先走了,他认为就是看不起他,弄不好就会拿人家说事。他看戏多,又懂戏,哪个演员动作不到家或者偷懒耍滑,都很难唬得住他。万一被发现表演"瑕疵",免不了一顿毒打。

就是张影辰这种霸道所酿出的一件事情,倒让桑振君从中受益。

那是一个寒冬的夜晚,小公议班在柘城南关戏院演出,当时,张影辰非常高兴。戏本该结束了,但余兴未尽的张影辰,又点了一出《三骑驴》的戏让他们来演。

一般来说,演员晚上有戏,都会提前在下午4点左右吃饭,这样,煞戏后还能再吃点夜宵,这既不影响演员当晚休息,也不耽误第二天演出。张影辰不管这些,他头戴皮帽,身着皮袄,在他特殊的座位前面,生着一盆炭火,右手边的小桌上除摆放的小吃外,还泡有一壶热茶。他一边看戏,一边有滋有味地品茶。

桑振君是该剧第一个出场的主演,她扮演的仙女在没有骑上驴以前,要先翻上桌子,在上面做出卧鱼的动作,以表现身段的优美、亮相的惊艳。在花桂荣、杨二姐、桑振君这三个女主演中,桑振君年纪轻、扮相好,身段也好,让她第一个出场亮相,意在先声夺人、引人入胜。卧鱼的顺序做法是,以斜托掌式,右别步站立,然后两腿缓缓蜷曲,下蹲,成盘卧姿势时,臀部着地,右腿贴于地面,然后向右拧身,以右背部贴地,左手手背,置左部腰位,右手伸至后脑位置,枕于脑后,在地面保持这个姿势片刻后,以脚蹬动发力,立身站起,再恢复到原先的斜托掌式、右别步站立的姿势。

本来是以一个高雅优美的女性身段表演亮相,可桑振君却偷工减料,稍微一比划就草草收场了。张影辰看在眼里,心里有几分不悦,也有点不解,因为他知道,这不是桑振君的台风。他皱了皱眉头,继续观看,但看到后面两个扮演仙女的演员花桂荣和杨二姐上场时,也是如法炮制,张影辰心里就已经明白了:"原来你们是在合伙敷衍我呀!"

虽然已是怒火中烧,可三个女主演都是他的台柱子,一是不知道谁是主谋,二是其中的杨二姐还有着身孕,已站起身子想要发作的张影辰,犹豫片刻又坐了下来。

三个女主演不便惩罚,张影辰就强压着怒火,寻思着把火气发泄到三个扮演毛驴的男演员身上,以"杀一儆百"。本来就是想"磨道里寻驴蹄",恰好这三个扮演"驴"的男演员,不知是他们没有眼色,没有注意到张影辰的眼睛已经发绿,还是演员们演出前,为了早些结束,已有了共同的约定。本来该一边叫唤,一边连蹦带跳,需在舞台跑上三圈的"毛驴",却不声不响地只跑了一圈就草草收场了。张影辰的怒火此时彻底爆发了,他吼叫着:"停!停!不要再演了!"便手持皮鞭,冲上台去,把那三个扮演毛驴的演员,打得皮开肉绽,嗷嗷直叫……

张影辰的皮鞭为什么那么厉害?原来,他的皮鞭里还混合着细钢丝,只要鞭子打到身上,没有不受伤的,触及皮肤,一般都会见血。

经张影辰这么一发作,演员们立马清醒过来,霎时间也来了精神。"从头演!从头演!"张影辰跳下台子后还在怒吼着。

于是,《三骑驴》在吼声中从头开始,三个"仙女"的表演,一丝不苟;挨打的三个男演员,更是把"驴子"演得活灵活现,嗷嗷叫着在场上狂奔,赢得了台下一阵又一阵的掌声。

桑振君在这场演出中,虽然没有挨打,但从反面接受了一场极其深刻的教训,那就是——不管是在什么时候、什么地方,面对什么样的观众,演戏都不能偷工减料,只要一上台,就不能敷衍塞责。

## 十七、救戏如救火

作为主演的桑振君,这时已熟练掌握了二十几本戏。这些戏,她都比较有把握,可以说已成了她的看家戏。但她清楚,作为一个主演,仅有这二十多本戏,是远远不够的。因为那时豫东每个县域的戏,都是各开一路。一方水土养一方人,一个地域有一个地域喜爱的传统剧目。作为一个好的主演,没有七八十出甚至百十出的戏,就显得"腿很短",不敢走远门。另外,桑振君也十分明白,观众看戏往往都是奔着主演来的。作为一个女主演来说,小旦、青衣、闺门旦、花旦、老旦、帅旦、武旦、婆旦、刀马旦、娃娃旦等行当,不说样样精,起码要样样通。一般来说,如果这个戏中的主要人物,有一个女的是娃娃旦,主演就得演娃娃旦;有一个是老旦,主演就得演老旦。如果这个戏中,有好几个女的,主演当然就得演其中分量最重的那一个。这样,为了拓宽戏路,她干脆把恩师薛东信两口又接到了柘城。如果剧场点的戏她不会,恩师就能随时随地、加班加点地教。

环境锻炼人,时势造英雄。正是豫东各个县域有着不同的文化环境和不同需求的观众群,而桑振君正渴望学习、拓宽行当,这才让她得到了许多演员没有得到过的那种特殊锻炼。应该说,这个时期是她夯实豫剧表演基本功的最为重要的时期。

那时,除了农忙的那几天,一年四季几乎天天都有演出。尽管很忙、很累,可为了掌握更多的戏本,为了进一步拓宽戏路,桑振君依然精神百倍,如饥似渴地汲取多方营养。在《对花枪》的《罗焕跪楼》一折中,她演白毛老旦姜桂枝;在《反西唐》《老征东》中,她演帅旦；在《刀劈杨藩》、《姚刚征西》中，她演扎靠掂枪的刀马旦；在《桃花庵》、《莲花庵》、《抱琵琶》中，她演青衣；在《洛阳桥》、《抬花轿》中，她演大花旦；在《花打朝》中，她演泼辣旦；她扮演的《大狼山》上的九花娘、《八岔庙》的张桂兰，都是武旦……当年的这些磨炼，使桑振君不仅能演闺门旦、花旦、青衣，还能演老旦、丑旦，她日后在豫剧《秦雪梅》、《对绣鞋》、《投衙》、《桃花庵》、《打金枝》等许多经典的剧目中，之所以能成功刻画出众多的旦角形象，应该说，这一时期的锻炼是一个重要原因。

艺高人胆大！当时有两件事，更让大家对桑振君佩服不已。

一次演出《番阳河》（又名《一炮崩出三红脸》）时，唱三红脸的一个演员突然生病了，上不了场。那时戏班的演员，都是一个萝卜一个坑，是没人顶替的。可老会首点的戏又不能变，在这种救戏如救火的情况下，谁也没想到，作为主演的桑振君竟主动请缨："我来演大红脸！"当时戏班的掌班心里也是七上八下，桑振君个头不大，又是个女的，要是戏演砸了咋办？不过这时候也顾不得那么多了，大家七手八脚地帮她化了个大红脸，穿上了厚底靴子，扎上带背旗的大靠，穿上蟒袍，戴上头盔和髯口，就匆匆让她上场了。直到演出结束，竟然没人发现，这出戏的三个"红脸"中，有一个演员是女扮男装的。

再一次是演出《王佐断臂》，直到化妆的时候，大家才发现饰演陆文龙的武生演员没了踪影！几个演员分头去找未果，后来才发觉这个演员跑了。陆文龙在这个戏中是个十分重要的角色。这出戏的大意是，南宋时期，岳飞与金兀术大战于开封的朱仙镇。当时金兀术有个16岁的叫作陆文龙的义子，武艺超群，让岳飞很是头痛。但岳飞帐下的王佐知道，陆文龙是大宋潞安州节度使陆登的儿子，金兀术当年攻陷潞安州，陆登夫妇双双殉国。金兀术将婴儿陆文龙和奶娘掳至金营后，收陆文龙为义子。王佐主动断臂，就是要伪装成受岳飞残害的"苦人儿"，以便在不引起金兀术怀疑的情况下打入金营，劝说那不明真相、认贼作父的陆文龙，让他幡然悔悟，投奔大宋。陆文龙是这个戏的主要人物，所以这个演员的临阵脱逃显然是给戏班办难堪的，而且他也知道，他给戏班办的这个难堪也一定会是一场"好戏"！

救戏如救火！桑振君这一次又是挺身而出。因为她有一定的武功，在后台只是和武打戏的演员，简单地排练了一下，就匆匆上场了。不过她这次演出还是被观众认出来了，观众们说什么也没有想到，一向饰演旦角的头牌演员桑振君还能演叱咤风云的武生陆文龙。带着惊奇，带着敬意，带着鼓励，观众的掌声一直不断。

不过桑振君心里明白，不论有多少掌声，她是演旦角的，隔行如隔山，她顶场的这个角色，演得还很不到位。

那时候的豫东地区，逢年过节，或麦收、三秋以后，经常有唱对台戏的习俗，这个对台戏，可不只是两个戏班对台，而是十班或八班的大对台，最多的时候，甚至到12个戏班对台。戏台与戏台之间，拉开一定距离，但又相距不远，像扇面一样铺开。每个戏班台下都有自己的观众群，开戏时，锣鼓齐鸣，喊声震天，煞是壮观。场面之宏，规模之大，现在的人们已很难想象。

唱对台戏可凭的是真本事！相互竞争中，各班人马强组阵容，尽展实力，那架势简直就是一场短兵相接的大拼杀。

也正是在这样的不断拼杀中，桑振君逐渐成熟起来。在前后一年多的时间里，桑振君在整个豫东大地已是声名鹊起。她从14岁当主演开始，16岁就基本形成了自己的演唱特色和表演风格。可以说，在此阶段，"桑派"的雏形已基本确立。她的发音以小嗓为主，穿透力极强，唱腔新颖别致、婉转细腻。内行评价说："声不高，韵很刁，字不恨，有神韵。"在当时豫东的对台戏大战中，只要桑振君一出场，观众就会像潮水一般，向她这边涌来。

令人痛惜的是，也就是在这个时候，桑振君染上了毒瘾。她是戏班的主演，过度劳累，加上女孩子到一定年龄特有的生理现象，必然要影响到演出。可人家点的戏不能变，变了要扣戏价；再者，大多数观众都是奔着主演来的，主演不出场，戏就卖不上好价钱。戏班的兄弟姐妹都是穷人，还要养家糊口。老师傅也是无奈，就叫桑振君用吸毒这种饮鸩止渴的办法来应急，结果极大地伤害了她。

## 十八、采集百花蜜

在柘城两年的紧张演出中,豫东调的洒脱、欢快和俏丽的美感,给桑振君留下了深刻的印象。她努力地去发现、去欣赏、去学习和吸收。这些对她的唱腔风格,都产生了积极的影响。除了旦行,就是对戏剧其他行当的演员,只要发现了人家闪亮的地方,哪怕是一点点,她也从不放过,努力去学习、消化,拿来为我所用。

如著名演员傻红脸,是胡子生。他在《刘墉下南京》一戏中,"有刘墉迈步进庙门,呦嗨,又只见这荒草没膝深,想必是这庙以内没好人"的说唱唱法,让桑振君陡然感到心灵的震撼。这种有说有唱的唱法形式新颖,交代清楚,让人一下子跟着演员的情绪,到了一个陌生的庙院。院内荒草过膝,淹没了路径,没有香客上供,显然是歹人出没的地方。可为了缉拿坏人,又不得不去。这简短的几句唱法,不但描绘出了实地的情景,也表达出了人物的内心活动。

著名演员唐玉成身材魁梧,扮相威严,表演大方、细腻、深沉,善于刻画人物个性。他是本嗓发声,粗犷豪放,刚柔相济,演唱风格别致,并吸收说唱特长,吐字饱满清晰,善于运用偷字、嵌字、抱板的技巧,他独创的哀颤(寒颤)发声堪称一绝。如他在《火烧纪信》中"搬一把棕交椅我对月答对"的一段唱,多以下五音演唱,将纪信被烧之前,与老母、妻子生离死别的悲壮情感,抒发得淋漓尽致,让人无不为之动容。

唱花脸的著名演员王文才,在《司马茅告状》中的"十告"唱腔,更令桑振君折服。她说:"只要没有我的戏,他只要演出这出戏,我是每场必看,没有旷过一次课。"她欣赏王文才对剧中人物感情的准确把握,更佩服王文才唱腔的巧妙、伶俐,那种情由心发、百句不竭、奔腾激越、变化万千、急中有快、快中有巧、巧中有妙的表演,不仅让她如痴如醉、大开眼界,而且王文才在唱腔中散发着的那种中年男子成熟和沧桑的骨感,更让她加深了对艺术的理解,从而进一步悟到:艺术的真美就是水乳交融的自然的统一,不但要有外表,而且要有内涵。

有人说,桑振君善采百花之蜜。这话不无道理,桑振君本人后来也曾总结说:"戏曲是一个庞大的体系,所以,我从不放过欣赏其他剧种的机会,就是歌曲、小调我都不放过。在看其他剧种的演出时,主要是寻找它的亮点,以得到启发或为我所用,哪怕只有一个怒姿、一个羞眼比我好,我都会记住,去认真地琢磨吸收,以转化到我的表演之中。特别是其他剧种的唱腔旋律,只要清新、优美,我就会尽心记住,我就是靠这样四处搜集,点点滴滴的积累,使我对戏曲艺术有了不断改革创新的能量和欲望……"

王艺生是著名的资深戏曲家,他对桑振君这种巧取百家之长的做法曾有过很高的评论。他形象地比喻说,有人吃牛肉、羊肉,是把这些肉类贴到自己身上,桑振君"吃"这些"肉类",是消化吸收,是实实在在地吸收了它的营养,将其变成了自身的东西。

说到这些戏曲大家的演唱风格,有人说常香玉是——唱中有哭,申凤梅是——唱中有笑,桑振君是——唱中有说。已故的河南省曲艺家协会名誉主席赵铮曾评价说:"桑振君的唱腔不光是亮嗓子,可贵的是她唱出的,像说的一样,口语化很强。"

应该说,桑振君这种演唱风格形成的重要因素之一,就是在这一阶段,受了这些非旦角演员的影响。正是这种广采博纳,为她后来创立的豫剧桑派艺术奠定了坚实的基础。

## 十九、不知是结婚

转眼到了1941年。

自焦作各奔东西的桑振君和谢顺明已四年没有见面了。在这四年中,有如神助的桑振君从逃命、当丫鬟、进赵清和的科班学戏、出科重回杞县、遇见恩人薛东信,到如今当上梦寐以求的主演,可谓是历经风雨、饱受磨难。在这千般风雨吹打、万般磨难历练中,她长大了,成熟了,也由昔日那个矮小、瘦弱的苦妮子,出落成了一个亭亭玉立的大姑娘。

看到桑振君方方面面的成长,薛东信也确实为自己的慧眼识珠欣慰过。可现在,他的那种欣慰慢慢消失了,取而代之的却是一种与日俱增的忧虑。因为这些饱经沧桑的艺人们知道,他们本身的社会地位就低,女演员演得又大多是风情万种的戏,再加上自身有点姿色,要是到了一定的年龄还没有结婚的话,那些官僚军阀、地痞流氓就会打她们的主意,或是明火执仗地强行霸占,或是设下各种陷阱、圈套猎取,这样的事情可是屡见不鲜、不胜枚举啊!为此,他多次想过,要早点把谢顺明和她的婚事给办了。可桑振君的婆家在哪儿?谢顺明又在哪儿?只听说谢家这几年是时运不济。有人捎信说,他们的那个戏班被卖到徐州以后,本来那里的观众就少,又是兵荒马乱,生意十分萧条,戏班实在经营不下去,就干脆散伙了,人员也是各奔东西,不知去向……

他们的婚事让薛东信一时没了主意,还成了一块心病。一天,他决意找几个人认真合计一番,一是看看桑振君是怎么想的,二是想听听她现在对婚事的意见。

薛东信和其他几个师傅一嘀咕，马上商定了一个方案，大伙儿的一致意见是，由唱红脸的老演员李红献出面，让他跟桑振君先谈谈，探探口气。

其实，桑振君是一个知恩必报的侠义女子。这些年来，她何尝不想报答谢家的恩情？又何尝不思念心中的那个"二哥"？不过由于这几年她如痴如醉地"恋"着戏曲艺术，拼死拼活地学习、演出，真有点"顾此失彼"了！现在经恩师们这么一提醒，也感到是个大事了。李红献问她时，她脸一红，捏着衣角沉默不语。再问："谢顺明现在在哪里？"她回答说："不知道。"不过，她马上又补充说："找不到顺明哥，不还有谢妈妈在吗？当年戏班往徐州去的时候，谢妈妈没有去徐州，而是回到了开封。不管顺明哥找得到找不到，谢妈妈过去对我像亲女儿一样，我现在已经有能力养她了，先把她从开封接到柘城，住上一段，还怕找不到顺明哥吗？"

言之有理！大伙儿一商量，就先把谢母和养女接到了柘城。

一个没成家的人，无论走多远，妈妈那里就是家。谢家这些年与桑振君没有联系，可谢家的人彼此还是音信相通的。谢妈妈知道，儿子在外地日子不好过，很想让他回到身边，而且眼前的这个媳妇也有了能耐，于是就想趁早把孩子的婚事给办了。

有人给儿子捎去了信，这样，大约有几个月时间，谢顺明风尘仆仆地从江苏赶到了柘城。但他万万没有想到的是，往日那个又瘦又小的苦妮子，如今不仅出落得亭亭玉立、光彩照人，而且成了颇有名气的大主演。他十分惊讶，桑振君这4年是咋学的？"十八般武艺，样样精通。"在戏班里，她无论是花旦还是青衣俱能得心应手，就是其他行当也拿得起放得下。尤其是她的唱，行腔自如，别有风味。谢顺明心里暗暗佩服。

不过，前面已经说过，原籍扶沟县的谢顺明也不是等闲之辈。他出生于梨园世家，祖父、曾祖父都是沙河调的代表人物。父亲谢青山是祥符调的花脸演员，哥哥谢顺玉是祥符调的著名须生。谢顺明自己更是少年得志，他7岁出科登台，12岁应工头牌武生。

现在的谢顺明不但扮相英俊,戏路也很宽,能演文武小生兼花脸,尤其擅长"翎子功"、"甩发功"、"髯口功"。

谢顺明来到这里,给小公议班增添了实力,而且他和桑振君两人在戏中是一"生"一"旦",金童玉女,被誉为是天生的一对、地造的一双。他们的搭配珠联璧合,为戏班赢来了更多的人气。

有着这样的"万事俱备","借东风"自然也不是难事了。

1945年农历8月的一天,剧团在淮阳县一个集镇演出的时候,有了点空闲时间。薛东信对几个老师傅说:"老让他们的婚事压着不是个事儿,还不如在这儿,把他们的婚事给办了!"打鼓的顾鸿恩师傅说:"要办,回柘城办。这儿上不着天,下不着地的,咋办?"老演员李红献说:"咋办?事大事小,过了就过了!"其他几个师傅也都支持薛东信的意见。他们简单一分工,说办就办,一群人紧接着就忙活起来!

桑振君和谢顺明婚礼的那天,大概也是一个黄道吉日。因为在这个集镇举行婚礼的,除他们以外,光他们看到的就还有三四家。

桑振君和谢顺明的婚礼也可能是"公办"的原因,有人、有钱,再加上剧团本身的活跃分子也多,所以在那天,就属他们的这个婚礼搞得最热闹、最排场。如果按当地的结婚习俗,有一顶花轿就行了。可他们是新娘一顶,新郎一顶,而且两顶都是八抬大轿,很是气派。再者,所用响器也与众不同,安排了两班唢呐和四面大锣,再加上他们剧团的一些锣鼓家伙儿,鼓乐齐鸣震天响,把这个婚礼办得是热热闹闹、风风光光。

谢顺明脑子清楚,没有什么不适应。可桑振君觉得,这个婚礼既不在开封城谢顺明的家里,又不在剧团的长久居地,而且还来得那么突然,所以打一开始,桑振君就迷了方向,始终认为是在"演戏"。

执事们在镇上的一个旅馆,给新郎和新娘租了一间店房为洞房。婚礼前,让桑振君先在这间洞房等着,然后娶亲的人再用八抬大轿,把她从这里抬到剧团。所以,这一间房子既是洞房,也算是桑振君的"娘家",而剧团临时所在的地方是桑振君的"婆家"。为了更好地营造这种氛围,执事的还把剧团的人,包括家属也按娘家、婆家分成两拨。是娘家的人,就陪桑振君在这个店里,等着嫁闺女;是婆家的人,就留在剧团不动,在那里等着迎媳妇。

桑振君那天的"娘家人"把她打扮得花枝招展。她头上戴着绒冠,脚上穿着缎子绣花鞋,身上穿着缎子绣花旗袍。新郎谢顺明的打扮也不俗气,他头上戴着礼帽,身上穿黑大卦,两个肩膀上还附着两个红绣球。桑振君当时正在屋里,像演出前一样,对着镜子梳妆打扮,猛一看镜子中走进个人,吓了一大跳!仔细一看是谢顺明,虽然不害怕了,可一见谢顺明今天这副打扮,跟演戏的妆不一样了,反而感到很滑稽、很可笑。恰恰这时谢顺明又是一反常态,给她又作揖、又行礼的,引得她咯咯地笑个不停。

桑振君为啥一直傻笑呢?因为她自从9岁进了谢家戏班后,就一直称谢顺明为二哥,这个二哥喊得多了,就觉得他真是二哥,而不是自己的未婚夫。现在看到这个二哥以这副打扮来娶她,而且又是给她作揖行礼的,不知动了她哪根神经,她就一直这么"咯咯咯"地发笑。另外,谢顺明是饰演文武小生的,她是饰演旦角青衣的,过去他俩配戏都是扮演两口,戏演得多了,就一直认为还是在演戏,怎么都进入不了状态。

婚礼是有点另类。但在许多规矩和程序上,一点都没少。桑振君上轿前,也是按照老年人的嘱咐,面向西南;进轿的时候,脚不能着地,要由人抬着,把她送进花轿。看来薛东信他们也是想尽量把事情做好、做大。桑振君乘坐的花轿起来以后,还特意在这个集镇里多转了几圈,转来转去,最后才转到剧团的暂住地——"婆家"。在转来转去的过程中,桑振君似乎听到别的地方也还有响器声,她就伸出头来,四处张望。打鼓的顾鸿恩师傅伸手把她的头按了回去,说:"你把头给缩进去!"这时,有人对顾洪恩说:"顾师傅,你咋骂人哩?"大家一回味,都哈哈大笑起来。

不过桑振君并没有听懂"骂"她的话，大家开心地笑，她也和着大家的笑，又"咯咯咯"起来。

花轿到了临时的婆家——剧团门口，地上铺着红地毯，放着马鞍。执事的告诉她，不要踩到地下，要走到地毯上，跨过马鞍子。桑振君一听，又咯咯地笑了起来。桑振君笑的是这种规矩，众人觉得是桑振君可笑。总之这个婚礼是严肃不足，活泼有余，算是从头笑到了尾。

直到结婚后好多天，剧团的嫂子们还拿她开涮说："你结婚那天，是笑啥哩？"桑振君认真地说："不为啥，我只当还是假的！""那你就不知道那是结婚？""不知道，我只知道练功、演戏，没学过当新媳妇。"嫂子们不解地说："那你不是在舞台上经常当新媳妇吗？""因为那都是假的，我老觉着这次也是假的。"嫂子们又说："记住，过去那都是假的，这次才是真的！"

桑振君这时才清晰地意识到，原来从那天起，她就是谢家的媳妇了。按照谢家的规矩，她改名换姓为谢艳玲。

这一年，桑振君16岁，谢顺明19岁。

# 二十、学习刘玉梅

过去的旧戏班,都是按着一年春夏秋冬四个季节,与演员签订演出合同的。三个月为一季,只有到季了,演员才可以自由流动。但也有一些有势力的戏班不按这个规矩办事。

桑振君在柘城的小公议班,已两年了,到换季的时候,他们寻思着,想到鹿邑去。为什么非要去鹿邑呢?这里面还有一个原因。

在张老太爷组织的那场对台戏中,来自鹿邑剧团的刘玉梅的演出,给桑振君留下的印象最深,也最好。她觉得刘玉梅的唱腔风格,既巧妙、优美,又别具一格。特别是她《秦雪梅》中的"翻十字",那种独辟新径、妙趣横生、典雅优美、不落俗套的唱腔,不仅让桑振君久久不能忘怀,而且还让她为此生出了心病——非要到鹿邑找刘玉梅学习不可。

刘玉梅是豫剧早期著名女演员之一。1914年,她出生在尉氏县花轿刘村。她的父亲刘丙午也是演员,在豫东一带有一定的名气。刘玉梅12岁时,进临颖县小李庄的龙虎班学戏,她勤奋好学、聪明伶俐,三个月后,就能登台演出了。1932年,风华正茂的刘玉梅第一次来到开封,不久便一炮走红,和当时活跃在永安舞台的主演马双枝、王润枝,难分高下;到了1936年,刘玉梅的身价和名气已与刚在开封唱红的常香玉旗鼓相当。刘玉梅的戏路很宽,除应工青衣、花旦外,还兼演泼旦、老旦、刀马旦和丑行,在名旦的"豫东五旗"中,有着"雪白旗"的美誉。

桑振君向掌班的提出想到鹿邑的意愿,掌班的不仅不允许,而且态度还很蛮横。这下子,桑振君真有点生气了。"到季走人,是戏班的规矩!"桑振君想,她当初来小公议班的时候,他们也是仗势欺人,名义上说是请,实质上不就是抢吗?

其实不管当初是"请"还是"抢"与现在想走的想法都没有太大关系,说到底,她现在迫不及待想离开戏班的原因就是想去找刘玉梅学戏。

"三十六计,走为上。"她和谢顺明一商量,就偷偷地跑掉了。掌班的知道后气愤不过,为了出口恶气,派人找到桑振君的叔叔,不由分说地把他痛打了一顿。说起来也真冤枉,桑振君的叔叔不明不白地挨了一顿打,也不知道到底是怎么回事。

到鹿邑后,桑振君明确表示,不当主演,要给刘玉梅配戏当丫鬟。可鹿邑戏班不管是掌班的,还是大大小小的演员,都知道她桑振君也是很有名气的角儿,不好意思让她当配角。无奈之下,桑振君就直接找到刘玉梅,诚诚恳恳地说:"早知道老师的《观文》唱得好,我就是来向老师学习的。"战争年代,内忧外患,同是受苦人,大家的心很容易贴近,几句话就打动了刘玉梅;再者,刘玉梅也不是那种鸡肠小肚的人,她看桑振君一口一个老师的叫,深为桑振君的直率和坦诚而感动,就笑着说:"论年纪我比你大十几岁,论名气你比我也小不到哪儿,我在艺术上不保守,更不霸道,你就叫我大姐吧。"

有了刘玉梅的这些话,桑振君的心里踏实多了。为了更好地给刘玉梅配戏,她请刘玉梅先教她有关丫鬟的戏。其实,也仅仅是给她点了一下丫鬟上场、下场的位置,桑振君一看就明白了,上台演出时,与刘玉梅配合得严丝合缝。第一场下来,刘玉梅就感叹地对桑振君:"你这个丫鬟,演得非常到位,比我原先的那个丫鬟,可强得太多了!"

其实,刘玉梅一点也不感到奇怪,桑振君毕竟是从跑龙套、丫鬟演起的,现在又有了主演的阅历,她当然知道,配角在演出中应该怎么站位置,才能方便主演、突出主演,更知道作为配角,如何提高主演的演出效果,又让主演觉得舒服。

在鹿邑的几个月，桑振君不仅把刘玉梅戏中的丫鬟承包了，而且还帮着刘玉梅打鬓、包头，这让刘玉梅发自内心地感动。她直言不讳地问桑振君："你不在柘城好好当主演，难道到这儿，就是向我学戏吗？"桑振君也毫不隐瞒地说："我来这里，就是一个目的，想学你的《观文》。"

看着眼前这个诚实、伶俐、虚心好学的年轻人，刘玉梅的心彻底被征服了。原先表示是不保守，不霸道，让她零距离地观看，现在是不保留，不敷衍，手把手地把自己的艺术，一五一十地传授给她。

由于桑振君给刘玉梅配戏当丫鬟时就特别留心，现在学起来就快多了，刘玉梅只教了几次，桑振君就全学会了。

若干年后，尽管桑振君对刘玉梅的《观文》作了相当大的改动，尽管她以后的名气比刘玉梅要大，但桑振君无论在何时何地，都虔诚地说："我的《观文》，是跟刘玉梅师傅学的，是她在艺术上，给我增加了宝贵的财富。"

后来刘玉梅也到了许昌，桑振君一直没有忘记这位恩师，常去家中探望。著名戏曲表演艺术家王素君曾回忆说："我在许昌期间，桑振君师傅还带着我，去看望过她的这位老师。"

滴水之恩，涌泉相报。对薛东信和刘玉梅，桑振君一直是把他们当作入门师傅来孝敬的。

# 二十一、鹿邑子夜逃

1945年8月15日正午,日本裕仁天皇在广播中发表《终战诏书》,宣布无条件投降。消息传来,苦难深重的中国大地上,鞭炮齐鸣,昼夜欢呼。

就在全国人民喜极而泣、热烈庆祝抗战胜利的时候,国民党极力排斥共产党受降,为此,共产党和国民党展开了针锋相对的斗争。为了宣传、支持共产党,鹿邑的地下党在鹿邑县城组织了声势浩大的示威游行,中学的学生和教师是这次游行的主体。满腔热血的桑振君和谢顺明,也加入了他们的游行队伍。

桑振君、谢顺明当时在鹿邑县可谓是家喻户晓、人人皆知的人物。他们的介入就像一面导向的旗帜,不仅让国民党的特务们恨之入骨,而且很害怕他们在下一步还有什么新的行动。所以在游行后的第三天,也就是农历7月12日,鹿邑县的国民党党部决定,对桑振君夫妇实施秘密逮捕。那天夜里,刚煞罢夜戏,鹿邑的中共地下党党员、县中学的徐老师,火速赶来通知桑振君和谢顺明,让他们必须连夜离开鹿邑到安徽的界首,而且已经给他们准备好了人和车辆。

为什么要去安徽的界首呢?据谢顺明回忆,当时主要基于这几个方面的考虑。一是,鹿邑和界首相距不是太远,便于逃离。二是,那里比较安全。界首处于三省交界之地,位置上处于相对管理松懈的所谓"三不管地带"。由于地理位置特殊,抗战时期,没有受到日军的侵犯。为此,上海、南京等大中城市的商人纷纷迁入,一时间,小小界首人口剧增,商贾云集,贸易兴旺,还得了个"小上海"的美称。当时,国民党也看好这个地方,往界首派驻了许多部队,并设置了党、政、警、特等重要机关,企图把界首打造成苏鲁豫皖地区的一个稳固的统治中心。但抗战刚刚胜利的那些日子,国民党的党、政、军机关正忙着要去沦陷区的大中城市接管"胜利果实",已无暇顾及其他,相对来说,那里也就比较安全了。三是,河南艺人到那里也好生存。因为河南的戏曲在界首很受欢迎,不仅豫剧,就是曲剧、越调在那里也很有市场。而且,界首当时还有一个豫剧团,鹿邑的地下党组织考虑得很周全,早已和他们联系好,让桑振君夫妇暂时到那安身。

当天夜里,跟桑振君夫妇出走的有6个人、6辆车。他们能在深夜,顺顺当当地走出西门,显然是徐老师他们已做好了工作。谢顺明是个细心人。大家出了城门后,他又把人员分作两班。他们夫妻和一个跟包的,轻车简从,带着一辆车,往东南方向走;剩余的5个人5辆车,往正南方向走。他们约定,第二天中午的十二点,在鹿邑南边的张完集相聚。

张完集现在是郸城的一个乡,当时属于鹿邑县管辖,离鹿邑县城约有30千米,处在鹿邑和界首之间。果然不出所料,就在那天夜里,前来抓桑振君夫妇的一伙人在城中未发现他们的踪影,又立即追出城外,但他们追到的是朝正南方向的这5个人5辆车。盘问一番未果,只得又把他们放行。

此时,天已大亮,这一拨人庆幸未遇到大的麻烦,又继续赶路了。

第二天中午,桑振君夫妇在张完集没有见到他们,已料定是出事了,于是加快速度,直奔界首。

出事的那一拨人,后来也赶到了。只是他们比桑振君夫妇晚到了大半天。

# 二十二、"掂"中出技巧

到安徽界首的戏班一看,原来戏班的班主王富臣、打鼓的王玉昆都是谢顺明的老相识。他乡遇故知,大家都很高兴。

桑振君到这里,当然也是被当作主演看待的,一去就让她出了头三天的戏码。这三天的戏码分别是《观文》、《对绣鞋》、《玉堂春》。

桑振君在演戏上是个天才、精灵,但在戏外的许多问题上,有时却像是个傻子。这似乎有点像历史上的九方皋。九方皋善识马,他能抓住识别千里马最本质的东西,但有时却忽视了非本质的地方。所以他给秦穆公挑选千里马的时候,连马的公、母、毛色都没说对,秦穆公当然不高兴,更不相信他会识马。而伯乐却是另一种观点,他反而更佩服九方皋,认为正是卸下了这些非本质的"包袱",才能更好地抓住那些最本质的"要害"。桑振君从进入艺术殿堂的那一天起,就一头钻了进去,把提高自己的艺术水平当作头等大事,把掌握基本功看作真本事,在学戏、演戏方面她从不惜力,从不怕苦。但在人情世故上,她几乎一点也不上心,她曾说:"我很不喜欢梨园中的那些烦琐的清规戒律。"

应该说,对于梨园中的许多行规、行话,桑振君不是记不住,大概是懒得去记,她认为没有必要为此浪费精力。在她看来,"与其记这些,还不如多记些戏词和唱腔"。

为此,她常常被罚。没有成角儿的时候,是身体上的惩罚,成角儿以后,是金钱上的惩罚。

至于演戏前要说的那些面子上的客套话,她更不愿意去说。

可她万万也没想到,在界首的第一场戏,正是因为这些她所讨厌的客套话,让她遭遇到了大麻烦,而且几乎要出大丑、丢大人。

按过去演戏的规矩,一个演员到了一个新的戏班,一上舞台,先得给大家寒暄一句"老少师傅多发财",然后再给庄王爷叩个头,这就算把"礼"走到了。可桑振君觉得这些东西太麻烦,太庸俗,也没多大必要,她犹豫了一下,还是直接到后台化妆了。打鼓的师傅王玉昆看她什么规矩都不懂,一开始心里就憋了一股气。前面垫戏一唱完,该桑振君上场时,应该说又是个补救的机会。如果这时她给乐队说上一句"老少师傅多包涵",再给他们行个礼,也算没事了。可她偏偏又没这样做,这一下算彻底把王玉昆给激恼了。他决计要整治一下桑振君,要让她知道"马王爷长着三只眼"!

王玉昆为啥这么在乎呢?说起来他在梨园界也不是等闲人物。他小名叫王根儿,原先是个好演员,后来嗓子坏了,才改行打鼓。因为他的资格较老,鼓又打得特别好。别说在这个戏班了,就是在整个豫剧圈子里,也没人敢小瞧他。就说谢家吧,谢顺明祖宗三代都是梨园世家,他的父亲谢青山在豫剧界也是一个响当当的人物,一般人都不敢和谢青山插科打诨,可单单这个王根儿就敢。现在谢顺明小两口到了这里,他得到了谢顺明的尊重,他希望谢顺明的媳妇也尊重他,可看她年轻气傲,也不知道她有多大能耐,竟然敢一而再、再而三地藐视自己,他心里当然非常恼火,于是就带头鼓动乐队,在她出场的时候故意给她使绊子、办难堪,按剧院的行话说,就是"掂"她。

第一天演的是《秦雪梅》。秦雪梅的出场音乐是慢板,王玉昆先打了个大慢板,边打心里边盘算:"一定要看你的好戏!"要知道,豫剧的大慢板不但节奏很慢,过门还很长,他这"叭"地打上一鼓条,弦子就得拉半天;他又打上一鼓条,干脆就站在上场门里头,悠闲自得地抽起了旱烟,脸上还不时地流露出那掩饰不住的,带有几分蔑视、等着看笑话的神情。

演员上场都是根据音乐的节奏去走台步的。乐队的弦子拉得非常慢，没法上场。到慢板中间，又突然快起来，下面"哗"的一个满堂好后，又像抽丝一样，不死不活，没完没了，弄得桑振君还是无法上场。

好在桑振君的心板硬，她合着节奏，勉强上场后只管搭上弦唱了起来。乐队在王玉昆慢条斯理的引领下，把"二八板"拉奏得像"慢板"，桑振君一开始还能凑合，但这节奏实在是太慢了，按旦角的台步走，老半天了还没走到舞台中间，她急得直出汗。

桑振君心里明白，王玉昆这是在故意"掂"她，她稍微定了一下神，灵机一动："姑奶奶豁出去了，我也掂掂你打鼓的！"这时的桑振君突然打破原来的板式，把戏词叠着唱，你慢打，我紧唱。前面垛着唱，后边再甩起来，一板多字，打得越慢，填字越多，闪前不坐后，竟把《秦雪梅》的"翻十字"唱得又活又巧。

观众从来没有听过这样的唱法，觉得板式奇巧，新鲜活泼，入耳动听，别有一番风味，纷纷叫起好来。这一下，倒把乐队弄慌了，又赶紧撑着她的唱法走。当唱到"内有两撇外有四堵墙"时，她又故意往后撤了一点，这一撤，他们更害怕了，只有老老实实地扎着耳朵细听她唱。虽不情愿，但也只好乖乖地跟着唱腔为她伴奏了。

头天上场，就被"掂"得晕头转向。尽管赢得了掌声，桑振君还是余怒未消。而这时的王玉昆心中更是窝火，本来是要整治人家的，到最后却叫人家牵着鼻子走，而且把整个乐队都弄得灰头土脸的。王玉昆越想越气，直憋得涨红了脸，心里不断在嘀咕："这叫我以后还怎么在这个行当里混？"

戏刚演完，两人在后台相遇，王玉昆也是为了挽回面子，张口骂了一声："不知是从哪儿来了个野猫孙！"桑振君把软头面往桌子上一摔，冲着他大声喊道："王玉昆，你师傅没教好你？你才是野猫孙呢！"王玉昆一听，知道是遇着强手了，此时的他似乎突然明白，桑振君不光是戏唱得好，人也不好惹，于是扭头就走了。

桑振君也不是得理不让人的人，看着王玉昆没再接茬儿，也不再说啥了。

不过这个事很快就过去了。因为班主王福臣和谢顺明、王玉昆都是好朋友。王福臣把他们叫到一块,几杯辣酒一下肚,哥们义气就上来了,都说是大水冲了龙王庙,一家人不认识一家人。王玉昆感慨地对谢顺明说:"乖乖呀,你这个媳妇人不大,本事可不小,嘴皮子那个溜儿的,我算服了!"

打那以后,乐队给桑振君伴奏,合作得很好,再没闹过什么别扭。

在界首,这次"反掂"的偶然尝试对桑振君有了很大的启示。她从中悟到,豫剧的板式、拍节、唱腔艺术是前人留下的,但也不是一成不变的,要想追求完美,还要不断地去创新。

## 二十三、首进荷花城

桑振君夫妇在界首的这个戏班并没有演出到季。原因是,抗战胜利后,原本为了安全来到这里的那些达官贵人和外地的商户现在纷纷迁出,20多万人的"小上海"人口骤减了一半,再加上这里的官府敲诈勒索、横征暴敛,戏班的演出已卖不上座。于是,桑振君和谢顺明商量决定离开界首到许昌。

谢顺明的老家在扶沟,小时候他常去许昌,他告诉桑振君说,许昌文化底蕴深厚,而且又是名副其实的戏曲之乡,到了那里便于发展。桑振君过去没有去过许昌,也想到许昌见识见识,就依了谢顺明。戏班被他们带走的,除了打鼓的王玉昆和四个武打演员外,还有个叫作徐玉琴的女票友。

徐玉琴虽说是个票友,但嗓子不错,也颇有灵性。她的丈夫叫郭为农,会弹三弦,经常到剧团来伴奏演出。郭为农虽然是国民党警察局的,却是个有正义感的人,他看不惯警察局的为非作歹,早有心弃警从艺。他们夫妇都很佩服桑振君两口的演戏水平,也称赞他们的为人,与他们结下了深厚的友谊。

桑振君夫妇要走的时候,他们依依不舍。桑振君说:"一块走吧!只要有我吃的,就饿不着你们。"这样,他们就跟着桑振君一起去了许昌。

许昌的二油梆剧团非常欢迎他们加入。因为桑振君夫妇当时的名气已经不小。再者,他们的主演阎立品刚刚离开,急需名角儿。

旧社会唱戏的多被人看不起,被称作"下九流"。为了生存,尽管有时相互之间存在竞争，可"人不亲，行亲"，而且，圈子不大，相互之间也多有往来。桑振君夫妇与唐喜成、郝东营、王素君和她的姐姐王金凤等演员并不陌生。唐喜成当时还没成名，是唱丫鬟旦的，梨园中他和谢顺明等12个青年人还结拜过弟兄，唐喜成排第七，谢顺明排第十一。所以他们一去，马上以桑振君为主演，出了她的三天戏码，分别是《观文》、《对绣鞋》和《玉堂春》。

桑振君当时虽说只有17岁，但在豫东南一带已经很有名气。特别是她第一场《观文》演出以后，很快就在许昌打响了，不仅观众很买她的账，连剧场的管理人员、小商小贩都特别敬重她。不少人发现，有些演员演戏时，那些送水送茶的、卖瓜子卖糖的总在剧场出出进进。可要是桑振君演出，不仅剧场的管理人员恪尽职守维持秩序，连小商小贩也自觉保持剧场安静；特别是观众，他们之间有时还相互小声提醒："都不要说话啊，好好听戏。"

桑振君戏唱得好，对人也很实诚。著名豫剧表演艺术家王素君回忆说："那时在二油梆，我们一帮年纪小的，都想向桑振君求教，桑振君没有半点儿大牌演员的架子，啥时候都是热情洋溢地教、毫无保留地教、不厌其烦地教。她不怕我们学不会，就怕我们不用心学。她发现我们学习不用心了，急了也会上脾气，不过我们都能理解她，知道她打心眼里为我们好。"

王素君一直都很敬重她的这个大姐，几十年后，王素君已成为河南豫剧界首屈一指的小生演员。一次，在河南豫剧一团的一场排练中，一向饰演小生的王素君饰演的是《桃李劫》中的一个旦角，刚刚排练结束，就听得下面后排的席位上，有个人大声叫着她的名字说："素君，你要守好你小生的门户，不要再演旦角了！"王素君当时的名气已经不小，没有人敢这么提着她的名字吆五喝六的，在场的演员吃了一惊，都注目向后排望去，王素君一看是桑振君，又惊又喜。她一面笑呵呵地点头称是，一面向大家解释说："她是我的师傅桑振君，她的话我不能不听呀！"

王素君对桑振君的感情，确实说得上一往情深。2004年的流火七月,桑振君在邯郸去世,腿脚不便的王素君和吴碧波等这些肝胆相照的老姐妹们,亲自到邯郸为桑振君送行。她们几十年的感情,是很难用语言来表达的。

许昌,是个美丽的古城,它的护城河里种满了荷花,所以号称荷花城。许昌同时又是一个文化底蕴非常厚重的城市。那时,城里东、西、南、北的四条大街,每条大街都有一名绅士领衔,以活跃本街的文化生活。北大街的王绅士和他的儿子王四少都是有名的文化人。他们对桑振君的唱腔艺术非常欣赏,于是就和她商量着,把她的《观文》进行了加工整理。阎立品的《观文》没有"翻十字";怪杰刘玉梅的"翻十字",也只是翻了两遍;而桑振君的"翻十字",在这些文化人的帮助下,不仅修改了戏词,翻了三遍,而且在唱腔上,也有了不小的改进,更凸显出"字乖韵巧,百句不竭"的特点。

徐玉琴是桑振君带来的票友,会的戏很少,开始不能参加分账,桑振君兑现自己的承诺,先收她为徒,把她常演的角色,如《罗焕跪楼》中的白毛老旦姜桂枝、《桃花庵》中的窦氏等角色套路,都手把手地传授给她。为了培养她、锻炼她,桑振君又甘愿给她当配角,尽量让她多出彩。徐玉琴很有灵气,不但悟性高,嗓子也清晰甜润,不久便赢得了观众,在戏班里也渐渐立了起来。至于参加二油梆的分账,那就自然不在话下了。日后,徐玉琴成了一位相当有名气的演员。

桑振君夫妇在许昌,还落下了个"荣誉回民"的称号。

事情是这样的。许昌东街是个回民区,他们夫妇两个不仅避开了吃大肉,更重要的是他们入乡随俗,充分考虑到了这里回民的思想情感。在演出《桃花庵》这出戏时,扮演苏昆的谢顺明就有意把唱词中的"猪是猪,羊是羊,猪肉长不到羊身上"这一句,改为"牛是牛,羊是羊,牛肉长不到羊身上"。谢顺明的这么一改让回民们十分感动,不仅给予他热烈的掌声,还把他当成了兄弟和朋友。当晚,还实实在在地帮他们解决了住宿问题。

原来,桑振君他们到许昌后,二油梆剧团把他们夫妻俩安排在了一个住处。这个住处看着也不错,白天他们忙得不着窝儿,倒没发现什么。可一到了晚上,特别是夜深人静以后,总能闻到一丝血腥之气,他们觉得怪怪的,很不是滋味。后来一打听才知道,就在他们住上的前两天,二油梆的小生演员田青山在这个地方被人杀死了。回民们知道了桑振君夫妇的这个困难,二话不说,就直接把他们接到清真寺居住,并且还承诺说,如果他们找不到合适的地方,就一直让他们住下去。

田青山是阎立品的父亲、豫剧泰斗阎彩云的得意门生,功夫十分了得。因为他和阎立品是搭档,所以后来有人传说,什么他是阎立品的恋人呀,就是为了他阎立品才终身不嫁呀,甚至还有人主观臆断地分析说:阎立品之所以在她的代表作《秦雪梅》中,能把秦雪梅刻画得入木三分,《哭灵》一折唱得肝肠寸断、催人泪下,除了艺术造诣原因外,也有牢牢印在灵魂深处,令她一辈子都刻骨铭心的那个"商郎"的情感因素呀,等等。这些常常出现在名人身上的各种猜测,恐怕是有点牵强附会了。

桑振君夫妇来二油梆时间不长,许昌又来了个娃娃剧团。别看名叫娃娃剧团,却是部队的编制,而且后台还很硬。他们到许昌没有演出场地,就以联合演出的名义,侵占了二油梆的场地。娃娃剧团没多少实力,也只是演些小戏,压轴的大戏当然还要靠二油梆剧团来演。但令人奇怪的是,娃娃剧团演出的时候风平浪静,一到二油梆剧团演出的时候,下边就有当兵的来捣乱。特别是抗战下来的那些国民党的伤兵,自恃有功更是无法无天,经常出现砸场子的事。桑振君她们很无奈。最后,娃娃剧团还是摊牌了,说他们非常喜欢桑振君的戏,一是想让她教戏,二是想让桑振君加入娃娃剧团。并表示说,只要她跟了娃娃剧团,娃娃剧团就离开许昌,把场地重新还给二油梆。桑振君这个人吃软不吃硬,而且也极讲义气,娃娃剧团三句好话一说,她心里就开了半扇门,虽然也不太情愿离开许昌,可也没有更好的法子,再加上她还有一件心事,最终,还是跟着这个娃娃剧团,辗转来到了郑州。

这个心事就是为冤死的爹娘和弟弟妹妹报仇雪恨！这是压在她心头多年的沉重包袱啊！尽管她平日里忙着演戏，但每当夜深人静时，想起惨死的一家，便浑身发抖。她从小立下的誓愿就是，有朝一日替全家报仇。自她听说这个剧团的后台老板，是国民党河南省主席刘茂恩的老三兄弟后，就想借助娃娃剧团的这层关系来洗雪冤仇。

她似乎有点天真了！后来，她确实把仇人李兆庆告上了法庭，可是在那个年月，法庭哪里愿管这样的事，到最后还是不了了之。但即便是这样的结果，也把李兆庆吓了一大跳，过去是桑振君怕李兆庆报复，现在倒是他怕上桑振君了。其实两边都怕，比一边怕好，因为，这样对桑振君来说，相对也有了一定的安全感。

## 二十四、收徒谢爱芳

到了郑州,有了桑振君夫妇领衔的娃娃剧团,不再是昔日模样了。观众看好,剧场的上座率明显提高,剧场的老板高兴得合不拢嘴,为此,老板十分看重他们夫妇二人。也许是这个原因吧,他们在北下街剧场演出的第四天,剧场经理就把一个11岁的女孩领到了桑振君夫妇跟前,说这个女孩家老少三代都是女的,家里也没有一点经济来源,看你们都是好人,请求能把她收下,只要能讨个活命就行。桑振君是苦出身,最见不得这样的穷人,又觉得剧场经理这么看重自己,当时就满口应承了。

谢顺明是个细心人,并没有当场应允,过后又亲自到这个小女孩家里探了个究竟。了解以后得知:这个女孩的老家,是兰考的,当年逃荒要饭,落脚到了郑州。家里生活十分艰辛,由于没有男的,更觉凄苦无助。女孩的姥姥在这里去世了,因无处葬身,就埋在了自家的院里……

桑振君又仔细端详了这个被经理领过来的女孩,虽然衣着褴褛,面带菜色,可端庄大方,也不怕人,特别是眉宇间那种隐约可见的倔劲儿,让桑振君更是喜欢。桑振君马上想到了自己的童年,与其说给她一口饭吃,不如教她一门技艺。基于这种想法,桑振君夫妇决定,让这个女孩正儿八经地拜桑振君学艺。

谢顺明是梨园世家,自然重视礼仪。桑振君开门收徒,徒弟又是剧院经理介绍过来的,所以不仅要有个拜师仪式,而且还得像个样子。

拜师仪式在街上的一个中档饭馆举行,虽然没有几个人,但也

## 二十四、收徒谢爱芳

不失规范和庄重。徒弟按着谢顺明的谢姓,取名为谢爱芳。她进入这个家庭后,管谢顺明叫大,桑振君叫娘。当然还有签约合同,里面的条条款款也不少,都是沿袭过去艺人签约的那种老模式。具体内容都记不清了,但其中"打死勿论"这一条,谢爱芳到现在都没忘记。

那一年,谢爱芳11岁,桑振君17岁。

在这里顺便提及的是,谢爱芳与桑振君随后收的徒弟谢爱琴并没有血缘关系,也不是有些资料所说的"叔伯姊妹"。谢爱琴的父母也是唱戏的,因为两人都吸毒,把谢爱琴卖了几次,最后是桑振君花了70块大洋,把她从孤儿院买出来的。谢爱琴的名字,像谢爱芳一样,都是到谢家后起的。谢爱芳跟着桑振君学戏,谢爱琴主要是照顾谢老太太。谢爱琴长大成人后,与著名戏曲表演艺术家牛得草结成了秦晋之好。

按理说拜师的所有花费,都是要由徒弟来负担的,桑振君知道谢爱芳负担不起,全是自己掏的腰包;按传统规矩,徒弟还得给老师封红包,也叫磕头礼,桑振君当然也都免了。

说到拜师的事,还有个故事,是关于谢爱琴的丈夫牛得草的。在他当年还没有成名时,工资不高,家庭负担较重,生活很拮据。牛得草是个有抱负的演员,他渴望拜京剧名丑萧长华为师。但在京城里,要拜萧长华这样的名角儿,可不是说谁想拜就能拜了,一得老师愿意接收这个徒弟,二得有能力举办拜师仪式。不说多,就这两条就把牛得草的路封死了。

桑振君记得女婿牛得草的这个愿望,便借着文化部长田汉要她去北京看嗓子的机会,带着牛得草一同前往。牛得草跟着桑振君,先拜望了田汉,并由田汉引荐,顺利地拜给了萧长华。

牛得草心里清楚,没有桑振君的面子,这几乎是不可能的。

没几天,他们在北京东来顺饭店举行了隆重的拜师仪式。所有费用以及牛得草来往的路费,也都是桑振君来负担的。

几十年后,牛得草以他的戏曲电影《七品芝麻官》一举成名天下知。牛得草到邯郸后,春风得意,更是受到了上上下下的热烈欢迎和隆重接待。在欢迎牛得草的大会上,邯郸的各级领导、社会名流都在尊称他为"牛老师"的时候,唯独桑振君似乎"不识时务",一口一个"得草"地叫。开始,市里领导大惑不解,有人甚至还为桑振君捏了把汗,而牛得草对桑振君不但不恼,而且还毕恭毕敬,直到后来牛得草自豪地给人介绍说"她是俺娘,也是我的恩师"时,才知道了其中的原委。

谢爱芳是桑振君的开门徒弟,在如何处理师徒关系方面上,桑振君自然摆脱不掉旧社会的传统认知;再由于是养女,能担得起病,教育中的打骂陋习也为桑振君所常用了,所以客观地说,谢爱芳在那时,没有少挨桑振君的打骂,而且这种打骂,似乎成了一种改不了的习惯。

月是故乡明,郑州是豫剧的大本营,桑振君在邯郸退休前夕,曾想退休以后,来郑州的爱女这里定居一段时间。谢爱芳把这个情况,告诉了养父谢顺明。谢顺明说,我也支持你娘来你这里居住。不过她的脾气不好,可借着这个机会,让她改一改。父女俩商量好后,谢爱芳就对桑振君说:"娘,你能来我这住,我一百个欢迎,可我现在的儿女都大了,也得有点面子了,你以后能不能做到,不再打骂我?"桑振君想了想说:"你说的也是个理儿。可要叫我改,恐怕是改不了。"

客观地讲,桑振君对一般学生的教育可以说是苦口婆心的,虽然有时候也急,但从不动手打学生,可对自己的徒弟她就做不到了。

桑振君说过这么一件事:苗文华在一次排练中,有点不认真了,她让苗文华过来,苗文华光笑,就是不过来。有人问她为啥?桑振君说:"她怕我搧她。"桑振君说这话的时候,是在2002年,那时的苗文华已经很出名了。

其实,大家也都知道,桑振君对徒弟疼爱有加,常常是"恨铁不成钢"。但疼爱的方式,似乎有点"打人成性"了。

"江山易改,本性难移。"桑振君的这种性格改不掉,谢爱芳的别劲儿她也制不服。

桑振君在许昌时,曾认下一个疯女人当娘,牛得草去了,降辈后得管她叫姥姥,牛得草心里不服,但不敢不叫。可谢爱芳去了,心里不服,就是不服。桑振君让她改口叫姥姥,她撅着嘴就是不叫。桑振君知道她的个性,对着那个疯女人也不敢发作,就赶忙打圆场,把自己在街上为那个疯女人买的鸡蛋糕,说成是谢爱芳给她买的,可谢爱芳还是不予配合,立即说:"那不是我买的,那是俺娘买的。"

因为谢爱芳觉得,她的这个傻娘帮人帮得太多了、太过了。

不听话,当然就少不了挨打挨骂。但打打骂骂是真情,也是真亲,她们依然是母女情深。

对于谢爱芳的"别",桑振君有时又显得很大度、很通达。对谢爱芳"强迫"她的事项,也会表现出"逆来顺受"。

"文革"刚结束时,河南豫剧一团恢复了一批传统戏,谢爱芳要随团赴京演出,正在郑州谢爱芳家小住的桑振君,这时也想回到邯郸。可谢爱芳就是不让她走。因为她要为儿子娶媳妇做家具,请的木工要在家里吃饭。谢爱芳知道自己的生母做的饭菜拿不出手,就让她采购、打杂,让师傅娘桑振君来为她掌厨。她曾对人说:"俺娘做的饭菜,简直就是艺术品,又好吃、又长脸。"

也就是这个原因,她把桑振君强留了下来,直到圆满完成了任务,才放她走。

谢爱芳说:"我原来没有一点基础,也不喜欢戏曲,一切是从头开始,俺娘就一个动作、一个腔弯,甚至一个眼神,都是认真地教,反复地示范,而且是不达目的,决不罢休。她不怕你的脑子笨,就害怕你不好好学,有时我都不耐烦了,可她还是一丝不苟。"

严师出高徒。谢爱芳在恩师的调教下进步很快。两三年之后,桑振君因为家庭变故,又急又气,嗓子发不出声,戏票都卖出去了,临演出了还是上不了场。情急之中,她就让谢爱芳顶替,自己戴着大口罩,装成观众,挤在人群里观看。她一连看了谢爱芳三场戏,觉得还算满意。有一次,她听到身旁的观众说:"桑振君的弟子还真行,蛮有桑振君的味儿!"这时,她才突然感到谢爱芳已经长大成才了。

煞戏后,她很认真地对谢爱芳说:"爱芳,你得离开我了!"

"娘,我不走,我要跟你一辈子。"

"不走不行,这样我一直压着你,不利于你今后的发展。"桑振君的语气没有丝毫的商量余地。

谢爱芳这样才忍痛离开了她,到老坟岗当了主演。母女俩在郑州的解放前夕,还多次在老坟岗唱过对台戏呢。

解放后,桑振君到了许昌,谢爱芳则进了河南省豫剧一团。在豫剧一团,她曾和常香玉大师同台演出,比如在常大师的名剧《花木兰》中,常大师扮演花木兰,她扮演花木兰的姐姐花木惠。1952年桑振君赴朝鲜战场慰问演出时,她也是主要演员之一。可惜正当她青春年华、大显身手的时候,却身患重病,不得不离开舞台。后来虽然病好了许多,但豫剧一团人才济济,后浪推前浪,错过了东风,也就失去了机会。再加上她和桑振君一样,执拗,不会说好听话,又是一团出了名的"谢别子",所以就目前来说,桑振君的这个大弟子真有点是"锁在深闺无人知"了。

对谢爱芳的成功培养给桑振君带来了经验,更带来了信心。从此之后,桑振君收徒的这道门,就再也没有关过。中间收了多少徒弟,桑振君自己也很难说清。而且,自1990年在邯郸收了苗文华、郭英丽为关门弟子后,又于2000年,根据时任河南省文化厅厅长孙泉砀的意见,重新开门,在河南收了常俊丽、宋凤丽为关门弟子。

桑振君收徒,从开门到最后一次关门,时间的跨度是54年。

师徒有情,岁月无情。初次收徒,她是17岁的花样靓女,最后收徒时,已变成71岁的古稀老人了。

# 二十五、三英战"皇后"

国民党的这个娃娃剧团,还真有点"娃娃气"。他们在郑州演出没多长时间,就吵闹着要回开封。因为他们是部队的剧团,一回到部队所在地的营房,就算回到了家,要彻底地歇息了。

对桑振君夫妇来说,不让演戏,那可是受不了的事。于是,他们夫妇就寻思着离开娃娃剧团。

恰好这时,有个雅号"水上飘"的男旦演员穆水旺,新建立了一个剧团,正在四处招兵买马。戏曲界本来圈子就不大,桑振君夫妇很快就听说了,两人一商量,决定前去一试。

见到穆水旺,两下一拍即合,皆大欢喜。

前来这个戏班的,还有著名旦角演员马金凤和许艳琴,她们已经先到几天了。

穆水旺有了这三个名旦,心花怒放,踌躇满志。因为他知道,不仅这三个女演员的实力很强,而且她们各自的丈夫也都不是等闲之辈。大姐许艳琴的爱人徐文德是演武生的,很有名气;二姐马金凤的爱人是张玉山,他的"胡子"那就更是漂亮了;小妹桑振君的爱人谢顺明,不但出身梨园世家,少年得志,而且饰演小生,扮相英俊,文武不挡。

穆家班不但演员阵容强大,而且三个主演之间团结得也非常好。马金凤比桑振君大6岁,许艳琴比桑振君大7岁。桑振君对两个姐姐很是尊重,两个姐姐对她更是疼爱有加。那时三姐妹中,不管谁在饭馆要了一个菜,都是三个人在一起吃,情同手足,共同分享。她们三个女主演的演出安排,也非常得当和周密。比如,哪个主演晚上要演出自己的轴子戏了,就有另一个主演给她唱垫戏,而剩下的这个主演另有重任,就是在当天上午单挑来演。这样的安排,三天一个轮回,周而复始,十分协调。

三姐妹为什么这么齐心合力呢?因为这时,在离和平剧院不远的人民会场,豫剧皇后、号称"河南梅兰芳"的陈素真,正在那里义演。

事情是这样的,抗战的那些年月,陈素真因为演了爱国抗战的戏,遭受打击离开了汴京城。为此她颠沛流离,吃了不少苦头。直到抗战胜利后的第二年春天,她才带着孩子,重返开封。

名人毕竟是名人!消息一传出,立即引起社会各界的强烈反响,久违的人们迫切希望能及早看到她的演出,于是,深受感动的陈素真决定,就在省城最豪华并能容纳万人、堪称全国一流的人民会场,举行连续15天的义演。

三姐妹知道,人民会场与和平剧院相距不远,她们在和平剧院的演出,就是与陈素真在唱对台戏。三姐妹还知道,她们这三个人中,哪一个人都不是"皇后"的对手。所以她们不仅要团结一致,尽遣主力上场,而且戏码还要硬。比如桑振君演轴子戏《桃花庵》时,桑主演窦氏,许艳琴给她拉二套扮演尼姑陈妙善,马金凤则给她拉三套扮演苏太太。人常说"三个女人一台戏",是指三个活跃的女人凑在一起,热闹得就像一台戏。可眼下这三个女人的一台戏,却是名副其实的,具有特殊意义的一台戏。

这两个剧院的对台戏,可真是河南戏剧界自抗战以来从没有过的盛事呀!豫剧皇后那边是,旌旗飘扬,一枝独秀,观者如潮;三姐妹这边是,齐心合力,鲜花竞放,座无虚席。两边没有输家,各展风采,都赢得了观众的交口称赞。

三姐妹的这种友谊,延续了很久。新中国成立后,许艳琴落户徐州,三姐妹之间还有不少联系。后来不久,马金凤率团到徐州演出,其中难免也有老姊妹的情分。

1954年,在河南省第一届文代会上,大会让演员们自报上演节目。组织联欢晚会时,桑振君还没有开口,马金凤就说:"有振君妹妹在,我不报。以前我给她唱过垫戏、配戏,这回我再给她配个戏。"所以,在那次联欢会上,桑振君报了《投衙》的节目,主演胡凤莲,马金凤、刘九来给她配戏,扮演剧中江夏县令田云山夫妇。

桑振君后来回忆说:"从这些方面,不但说明我们俩的亲密关系,也表现了她对我的抬爱,更显出了她谦虚的为人。"

## 二十六、拜见陈素真

后来不知什么原因,掌班的"水上飘"突然"飘"得没了踪影,这个剧团也就随之解体了。但桑振君在这期间遇到的一件事情,却让她倍感幸福温暖,终生难忘。

桑振君对"豫剧皇后"的盛名仰慕已久,早想一睹风采。有一天,她听说陈素真在人民会场演出《三拂袖》,偏巧自己又没有演出任务,就早早地来到人民会场,占好了位置,静等陈素真出场。

《三拂袖》可是陈素真的拿手好戏,据说樊粹庭先生就是为她量体裁衣,才编了这出戏。该剧先是以闺门旦出场,然后转成刀马旦、武生、扇子生,最后,又回到了闺门旦,其难度可想而知。

陈素真虽自1942年9月以来,就疏于演出,嗓子也没有少女时代清丽圆润,但生命年轮的厚重所赠予的韵致、成熟和历练,让她在舞台上更显风采。

陈素真对戏曲所有表演形式的运用,都显得那么的酣畅淋漓,无论唱、念、做、打,手、眼、身、法、步都能结合剧中人物,巧妙地、恰到好处地展示在观众面前。特别是她的水袖功夫,更是一绝。随着剧情的发展,只见舞台上那两只白绫双垂的水袖,在她的掌控下,以气带腰、腰带肘、肘带腕、腕带指、松、紧、伸、缩、跃、旋、腾,使水袖的出、收、扬、冲、搭、撇、绕,都与自己的身体,协调一致,如影相随。

桑振君睁大眼睛,屏着呼吸,目不转睛地盯着那飞舞的长袖。

那长袖犹如白色的精灵,随着剧情不断的变化和意境,在舞台上散发着优美、流畅、飘逸、洒脱、灵秀的意蕴,把剧种人物的内心世界,通过这一特殊的方式,传给了观众,感染了观众。

目不暇接的桑振君几乎看呆了,对陈素真的表演佩服得五体投地。

戏结束了,剧场的人也已经走光了,桑振君还呆呆地坐在那里,她自言自语:"真是天外有天,艺海无边呀!"

突然,她拿定了一个主意——登门求教!

应该说桑振君在生活上是个比较简单、甚至有些迟钝的人,但在学艺上,却是非常的灵动,也有几分勇气。这次真要登门向陈素真请教了,她却犹豫了起来:"常言说同行是冤家,人家会实心实意地教自己吗?再说了,在'皇后'面前,自己是个无足轻重的人物,万一人家不理不睬的,不是自讨没趣吗?"她越想顾虑越多,心里不觉打起了鼓。

说实话,桑振君的顾虑不是没有一定道理,可在当时,她哪里知道陈素真坦诚的为人呢?

后来,当桑振君鼓足勇气拜访陈素真之后,她才深切感到自己的顾虑完全是多余的。她万万没有想到,台上生龙活虎、风光无限的陈素真,在台下会是那么的质朴和谦和,而且对她的请教,不仅满腔热情,还手把手地当场施教。此时的桑振君对陈素真更为崇敬了。她慌忙下跪,要拜陈素真为师。陈素真连忙把她扶起,说:"还是以姐妹相称吧。"

陈素真说这话的时候,神态十分平静,声音也不高,可桑振君觉得,这分量,似有千斤之力,丝毫不容违抗!

几十年后,桑振君谈起这件事还无限感慨,这时,她对陈素真已经有了更多了解,她深知陈素真早已把戏曲艺术融入了自己的生命和生活。能够给人传授技艺,已成了她最大的需求和快乐。

桑振君还听人说过这么一件事。

1952年秋天,中南局六省区的戏曲汇演在武汉举行。湖南花鼓戏《刘海砍樵》中的一个女青年,手拿两把扇子,只会简单地抖动,显得非常单调、呆板。陈素真看在眼里,急在心里,很想上去指点一下，又觉得不是很合适。可这个事情，却一直在心里搁着，感到很不是个滋味。

没几天，在北京的一个大院里，陈素真看见那个女青年还在那样抖动扇子，就再也忍不住了，她主动过去，教给这个演员一套新的耍法。

不要感谢，也不需要知道相互的姓名，只有技艺上的传授。

但此时的陈素真，心里却得到了极大的满足，霎时感到轻松了许多。

有位戏曲界的资深人士曾说："陈素真的一生，结识了许多权贵达人，相当一些都成为挚友，你想呀，连她儿子的名字，都是末代皇帝傅仪给起的！但陈素真与这些人的交往，不是为了自己的一己私利，都是为了她所钟爱的豫剧艺术。"

陈素真这种高尚的艺德，也影响了桑振君的一生。

1985年以后，桑振君退休在家，但只要有人前来向她学习艺术、请教问题，她都热情接待，不仅分文不取，有时还拿出自己的钱倒贴、资助这些学生。

在后来的收徒中，她也是效仿陈素真的做法，如果有名气的演员向她请教的话，她是毫无保留，倾心相助。但要拜自己为师，却是坚辞不收。

## 二十七、编写连本戏

虽然穆水旺的戏班解体了,可皇帝的女儿不愁嫁,和平剧院隔壁的工人剧院,很快就把桑振君夫妇接走了。

工人剧院的上座率很低,大家都很头痛。这时一个名叫张鸿盘的丑角演员出主意说,眼前上座率不高,是一个普遍现象。咱们剧团可以请一个说评书的师傅,给咱们说长篇评书。我们再根据人家所说的评书内容,把它编成一台连本戏演出。我觉得这种做法,定能出奇制胜,把上座率提高。

大家觉得他说的有道理,就请了个说评书的师傅来讲故事。

评书师傅说得很生动,也确实打动了他们,可到了编剧本的时候,大家都犯了难。众所周知,过去在剧团唱戏的,都是穷苦人出身,没一个有文化的,戏本还是编不出来。

还是张鸿盘老师老谋深算。他胸有成竹地说:"编不出来剧本,咱们就'说戏'。"

所谓"说戏",就是由剧团的老师傅按评书所说的内容,负责分好每个场次和人物,再由每个上戏的演员,自己动手,按评书的内容要求,把自己的道白、唱词编好,最后再把各个演员的东西相互串联起来,这样就把一个没有剧本的连本戏,变成了一台有了剧本的连本戏。

他们编出的第一个戏是《刘大鹏开店》。

这出戏的大意是:一对年轻的夫妇,住进了刘大鹏开的小店。店主刘大鹏存心不良,他见女的长得十分漂亮,就起了歹心,先设计把男的害死,又强行把女的霸占。剧中的刘大鹏由张鸿盘老师扮演,桑振君、谢顺明夫妇正好扮演剧中那对年轻夫妇。

张鸿盘和桑振君在这出连本戏里是主演,当然编写的任务也最重。张鸿盘虽然也不识字,可见多识广,轻车熟路地就编好了。可桑振君就不行了,编写剧本对她来说,真的是"大姑娘坐轿头一回"。而且,她没上过一天学,不识一个字,要靠自己编写唱词和道白,简直比登天还难。

怎么办?当天晚上就要演出了,她急得直出汗,觉得脑袋都快要炸开了。

桑振君虽然没有文化,却有超人的艺术灵感。她突然想起小时候听母亲演唱的河南坠子。

"有办法啦!"桑振君高兴得几乎喊了出来。

于是,她结合着剧情,把她母亲演出过的那些大部头书,诸如《刘公案》、《彭公案》、《响马传》等,把它们里面用得着的戏词,挑选出来;再结合自己本身知道的唱词、台词,觉得哪些与剧情比较接近、能用得着的,也把它们拣出来,搜肠刮肚地把它们往一块凑。

经过几番筛检,自己再默默地念上几遍,嘿,居然编成了!

张鸿盘没有想到,谢顺明没有想到,连桑振君自己也没有想到,她的那份分量很重的"剧本",与其他人相比,不仅毫不逊色,甚至还略胜一筹。

一回生,二回熟;越编写,越大胆,越自信。

在那一段非常的日子里,他们的这个剧团,就是这样天天地听评书、拉场次、编剧本,以豫剧的形式,来上演评书内容的连本戏。

尽管他们的演出还比较粗糙,但由于新颖别致,独此一家,倒也吸引了不少观众。

桑振君在这场演出中,还出了个不小的事故。

事情是这样的。因为她演戏太投入了,把自己疾恶如仇的个性也带进了戏里。在《刘大鹏开店》那出戏的演出中,她看到张鸿盘老师扮演的刘大鹏,作恶多端,不仅杀害她的丈夫,还要强行霸占自己,她一下便联想到了谋杀父亲的恶霸,于是在气愤之中,眼疾手快，随手抓住桌上的一把茶壶，狠狠向刘大鹏头上砸去……扮演刘大鹏的张鸿盘老师，没有料到她会真砸，只听得"哎哟"一声，便应声而倒……但桑振君以为，他是在做戏，当然也没放在心上。

第二天，张鸿盘老师头上缠着渗血的纱布，来宿舍找桑振君谈话，桑振君大吃一惊，忙问张鸿盘老师是怎么回事。

张鸿盘不紧不慢地说："你问我，我还要问你哩！""到底是怎么了？"此时，桑振君似乎有些明白了。张鸿盘自己坐下，和风细雨地说："孩子，咱们演戏的，是要讲艺术的，艺术是点不到不真，点过了为丑，只有点到为止，那才是美。"

经张老师这么一说，桑振君恍然大悟，说："是我昨天晚上，把你的头砸伤了？真对不起您，张老师！"深深的愧疚之情从心底泛起，热泪随即夺眶而出。桑振君一边哭，一边说："张老师，请您原谅我。戏是点到为止，您的话，我记住了，永远都不会忘记。"

张鸿盘看她哭得像个泪人儿，连忙笑着说："别哭了！要不原谅，让你出药费是小事儿，我还要到法院告你哩！"

这个"点到为止"的血的教训，让桑振君受益匪浅，想忘都忘不了。

张鸿盘虽然是个丑角演员，但他在戏曲界的影响还是很大的，这除了艺术上的造诣外，当时还有这么一个重要原因。

解放前的戏班子，有两种管理方式。一种是经理制，就是班主当家。一切经营、用人、钱财，都由经理一人做主。另一种是份子窑。份子窑没有班主，没有经理，收支公开，按劳分配。分份子，是大家评的，采取"死份活劈"的办法。人人有份，但不排除技术高、贡献大的，可以多拿。恰巧这时，河南省工会将省会的三十二个行业，综合组成了一个总工会。张鸿盘就与赵清和、张子林走到一起，他们以戏剧业代表的身份，以工会名义成立了一个"工人剧团"，这个剧团实质上仍是一个份子窑班子。

朱仙镇有个三王庙，是艺人们集资兴建的，被艺人们亲切地称为"老庙"。谁病了，老了，伤了，残了，都可以到那里休养。为了艺人的这个"家",工人剧团的艺人们还把每年三月份的义演收入,送给老庙做庙产。开封沦陷期间,老庙的住持跑了,没人管理。抗战胜利以后,老庙又被国民党的一个区长强行霸占。在这种情况下,张鸿盘和赵清和、张子林一起,经过千辛万苦,对簿公堂,把从虎口吐出的那一批钱,在西郊买了八亩半地,作为义冢。这样,那些死了入不得老坟的艺人们,就有了自己的公墓。

张鸿盘和赵清和、张子林一起,做过的这件有益于穷苦艺人的事,赢得了大家的尊敬,这件事也被当时的梨园人称作"功德无量的事"。从此,他的影响力进一步加大。

解放后,张鸿盘很少再演戏,但经常参加梨园界的一些活动。1962年,他还与周海水、王仲华、燕长庚、阎彩云这些戏曲界泰斗级的人物,一起参加了"河南省名老艺人座谈会"。

话再说回来,桑振君这段编写剧本的经历对她的锻炼很大。首先,她从思想上打破了剧本编写的神秘化。从此,她不再把编写剧本看作高不可攀的事。她认为,只要努力学习,肯动脑筋,照样能够"写剧本"。其次,她深切认识到剧本的重要性,并真正体味了"剧本,剧本,一剧之本"的深切含义。

正是有了这些重要的经历和体会,她后来对剧本的编写和修改,就再没有停过。

她修改的剧本第一个是《三上轿》,第二个是《破洪州》,第三个是《白莲花》,第四个是《齿痕记》,也叫《桃花庵》。

《白莲花》是1956年河南省第一届戏曲汇演的参赛剧目。在那次汇演中,她和常香玉、崔兰田、马金凤、阎立品一起获得了"豫剧五大名旦"的称谓。这个剧目不仅获得了表演一等奖,还获得了剧本改编二等奖。

担任许昌专区豫剧团的业务团长以后,她除编排好传统戏外,在她的主持下,剧团还上演了一大批歌颂工农兵的现代戏,如《红霞》、《红姊妹》、《后方前线》、《革命一家》、《赵一曼》、《英雄山》等。而这些现代戏也大多没有现成的剧本,都是他们自己编写或改编的。《英雄山》一剧所反映的,就是许昌专区禹县的真人真事。

  一个专区豫剧团上演那么多自编的现代戏,而不为剧本所难,应该说,这与桑振君这段历练是分不开的。

# 二十八、有感李金波

根据评书改编剧本的演出,虽能以奇取胜,但现编随演的做法难免粗糙。开始觉着稀奇,吸引不少观众,时间长了,就觉得乏味了。最终,这个戏班还是未逃解体之运。

相国寺大舞台的经理白云祥随即就把桑振君他们接了过去。

在这里,她和师姐刘素真同台演出,两个人都是主演,一轮一天休息。这个阶段,桑振君倒有了足够的时间,来安排个人的活动。

一天晚上,曲剧演员李金波在开封火神庙剧场演出《祭塔》,桑振君前往观看。

桑振君怎么也没想到,一个曲剧演员的表演竟会给她那样强烈的冲击力,以至于对她后来的演唱风格和艺术走向,都产生不小的影响。

曲剧演员李金波是河南禹县人。他为人正直,不畏强暴,有勇有谋,善于决断。他带出来的"新生曲剧社"就是河南省曲剧团的前身。

李金波唱戏不仅嗓子好,而且闪板的运用、鼻腔的共鸣、百句不竭的唱功,都堪称一绝,是曲剧界公认的一代大师。河南省曲剧团最为著名的两大名旦——张新芳和王秀玲,都曾受过他的指教。

抗战期间,李金波和白永玲等名老艺人组建了一个"抗建剧社",后因自编自演抗日剧目《七台关》,遭受打压而背井离乡。抗战胜利以后,剧社艺人欢喜而归,本觉着该庆祝一番,从此能好好给家乡的父老乡亲献艺了,可没想到河南省主席刘茂恩却给曲剧强加了个"靡靡之音"、"淫词浪调,有伤风化"的罪名,并以"移风易俗"为借口,下令在全省铲除这个剧种。眼看这个广被人们喜爱的剧种就要保不住了,嗜戏如命的李金波冒着生命危险,带领一帮曲剧界的名老艺人,巧妙周旋,与之展开了针锋相对的斗争。

李金波虽是演员,却很有政治头脑,十分注意斗争策略。刘茂恩不让上演曲剧,他们就将曲剧包装成"南平调",以此名义在开封城里的新林影院公开上演。

其实他们所谓的"南平调"只不过是换汤不换药的曲剧,并且还巧取了"气愤难平"的谐音,以此来呼吁呐喊、发动群众,巧妙地保护这个剧种。

广大群众似乎明白了是怎么回事,李金波他们演出近两个月,几乎场场爆满,而且出现了人山人海、观者如潮的盛况。

刘茂恩未达目的,反被弄得灰头土脸,下不了台的他只好收回禁令,就此作罢。剧社从此大胆更名为"新生曲剧社"。他们当时演出的有《祭塔》、《巧合奇冤》、《夜审周子琴》、《李毛寻父》等数十个剧目。主要演员除李金波外,还有任俊杰、白永玲、常文成、兰辑吾、刘卫生等。

李金波在当时的情况下演出《祭塔》,自然也是"别有一番滋味在心头"。这场演出,既有现实生活中与苦难命运的抗争,又有戏中悲剧人物"白娘子"的身份定位。

这出戏虽以"祭塔"冠名,但创作者却以其独特的视角和手法,把《白蛇传》全剧的"峨眉修炼"、"西湖游玩"、"端阳惊变"、"水漫金山"等所有情节,都囊括到了《祭塔》之中。之所以这么做,是因为当时曲剧的表演相对还比较简单,剧中的人物很多,涉及的行当也很多,力量所限,没办法让那些人物一一出场。这样,剧中的所有内容都要靠《祭塔》中白娘子与其子许士林的对唱,来交代清楚。

那天晚上,桑振君看得十分认真,她清晰记得,有一个情节是这样处理的:许士林白:"啊,母亲,想那些当年事,孩儿是一字不知,一字不晓,望求母亲对儿,讲个明白才是啊!"白娘子只说了一句"士林儿啊!"便从"休提起当年事已往,提起当年事叫娘好悲伤。娘本是一白蛇深山修养,三千年才修成二八娇娘"唱起,再把近百句的唱词一连气儿唱完,把故事交代得一清二楚。

桑振君边看边思考,要是一般的演员,甚至是一些颇有名望的演员,面对心中积压已久的悲愤,一旦爆发,无异于大河决口,往往都是悲声大放,以声嘶力竭的"呼喊"来宣泄情绪,试图以此来征服观众,但这样往往效果不佳。李金波没有这样处理,他虽然是个男的,但是举手投足的动作稳重大方、协调优美,恰似有一种天仙的韵味,并且在唱腔的处理上也是委婉细腻,自由洒脱,百句不竭,引人入胜。这种不温不火、娓娓道来的表演风格,深深感染和打动了台下的观众。

"为什么李金波的演唱,声音不高,却穿透力极强,动作不大,却感染力极强?"一直在思索的桑振君突然觉得,她找到了艺术上的知音。

看戏归来,桑振君久久不能入睡,她又一次深深地思索⋯⋯终于,她悟到:"唱腔的艺术,也是点到为美,过则为丑。演戏,一定要靠艺术的魅力来征服观众,决不能靠过分的表演来忽悠观众。"

自从明白了这个道理,桑振君一生都在坚持走自己的路子。

## 二十九、大义惹婚变

许昌,对桑振君有着强大的吸引力。

上次离开许昌,是娃娃剧团的事搅的,现在静下心来了,应该还了这个心愿,再到许昌去。她觉得,那里是一个实实在在的文化之乡、戏曲之乡。那里有教她学《观文》的刘玉梅师傅,那里有她熟悉的舞台,那里有她热心的观众,那里还有她一直想学并为之魂牵梦绕的沙河调。

她迷恋沙河调,尤其是迷恋沙河调"垛子板"的那种奔放和激越、那种演唱时酣畅淋漓之感。沙河调与祥符调、豫东调、豫西调的唱法有很大的区别,别有一番韵味。她认为,自己应该掌握这种演唱风格。

1947年初,桑振君夫妇重返许昌。这一年,桑振君一边学习沙河调,一边在城里和乡下交替演出。

1947年底,华东野战军三纵第八师攻打许昌城时,桑振君他们正在乡下演出,因一时不能进城,只好去了开封。

临走时,戏班全体人员一起发下誓愿,以后不管在任何情况下,这班人都要"风雨同舟,不离不弃"。

到了开封城南关的纪念塔前,掌班的谢顺明跟大家说,他母亲的眼睛不好,由他和养女爱琴,先把他的母亲送到他大哥那里,其他人包括桑振君在内,先在这等着。

一直等到第三天晚上,谢顺明还是没来。这时,谢顺明的哥哥谢顺玉倒是来了。他是桑振君的大伯哥,也是谢家的当家人。他不冷不热地对桑振君说:"顺明不来了,你也不能在这,咱养不起这群杂鱼。"大伯哥的一席话让桑振君心里很不是滋味。

"大家刚一路奔波来到开封,来的时候又都发过不离不弃的誓言,现在怎么能把人比作杂鱼,丢下就不管了呢?"桑振君心想。

谢顺玉看桑振君没吱声,就又接着说:"相国寺大舞台的经理说了,只要你去,钱要多少给多少。"

桑振君想,当年师傅让我成角儿后,一定要顾"下",我也向他保证过的。另外,谢顺明有去无回,让我颜面扫地。现在又让我一个人这样走,这太不够意思了吧?

她当然也知道,在这个家里,要是得罪了这个一言九鼎的大哥,一定不会有什么好果子吃。于是,她强压着怒火说:"大哥,顺明不回来也就算了,要是让我再走,撇下一帮弟兄不管,那就太对不起人了,你想想,那边就是钱再多,我也不能去啊!"

谢顺玉说什么也没有想到,他谢家养大的童养媳竟敢这样当众顶撞他,他立马变了脸色,破口大骂说:"不要给你脸不要脸!"

"谁不要脸谁知道!"既然撕破了脸皮,桑振君也不甘示弱地回击。

过了一天,相国寺大舞台的白经理托人来说,他要和桑振君这些人一起坐一坐,想从中协调一下。桑振君和许艳琴、唐喜成都去了。在相国寺后角门饭店,白经理一开口就说:"看着你们也没有什么好办法,干脆,你们这个戏班,就和大舞台合起来演出,咱们共同分账算了。"

"怎么个分法?"桑振君问。

"我们七份,你们三份。"白经理答。

"在演出方面,我们戏班挑大梁,我们只得三?这太不公平了!"桑振君气愤地说。

白经理说:"不同意就算了,可以再商量。"

桑振君说:"这哪里是在商量,明明是乘人之危,明明是在欺负人!"说着说着,怒火中烧,她一下子掀翻了桌子,昂首挺胸地走出了饭店。

## 二十九、大义惹婚变

说归说,气归气,眼前没有地方住宿,也没有地方演出,大家都犯了愁。

桑振君感到对不起大家,心里非常难过;大家更感到,桑振君是为了他们,才闹得家庭不和,也不忍心再让他们的家庭四分五裂。所以,大家都表示愿意各奔前程。离别时,大家依依不舍,挥泪相送。

静下心来的时候,桑振君才意识到,跟前只剩下徒弟爱芳和跟包的朱贵良了。

同时她发现,不知什么时候,谢顺明把她的行李和私房行头已经都拉走了。

很显然,谢顺明这么做,还是舍不得她,在尽力挽留她。

"为了一家人能好好过,咱们还是去大舞台吧。"这时,朱贵良也开始劝说她。

可桑振君这时想的是:"做人得讲仁义、讲诚信,几十口人风尘仆仆跟着我们来了,说把人家甩了就甩了?这太不仗义了吧!"

为了仁义、名声和师傅的教诲,桑振君又一次关住了谢家为她敞开的大门。

据说这里面还有个原因。

当时桑振君已有了毒瘾,为这个事,谢顺明和她没少干仗。桑振君自知理亏,谢顺明打她,她一般不还手。但桑振君脾气上来,谢顺明又没有穿皮鞋的时候,也敢和他对打。

谢顺明知道,对一身武功的桑振君来说,自己也没多大优势,往往是一声哀叹,就此作罢。

要说谢顺明也真不容易,哥哥、嫂嫂和妻子都吸毒,唯独他一人洁身自好,也真算是一条汉子。

这样没过几天,开封南关新建了一个剧场,剧场的薛经理亲自来请桑振君,叫她到他们那里演出。

桑振君到剧场首先声明说:"从今后,我不叫谢艳玲了,我姓桑,叫桑振君。"因为按他们桑家的排辈,她这一辈是"振"字辈,她那个被日本人枪杀的哥哥就叫桑振生,至于她为什么给自己取这个"君"字,她说,就是要永远做一个堂堂正正的正人君子。

头三天,桑振君分别出了《观文》《三上轿》《大狼山》三个戏码。因为她的服装道具都被谢顺明拿走了,这样,她就和贵良一块到大舞台剧院,找谢顺明去要。

她为什么要亲自去要?实际上,她心里还确实放不下谢顺明。

可当她见到谢顺明时,她的心全凉了,尤其看到他那一声不吭、毫无表情的样子,马上又气上心头:"好啊,你不理我,我也不理你!"于是一赌气,包起自己的东西扭头就回去了。

待演出《大狼山》时,她发现忘了拿她自备的刀枪把子。因为那些道具都是按她的身高定做的,使用起来十分顺手。贵良说:"你不要再跑了,我一个人去取吧。"说罢又立即返回去取。可不知,贵良这一去,却是不见了踪影……

原来,贵良到大舞台取桑振君的刀枪把子时,正好碰到谢顺玉。谢顺玉还没等朱贵良反应过来,劈头盖脸就把他痛打一顿。

贵良伤痕累累,怕桑振君见了生气,就直接回到自己的住处,蒙头睡觉。

桑振君来找,看到贵良浑身打哆嗦,问:"咋了?"答:"病了。"桑振君也没太在意。

第二天,她看到朱贵良满脸伤痕,又急忙追问:"到底是怎么回事?"朱贵良说:"昨天我慌慌张张去拿东西时,碰着了巡逻的宪兵队,是被他们打的。"

朱贵良说得有鼻子有眼,桑振君信以为真,急忙催他赶快到医院去治伤。

第三天晚上,桑振君碰见谢顺玉的小姨子徐桂芳,她正跟别人抱怨:"谢顺玉真不是东西!他们一家人生气,碍人家贵良啥事,把人家打成那样。"

桑振君闻讯,肺都快气炸了,她找到贵良,要他说出实情,贵良这才如实相告。桑振君越想越恼火,对这个家,她已彻底失望了。

没过几天,大舞台一个姓盛的账房先生来找桑振君,说是谢顺明捎信,让她赶快离开这里,还说不出三个月,谢顺明就会去找她。

听到这个消息,桑振君的心情顿时轻松了许多。

她仔细又想了想,谢妈妈、顺明、小妹对自己都不错。谢顺玉呢,按传统的风俗习惯,父亲不在了,长兄为大,发个脾气,也情有可原。再者,顺明从艺,也是他大哥给带出来的,他对大哥从来是又尊重又害怕。他不敢理我,不敢见我,也是有原因的。

想到这儿,她的气全消了。

恰好这时,郑州的天星剧院来开封接角儿。桑振君二话没说,带着爱芳和贵良就去了郑州。

一路她还在想,自己在举目无亲中到了谢家。不管在外面吃了多少苦,受了多少难,可对于一个9岁的童养媳来讲,谢家的人没打过自己一巴掌。自己和谢顺明一起经历了那么多年的风风雨雨,还是深有感情的。人非圣贤,孰能无过。既然谢顺明有这个话,那就等着他吧。

桑振君不管到哪个地方,都记着师傅的话,不接人家主演的戏。可那天晚上,天星剧院一下来了两个主演,戏码也出来了,谁唱轴戏,谁唱垫戏,让剧院经理十分为难。因为在那时候,给人唱垫戏是很丢人的事。桑振君知道经理的难处,就主动站出来说:"我唱垫戏。"经理一听,感动得泪都快流出来了,他真想不到,那么棘手的问题,在桑振君面前,就这么容易解决了。

桑振君当晚唱的是《观文》,那个主演唱的是《贩马记》。

桑振君的垫戏唱完以后,下面的观众不仅报以热烈的掌声,而且一直吆喝着:"再来一段!再来一段《秦雪梅》的'哭灵'!"后来,剧院经理上台,说了很多好话,那个主演的轴戏才得以往下进行。

煞戏后,桑振君得到了普遍赞赏。

那个演员却在后台放声痛哭,她可能是已经意识到了"天外有天"的道理。

眼看三个月过去了,谢顺明还是没来。

这时，开封又建立了个剧场，为了庆祝新剧场开业，安排三天的助兴演出。开封派人来郑州把桑振君请了过去。同时为这个新剧场助兴演出的，除了一些拔尖的青年演员外，还有第一代"四大名旦"中的司凤英、田秀玲和侯秀真。

养女谢爱琴听说桑振君来到开封，就慌忙跑到剧场找她，并且是"未语泪先流"。桑振君问是怎么回事？爱琴哭着说："我大又结婚了。"

"大"，也就是谢顺明。

听到谢顺明再婚的消息，桑振君心里一惊："啊，原来，你变着法儿让我离开开封，就是为了你再婚！"桑振君这时突然明白——她被人愚弄了。

第二天下午，爱琴又陪着谢妈妈来剧场找桑振君。此时的桑振君百感交集，她想了很多很多……她想到，她初当童养媳时的那天；她想到，谢妈妈对她的疼爱；她想到，在谢家受到的诸多关爱；她还想到谢顺明……努力想控制感情的桑振君再也控制不住自己，她们三人抱头痛哭。

最后，还是桑振君打起精神，劝说谢妈妈，日后多多保重；嘱咐养女，以后要代她照顾好奶奶。

谢妈妈来找桑振君，一方面是看望，另一方面也是进一步表明，她和自己儿子的婚姻已经了结。

桑振君对谢妈妈的那份关心是真真切切的。对谢家的这份恩德，她一直心存感激，就是到了晚年，一提起谢妈妈，那种亲切、感恩的心情，还是溢于言表。

坚持着把几场戏演完，桑振君马上返回了郑州。也就是这次的开封之行，她彻底脱离了谢家。

这是1948年的7月。

# 三十、旅店大混战

桑振君与谢顺明的婚姻情况,剧院经理大概早有风闻。因此,他料定桑振君此次赴汴,一旦知道事实真相,肯定会承受不住。所以,桑振君前脚离郑,剧院经理后脚就请了一个名叫李某某的主演。

从开封返回郑州后,正如剧院经理所料,桑振君最愤慨的是感觉受了谢家的愚弄,心里憋着一肚子火,又有口说不出来。她内心深处一直在埋怨谢顺明:"你要是屈服于你大哥的压力,愿意与我分手,你就明说,我桑振君不会拦你,你为什么要用那种手段,把我骗出开封呢?"

其实,谢顺明对桑振君也是深有感情的。

桑振君初到谢家的戏班时,由于大个儿叔的刁难,总是吃不饱饭,不但谢妈妈给她零花钱,就是谢顺明,也常把自己的零花钱送给她花。这次,谢顺明偷偷拿走她的行李和私房行头,也是想以此来挽留她。由于她不肯回头,谢顺明又摄于哥哥的压力,心里难受却也无可奈何……

这大概也是一般规律吧,随着时间的推移,谢顺明度过了那个难受期,慢慢也就淡化了。

但桑振君可不是这样,突如其来的打击害得她头痛、牙痛、扁桃体肿大,别说演出了,连嘴都张不开。

人常说,婚姻感情这个东西,就像拉皮筋,谁后松手,谁受到的伤痛就越重。

剧院经理看她一时不能演出,就让两个主演,一轮三天,交替演出。自然,先安排了李某某做第一轮的演出。眼看她的三天戏就要演完了,桑振君的病还不见好转。无奈之下,只好让开门弟子谢爱芳顶了上去。

不管怎样,总算解了燃眉之急。

桑振君的病略有好转后,剧院的经理为提高剧场的售票率,就又想了一个新招,决定以两个主演的同台演出,来刺激观众的胃口。要是两个主演不能同演一台大戏,就一个演垫戏、一个演轴戏。

李某某首先表示说,她不演垫戏。

桑振君不在乎轴戏和垫戏,当即表示,她愿意为李某某唱垫戏。

李某某头一场演出的是《孔雀东南飞》,桑振君就在前面,给她演垫戏《对绣鞋》。

《对绣鞋》是唱功戏,剧情诙谐,节奏明快,旋律优美,一下子就把观众的情绪带向了高潮。而《孔雀东南飞》这个戏节奏较慢,属于"老太太纺花,慢慢上劲"那种,观众听了桑振君的戏觉得很过瘾,再听后者,就有点耐不住了。所以,等到李某某演出时,人已走了近半。

李某某觉得很没面子,就把观众的离场统统归罪到桑振君头上,回到后台就连蹦带跳地骂。

桑振君这个人在戏里是玲珑剔透,在现实生活中,却有点憨憨傻傻的。自己善良,也觉得别人善良,啥事只往好处想。李某某在后台骂,她充耳不闻。

回到旅店后,李某某又在她的门前来来回回地骂,她只当不知道骂谁,也没搭腔。可当李某某从厕所出来,骂到桑振君脸上的时候,桑振君就再也耐不住了。桑振君给她讲理,李某某上来就抓桑振君的脸。桑振君也是一身功夫,身子一闪没有抓着,李某某又立即扑了上来,这样,两个主演推推搡搡,扭打到了一起。

两个主演打架,立刻被旅馆的客人认了出来,客人们一吆喝,两边跟包的先蹿了出来,立即对打在一起;接着,李某某的母亲也跑出来为女儿助战,而桑振君那边,恰恰有个叫孟照花的干姊妹在那待着,也随即冲了出来。

这样兵对兵,将对将,一边打,一边骂,闹了个天昏地暗。

## 三十一、参加解放军

旅店风波以后,桑、李已不可能再在一起合作了。桑振君首先向经理提出辞请,可到什么地方,一时也犯了难。开封不能去,许昌、豫东那一带不错,有自己的市场,但旧地重游,有谢顺明的影子不说,又害怕别人问东问西的。

思来想去,她最终选择了离郑州不远,又是不曾涉足的地方——密县。

桑振君所到的密县剧团,唱的是地地道道的豫西调。豫西调声腔的语言基础,是中州音韵的豫西地区的音调和语调。由于豫西地区与陕西相邻,语音也与陕西人相近,所以传统豫西调的行腔特点,也与秦腔相近,即尾腔多向下行走。豫西调用的是宫调七声音阶,与徵调七声音阶的豫东调相比,是所谓的"下五音"。演唱豫西调,不管是生、旦、净、丑,多用大本嗓演唱,发声也多用脑后音和膛音。

这些,也一直是桑振君想学的。

当时与桑振君在一起的,有豫西调的代表人物王二顺、马元凤、马元花等著名演员。桑振君在那里虽然只有不到半年的时间,可对于处处留心、视戏曲艺术为生命的桑振君来说,这次密县之行,收获极大。按她自己的话说:"使我有机会把河南的祥符调、豫东调、沙河调、豫西调等几乎所有的豫剧调门,统统学习了个遍。"

更让桑振君兴奋的是,这里是解放区。正像她听到的一首歌里描述的那样,"解放区的天,是明朗的天!"桑振君在这里,实实在在地看到,共产党不仅领导穷苦人民打土豪,分田地,而且还建立了人民当家作主的政权,彻底清算了那些地主恶霸的累累血债。这一切,让桑振君感慨万分。

杀人偿命,亘古常理。但自己一家呢,无端被一帮恶霸残杀殆尽,可在国民党的统治下,竟没有个控诉、说理的地方。待后来自己多少有了点出息,也和李兆庆上过公堂,可还是搬不动那些恶人,他们依然还是像没事儿人一样,照样过得那么安闲滋润。对此,桑振君一直想不通。

来到密县,她终于明白了一个道理,共产党才是我们这些穷人的主心骨。

恰好这里有解放军二野19旅的一个前进剧团。这个剧团演出的剧目也与众不同,都是些打土豪、除恶霸的现代戏和爱国的传统戏,如《白毛女》、《官逼民反》、《刘玉娘》、《三打祝家庄》、《放下你的鞭子》、《八月十五杀鞑子》等。这些耳目一新的戏对桑振君产生了极大的吸引力,通过观看这些演出,她还看到了人民群众高涨的情绪,感受到人民群众对共产党的拥护和热爱,这使她进一步明白了,跟着解放军演好戏,就是在宣传群众、发动群众,"这是一种不拿枪的战斗呀!"

有一天看过戏后,桑振君越想越兴奋,越想越激动。"参加解放军"这种朴素的情感从心底油然升起。她立即找到前进剧团的负责人,毫不犹豫地加入了这个剧团,成了中国人民解放军光荣的一员。

这个剧团的团长叫常留中,指导员叫林志太,他们给桑振君留下了非常好的印象。他俩都是共产党员,但当官不像官,和大家同吃同住,和大家一起装台、卸台,和大家一起摸黑起早,在他们身上,她看到了共产党员大公无私、吃苦在前、享受在后的美德。

"哦,这就是共产党员!"

他们的这种表现,在桑振君的脑子里,刻下了共产党员的标准。

她还发现,团长和指导员很会做思想政治工作,常常给大家讲

"团结就是力量"的道理,开导大家团结协作,他们说:"演出是集体艺术,只有大家相互配合,共同努力,才能演好一台戏。"

这时的桑振君,就像一个久别的女儿回到娘家一样,那种亲切自然、幸福喜悦的心情,让她感到周围的一切都是新的,都发生了翻天覆地的变化。

桑振君后来回忆说:"那时的心情好啊!看天,是那么的高,那么的蓝;看水,是那么的清,那么的柔;看花,是那么的亲切、艳丽,就连地头、路边的苦菜花,都是高昂着头,笑逐颜开;再看看那些翻身的人们,又是那么的高兴、幸福,对未来的生活,充满着希望。"

桑振君刚到密县的时候,是带着婚姻之变的痛苦来的,甚至觉得那种痛苦是心底无法驱除的阴云,可如今在这种环境中,连"它"是什么时间丢失的,都已不知道了。

桑振君在这里,总觉得浑身有使不完的劲儿,虽然解放军剧团演的这些戏,她过去都不会,甚至以前连听都没听说过,可她毕竟基本功扎实,再加上记忆力好,解放军同志辅导热情耐心,少则二遍、多则三遍她就学会了。

桑振君很快成了剧团的台柱子,而且思想觉悟也有了很大的提高。过去只知道演戏是挣钱,养家糊口。现在知道,演戏不仅仅是挣钱,而是指导员说的"宣传人民,解放劳苦大众"!

## 三十二、快活逍遥镇

当桑振君在二野19旅的剧团干得正起劲儿的时候,这个部队突然接到了命令:"火速南下!"

军人向来以服从命令为天职,按照上级要求,剧团里的男青年都要随大部队走。于是,这个剧团剩余的非战斗人员就交由许昌地方政府管理。

密县,就是现在郑州市的新密。解放后的一个时期,曾属于开封专区管辖,但在解放前夕,它是隶属于河南省行政区划的四区。从当时第四区所辖的郑县、广武、氾水、密县、禹县、长葛、新郑来看,这一区域与刚刚解放、已经建立专员公署的许昌专区,交叉在一起,所以把她们移交给许昌的地方政府管理也并不奇怪。

许昌那时刚刚解放,人们的心绪还未完全稳定下来,剧团的营业情况自然也会受到一定影响。为了提高剧院的上座率,稳定人们的思想情绪,许昌、漯河等地商定通过相互调换主演的方式,来刺激、提高人们的感官和兴趣。

桑振君就是在这样一种情况下,由许昌交换到了漯河。

桑振君到漯河当主演以后,很快就打开了局面。不管是在本地演出,还是到周口演出,几乎是场场爆满,用"万人空巷、一票难求"来形容当时的盛况,一点也不为过。人们送给她所在剧团的绰号是"净街虎"、"一扫光"剧团。

这种轰动效应,波及方圆百十里地。

西华县的逍遥镇距离漯河35千米。那里的戏迷不顾路途遥远,他们或是专门,或是趁做生意的空隙,常常赶到漯河去看桑振君的戏。如果赶上了,自己兴奋不说,还以此作为大的荣耀,回去绘声绘色地宣传:"我看桑振君的戏了!那唱得好呀!"

要知道,那个时期的交通状况还非常落后,往返70千米看场戏,确实不是一件容易的事。于是,逍遥镇的那些戏迷们就鼓动当地商会的头面人物,要他们想尽一切办法,把桑振君挖到他们逍遥镇的四街剧团来。

逍遥镇是著名的历史名镇。据民间传说,当年王莽撵刘秀时,刘秀身患感冒,落难在此,就是喝了这里的胡辣汤,出汗而愈。庄子的《逍遥游》,指的也是这块宝地。

逍遥镇不仅有灿烂的历史文化,而且还有它自身的优势。首先,它的地理位置优越。它处在漯河与周口之间的河段北岸,是南来北往的交通枢纽、水旱码头。在这里,粮行、煤行、布行、洗染行等等,应有尽有。

其次,逍遥镇景色宜人。美丽的大沙河在这里缓缓流过,河里帆船如梭,河外杨柳成行。便利的交通,秀丽的风光,灿烂的文化,造就了这里的特殊品格。商人多,富人多,精明的人多,有文化的人多,成为这里的一大特点。这个特点使这里很早就形成了一个规模大、水平高的戏窝子。过去的老人说,没有一定本事的艺人,一般不敢轻易去踏这块宝地;没有相当水平的剧团,也不可能在这块宝地上立足。

无论从地理位置上来看,还是从历史文化底蕴上来看,逍遥镇已经不是一般的县属的乡镇了。

桑振君了解逍遥镇的情况,也被逍遥镇人的诚意所感动,于是她答应了他们的请求。

她去逍遥镇那天,闻讯而知的人们早早就在大街上等候了。当拉她的那辆黄包车刚刚出现,就被人们围得水泄不通,笑声、掌声、欢呼声,响成一片,经久不息。这种真诚、热烈的场面,让桑振君流出了激动的眼泪。

解放后的逍遥镇,这种新天地、新生活、新气象,给她带来了无比的愉悦;清澈宁静的大沙河,给了她艺术的美感和灵气;船夫的号子、年轻妇女洗衣时的嬉闹,又让她在艺术上,有了更多的激情和创作欲望。

毫无疑问,在极具文化品位的戏窝子中演出,她得到的帮助越多,鼓励越多,知音越多,提高得就越快。在这片风景如画的土地上,桑振君就像一只山间原野的百灵鸟,想怎么飞就怎么飞,想怎么唱就怎么唱。

一方水土养一方人,一方水土还能养出一方艺术。应该说,桑派唱腔的委婉、细腻、清新、自然、俏丽、灵巧,与桑振君在逍遥镇这一段的经历,也是分不开的。

她的"十二万"称号也是在这里进一步叫响的。"十二万"的意思是,她一出戏的个人报酬是十二万。虽说那时候的十二万,是现在的12块钱,可那时"12块钱"中的"2分钱",就可以买到一个烧饼,或一个鸡蛋。

逍遥镇剧院的前面多是小吃店。按一般情况,这些卖小吃的,下午四五点开张,晚上七八点就歇业了。可自从这里来了个桑振君,他们就能一直卖到煞戏以后,这种机遇自然使他们赚得盆盈钵满。他们热爱桑振君,更感谢桑振君给他们带来了财运。

桑振君是穷苦人出身,她在这些底层人民面前从不拿大牌演员的架子,因此,大家敬重她,与她没有一点距离感。有时桑振君一露面,他们甚至会当着她的面,一齐呼喊:"十二万来了,十二万来了。"而且还拿出自己最好的东西,诚心诚意地让桑振君吃。桑振君毫不介意,也不客气,她和这些小商小贩们,相处得非常融洽。

其实逍遥镇的这个"四街剧团"也是西华县的门面。这个剧团是在兵荒马乱的年代被逍遥镇的人们收留下来的。这个剧团之所以能被收留,而且扎下根来,既是这片土地养人的原因,也与他们的实力不俗息息相关。当时著名的武打演员王金照就是该团的团长。王金照的嗓子属慢热型,刚开始听,似乎有点沙哑,但越到后来越清脆响亮,就像火苗一样,越拨越旺。王金照的夫人李凤琴、著名武丑曹明顺,都是该团的主要演员。

桑振君来到这个剧团后,又吸引来了一名大牌演员,那就是沙河调创始人之一梁振起。

梁振起于1921年生于鄢陵县大马乡东贤庄,12岁进该乡的葛村窝班,17岁出班,在许昌、漯河、周口、西华这一带名气很大。他人高马大,表演细腻,声音洪亮、纯正,与桑振君的小嗓配合起来,珠联璧合,相得益彰,别有风味。梁振起后来在平顶山的豫剧团当过团长,在河南省1980年戏曲流派汇演中,作为沙河调的代表人物出席了大会。

桑振君因逍遥镇风光无限,逍遥镇也因桑振君大增光彩。可以说在逍遥镇的这一段时间里,是桑振君解放后最为逍遥自在、幸福温馨的一段时间。在这里,她和王金照一家,相处得很好。王金照夫妇也是穷苦人出身,他们为人忠厚,待人亲切,他们把孤身一人的桑振君当成了亲人,让她在这里找到了家的感觉;而桑振君,更是"人敬我一尺,我敬人一丈"。她先后收下王金照的女儿大玉、二玉为养女和徒弟,视同己出。随后在她离开西华,前往许昌的时候,她从西华县所带走的7个人中,就有王金照夫妇和他们的孩子大玉和二玉。大玉后来嫁给了齐飞,二玉嫁给了艾立。齐飞是大家熟知的著名剧作家,艾立是著名的豫剧表演艺术家。他们两家结成的那种友情和亲情,无法用一般语言来描述,只能用"终生不渝"来形容。

桑振君在逍遥镇更是成了艺术和美的化身。"就是三天不吃饭,也要看看'十二万'";"哪怕半年不动荤,也要听听桑振君"。这些民谣,就是当时的真实写照。

桑振君也成了人们精神和生活上的寄托。就是到了今天,这一带的人们,一提起桑振君,还是念念不忘、津津乐道,似有一种特殊的感情和眷恋。一些老戏迷聚到一起,不仅常常谈论到她,而且还把他们那时谁看桑振君的戏多,当作一种骄傲的资本和财富。

倒没听说桑振君在这一阶段的演出中累成了啥样,但确有传说,梁振起几个月的演出下来,竟累得吐了血。

在这里需要提上一笔的是,桑振君当年在逍遥镇的演出,也同样感染、影响到了这里的青年学生。特别是她的经典剧目《白莲花》,那迷人的唱腔和白莲仙子的形象,更是让这些青少年学生钦佩和神往。后来成为军人,再后来又担任河南省戏剧研究所书记的侯耀忠,就是那一批学生中的一员。

说来也巧,正因为有着这一段美好的回忆,正因为亲眼见证了桑振君当年的这段辉煌,所以,侯耀忠和其他人一起,鞍前马后,不遗余力,最终促成了2000年的桑派艺术特别研讨会,为桑派艺术的传承和发展立下了汗马功劳!

## 三十三、落难西华城

剧团被邀请到西华县城演出,首场戏便一炮打响,技惊四座。

桑振君演出的第一场戏是《大狼山》,这是她的一个看家戏,她在剧中扮演的九花娘,唱、念、做、打,样样俱佳,可谓光彩照人。

演出还不到两天,就有不少人跑到县委给领导建议,迫切要求县领导"把桑振君所在的逍遥镇四街剧团,收归县里"。县里的领导又何尝没有这个想法?于是,县里很快就研究决定,把这个剧团连窝端了过来,命名为西华县重建剧团,归县政府的文教科直接领导。

西华县不管是书记、县长、宣传部长、文教局长、妇联主任,都把桑振君当成了"宝贝"。他们有事没事,都喜欢到剧团去转转看看,这已成了习惯。

有一天,县委书记刘华飞来到剧团,正好赶上桑振君的毒瘾犯了,脸色苍白,浑身打战,把刘书记吓了一跳。刘书记以为她病了,立刻让人把她送到医院诊治。桑振君却直言不讳地说:"到医院也不行,是我的烟瘾发作了。"

吸毒在旧社会的艺人中是屡见不鲜的。因为这些靠卖艺为生的穷苦人,性命似乎不值钱。遇着个头痛脑热、小病小灾的,为了强行去挣钱,往往都拿鸦片来麻醉自己。

刘书记知道是这种情况,大手一挥,当机立断。"能不能戒?!"他大声问桑振君。

桑振君斩钉截铁地回答了他一个字:"能!"

县领导立即做出安排,让桑振君住进了县文化馆,不允许她和任何人接触,每天由县政府管理员给她送饭,等于把她软禁了起来。

看来他们是有着这方面的经验,不知从哪儿又弄来点鸦片,再配上草药,做成像绿豆丸子那样大小的药丸。第一天每顿饭后,发给她30粒,第二天每顿饭后,发给她29粒,这样依次递减,一个月后,她也刚好把这些戒烟的药丸吃完。

刚开始吃药时,虽不像犯毒瘾那样难受,可也不是一般常人所能忍受的。

桑振君紧咬牙关,用坚持练功的方法来抵挡。

半个月后,药量减少了一半,饭量却增加了不少。那种毒瘾的反应,也一天比一天小了。

等吃完最后一次药,她已成功戒掉了毒瘾,又重新回到了剧团。

当初,桑振君是由许昌交换出去的主演,她虽然在许昌人民剧团时间不长,但还是和那里的同志们结下了深厚的友谊。她想念许昌的同志们,许昌的同志们更想念她。

可西华县领导的心情却是极其复杂的。他们对桑振君是真看好,真关心,可对她也是真不放心。他们自己也觉得,西华的天地太小了,比不上许昌,生怕桑振君"身在曹营心在汉",有朝一日回许昌。

解放后,西华县曾一度受许昌专区管辖,但当时,两者并没有隶属关系。这样,为桑振君的去留问题,西华和许昌顶得很死。

作为许昌方面,当然想让桑振君回去,他们第一次派去要人的是剧团的一个炊事员老胡。有人发现后,立即向领导汇报,县里就把老胡抓了起来,关了几天后,才放他回去。

许昌第一次要人失败后,觉得老胡办事能力不行。于是,另出新招,许昌人民剧团团长常尚忠把自己的弟弟常尚义派了出去,让他与桑振君秘密联系。常尚义与桑振君是偷偷见面的,可最后还是被人发现了。他们又把常尚义抓起来关了八九天,最后由荷枪实弹的民兵把他押送出城。

桑振君知道这个事情后,非常恼火。她大声吆喝说:"叫我走,我就走,不叫走,我就留,两国交兵还不斩来使呢,有啥对着我,何必这样对待许昌的同志呢?"

许昌方面仍不甘心,第三次派人来要,西华方面照例把许昌来的人关押了起来,几天后放走。

他们感到桑振君"太没记性了",就决定直接教训一下,杀杀她的威风,长长她的记性,好让她老老实实地在西华县待着。

说到底,还是西华县的领导没有真正了解桑振君。其实,桑振君是一个非常重情义的人。有位著名文化人,也是梨园的一位老朋友,他曾感叹说:"艺人中能一直做朋友的,桑振君是面旗帜。如果当时西华对她有一个宽松的环境,对许昌的来人也能以礼相待,不让桑振君难堪,她也许是不会走的。就说逍遥镇吧,并没有西华县城大,如果不是县里把逍遥镇的四街剧团收走,桑振君也未必会离开它。"

当然,这都是后话了。

他们抓桑振君没有什么理由,就直接诬陷说,许昌每次来的人都是给她送毒品的,要她到法院把问题说清楚。桑振君对西华县的这种做法,更是恼火。她赌气拿出自己的背包绳,大声对前来通知她的人说:"你们厉害,把我绑了带走吧!"

没想到,来人也不给她面子,真的把她绳捆索绑地带走了。

到了法院,桑振君的态度还是很强硬。院长李书贵说:"就你这个态度,我也得关押你几天!"

桑振君毫不示弱地说:"大权在你手里,你就随便关吧!"

桑振君到牢房一看,那里关押的都是些作恶多端的神婆、恶霸、地主婆,于是扭头就走。

她决定豁出去了,就在院里和他们大吵大闹:"旧社会,我就是受这些人的压迫,现在共产党让我翻身了,你们却又要把我再翻回去!让我和她们关押在一起,我不干,任杀任剐,随你们的便!"

其实，桑振君到底又吸毒了没有，他们是比谁都清楚的。

毕竟还是心虚，也知道拿她没什么办法，只好又专门给桑振君隔出了一间房子，还是由县政府的管理员一天三顿送饭。

关了1个月左右，他们要放桑振君出去，桑振君坚决不出去。而且还扬言说："只要你们放我出去，我就要跑出西华。"

一直关着她，确实不是长久之计。因为他们最终的目的是要留住她呀。

最后有人出高招，以"有演出任务"为名相劝，桑振君才出了看守所。

一时间，相安无事，西华方面自然也放松了警觉。

时隔不久，桑振君随西华剧团到许昌演出，因为那里剧场的房子少，也为了特意照顾主演，就把她安排在剧场外面的一个小旅馆住。桑振君的房间与火车站的售票室隔街相望。

夜深了，万籁俱寂。售票房长夜不熄的灯光，点燃了她逃跑的念头。

这时，她的思想斗争非常激烈。

跑吧，觉得有点对不起西华的领导，他们是真心实意地想留住我啊，但他们太过分了！怎么能采取那种极端的方法呢？不跑吧，感觉在这里受压抑，倒觉得我桑振君被他们吓怕了？况且，话我也说过了——只要放我出来，我就要跑。

"跑！"桑振君心一横，当即穿好衣服，出来就买了张火车票，一下跑到了豫北安阳县的水冶。

桑振君为什么要跑到安阳的水冶？这里面也有个原因。

1952年秋天，也就是桑振君在西华县屡屡受到不公平待遇的那段日子，河北邯郸豫剧团的一名负责人曾到西华找过桑振君，并以优厚的待遇向她提出过邀请。桑振君当时虽然没有表态，但这次情急之中，自然就想到了邯郸，并产生了一定的向往。于是，她没有选择老根据地豫东地区和豫剧大本营开封，直接跑到了与邯郸紧紧相邻的安阳。

凭桑振君的本事，到哪里演出都是好样的。

在安阳水冶的这个剧团，她上演的第一出戏是《观文》，她饰秦雪梅，李佩云饰商琳。不用说，一下子便赢得了当地观众的认可。

大约1个月时间，西华县便打听到了桑振君的去向，立即派县文化馆馆长严品山带着有关手续专程赶到了水冶，随同来的还有两个荷枪实弹的民兵。

他们立即把她传唤到了当地法院。

当地法院的人说："西华县来人了，说你在他们那里犯有人命案，必须得跟他们回去。"桑振君一听就火冒三丈："我这一辈子积德行善都来不及，啥时候有了人命案？"可当地法院怎会听她的，不容分说她就被西华县的来人押走了。

回到西华后，县里并没把她带到法院，却安排她住进了县文化馆。桑振君说："我犯有人命案，还是先去法院说清楚吧。"他们解释说："不采取这种办法，怕你不回来，接你回来，还是要你演戏。你知道，西华县的群众是多么不想让你走哇！"

可桑振君始终想不通，你们既然这样喜欢我，为什么总是不让我喜欢呢？她觉得非常委屈。

无奈的桑振君，只好又回团参加演出了。

这次的演出地点仍是许昌。

到达的第二天，剧团在许昌文化馆开座谈会，许昌大油梆、二油梆剧团就先把桑振君接了过去。

好久没见到这些亲人般的朋友了，刚一见面，桑振君就失声痛哭，她再也控制不住自己的情绪，把在西华的经历以及长期积压在心底的愤懑，一股脑都倾诉了出来……

许昌为桑振君的事也是几番"损兵折将"，过去他们只知道，西华县对许昌的来人不客气，不知道桑振君还受了这么多委屈，这次他们抓住这个机会，把情况反映了上去。

省文化局知道这个事情后，立即派出文艺科的干部庄义顺、孙日恒和音乐工作室的干部马紫晨、肖明等人,分别到许昌、西华调查此事。

不久,情况就捅到了中南局。中南局和河南省委的领导都很恼火,立即对此事进行了严肃处理。凡涉及这个事情的西华县科级以上干部,都受到了处分。

1953年5月26日的《河南日报》对此事作了报道。

有人说:"西华县的有关领导,做得确实太过分了,他们是咎由自取!"

还有人议论说,就在桑振君所谓的关押期间,不但县委书记等人,在县委的一个大办公室里,要桑振君为他们小范围内唱戏,就是县里一些其他干部,也上行下效,耍过这样的特权。

人们在感慨:"这还了得,不处理他们处理谁?"

西华县的这些干部受到处分后,桑振君的心情反而更加沉重了。因为她知道,西华县的干部对她确实是好意呀!是因为喜欢她的戏,不愿让她离开才采取了让人难以接受的方法。

她永远不会忘记,是西华县的县委书记刘华飞,亲自帮她戒了毒瘾;是这里大大小小的干部,对她关怀备至,百般照顾;是这里千千万万的观众,把她当成了全县的宝贝。可现在,不管怎么说,他们都是因为自己受到处分了啊!

此事反成了桑振君的一个心结,导致她精神负担沉重,每天神志恍惚。精神上出了问题,身体很快就垮了下来。

# 三十四、慰问志愿军

听说桑振君的精神出了问题,省文化局立即派人把她接到了省会开封,让她专心疗养。省文化局还特意安排一个女同志,也就是后来成为著名导演杨兰春先生夫人的窦荣光,和她住在一起,帮她调理生活,以配合治疗。窦荣光很有办法,经常邀请桑振君熟识的一些演员,陪她游玩、聊天。

在开封休养了一段时间,中南局的领导又把她接到了武汉,住在花园里面。当时,崔嵬同志任中南文化局的局长,对桑振君的病情非常关心,经常安排一些名演员和豫剧演员来陪她,崔嵬和夫人何微也在百忙之中抽出时间,每星期都要来看望她几次,有时还陪她一起吃饭。

桑振君在武汉住了两个多月,除了休息就是看戏。在此期间,她观看了陈伯华的《宇宙锋》、银西的《拾玉镯》,感觉受益匪浅。特别是陈伯华在《宇宙锋》中的每一个程式动作、面部表情,都紧紧抓住人物所处的环境、内心的情感和矛盾的焦点来刻画人物,完好地体现了艺术的美感和真实性,这给桑振君留下了深刻的印象。

她之前看梅兰芳的《宇宙锋》时,就特别着迷,这次看了陈伯华的表演,相互对比了一下,感觉他们到底都是艺术大家,表演上各有千秋,很多地方都值得她好好学习。

有一天,崔嵬局长来找桑振君,问她:"现在感觉怎么样?"

桑振君高兴地说:"脑子清楚了,记忆力也加强了,身体基本康复了。"

崔嵬听了很高兴,让她每天早晨起来练功喊嗓子,以做好出国的准备。

桑振君一听让她出国，思想一下子又紧张起来，她急忙问："出国让我去哪国呀？"

崔嵬局长郑重地说："中央准备成立一个全国性的赴朝慰问团，各个大区都要组织分团，到朝鲜慰问我们的亲人志愿军，不知你有什么想法？"

桑振君一听，让她到朝鲜为那些保家卫国、不怕流血牺牲的志愿军慰问演出，马上由紧张到高兴，由高兴到激动，在说出"我愿去"的同时，已是热血沸腾、热泪满面。

桑振君将要离开武汉时，崔嵬局长幽默地说："武汉文化艺术界的同志们都很关心你，现在你就要走了，是不是给同志们表示一下，给大家来场晚会呀？"

桑振君高兴地说："那好啊！可我一个人怎么演呀？"

崔嵬说："只要你乐意演，那好办，武汉有个豫剧团，让他们选人给你配配角儿，你准备演什么呢？"

桑振君回答说："让我先想一想吧。"

崔嵬接着说："我看你就给大家演出一场《观文》吧，你们豫剧界都说你的《观文》演得很好。"

桑振君心想，既然崔嵬提出来了，那就按他的要求来演吧。

当天晚上，这个剧团先给她演了个垫戏，桑振君演出了《观文》。按照崔嵬的要求，武汉市豫剧团给她的《观文》配了小生和丫鬟。

整个晚会欢乐、热闹、精彩，所有与会人员都非常高兴，崔嵬更是乐得合不拢嘴。其实，崔嵬局长所说的"是不是给同志们表示一下"的话，有两层意思，一是让桑振君在这里展示一下，让他们看一看豫剧顶尖演员的水平和风采；二是现场检验一下，桑振君身体状况到底恢复了没有，能不能胜任赴朝演出的繁重任务。

也就是经过这场晚会的检验之后，桑振君在第二天就返回了开封。

回到开封以后,省里已经开始组织慰问团了。桑振君参加的是中国人民第三届赴朝慰问团第八总分团。第八总分团文艺工作团的团长,是时任河南省文化局的局长陈建平。该团的班底用的是二野的娃娃剧团,演出的豫剧剧目有《反徐州》《打金枝》《游龟山》等。配备的演员有唱小生的徐凤云、唱胡子的刘九来、唱旦角的张桂花,当然分量最重的,还是桑振君。

这次赴朝组团中,领导特批让桑振君带上大徒弟谢爱芳和跟包朱贵良。所以,当时就有人给她开玩笑,说:"振君,你真行,你这可是母女、主仆一起上战场啊!"

徐凤云、刘九来、张桂花当时的名气,都已相当不小。而女儿谢爱芳,也没说的。解放前夕,她就能和桑振君唱对台戏,解放后到常香玉大师所在的省豫剧一团工作,在常香玉主演的《花木兰》一剧中,她饰演花木兰的姐姐花木惠,虽然只有几句戏,但常大师也给予她很高的评价。应该讲,那一时期,也是谢爱芳艺术生涯的巅峰时期。

而跟包的朱贵良能跟到朝鲜战场,这就有点来历了。朱贵良是桑振君第一次到许昌时收的要饭娃。桑振君自己是孤儿,也见不得受苦受难的穷人。当时她见朱贵良小小年纪,孤苦伶仃的,就动了恻隐之心。可他不像谢爱芳,不是唱戏的料,这样桑振君也就因人施教,把他培养成了一个顶级的跟包。这么一跟,就一直跟到了朝鲜战场。

开始,朱贵良对跟包的业务也是一窍不通,中间有过不少教训,也闹出了不少笑话。

有一次,桑振君趁着演出的间隙来喝水,要是老练一点的跟包,会先把茶壶里的水,往自己的手上倒一点点,看热不热或凉不凉。可朱贵良那时没有这个经验,压根也没想到壶里的水还很烫,掂住茶壶,一路小跑,就送给了桑振君。桑振君急于喝水,想着跟包的也一定调好了水温,接过水壶就往嘴里灌,"咕咚"一声却是热水下肚,烫得她立即跳了起来,当场就把茶壶摔了。

还有一次,是桑振君要撑蚊帐,就让朱贵良上街买竹竿。可朱贵良没弄明白,上街买的是猪肝。由于卖猪肝的人感到有点欠称,就又给他添了半个猪耳朵。朱贵良想着半个耳朵拿不出来,又是添称给补的,就悄悄地装了起来。桑振君一看朱贵良掂着猪肝回来了,而且满脸笑嘻嘻的,顿时就来了脾气,当即就厉声责问:"你耳朵呢?"意思是,我说话是字正腔圆,你为啥就听不明白?你那耳朵哪里去了?朱贵良大吃一惊,连那半只猪耳朵,她都能明察秋毫?

"就半只,这是补称给的!"他慌忙掏出那半只猪耳朵时,大家笑成了一团,桑振君也笑得直不起腰来。

不过,桑振君对朱贵良吵也好,骂也好,朱贵良知道她是疼爱自己,往往是憨笑不语,任由她吵骂就是了。

朱贵良为人实在,是个难得的好人。他工作认真,责任心强,兢兢业业,任劳任怨。也正是在这种不断地学习、改进中,自己也逐渐老练起来,终于成长为一个顶级跟包。

从朝鲜战场慰问演出归来,朱贵良也成了有功之臣。他后来离开了桑振君,来到省豫剧团工作。这时,他把自己的名字改成了朱绍山。朱贵良是穷苦人出身,又目不识丁,要说对自己名字也是不太在乎的。可叫了大半辈子的名字,为什么又要改呢?这里还有个他的想法,因为他"贵良"的名字,与桑振君父亲"志良"的名字,重了一个"良"字,他认为犯了忌讳。跟桑振君的时候,他就提出要改名字,桑振君不让他改,现在离开了桑振君,他这才自己改了过来。仅从这一点也足以说明,他对桑振君的尊重和感恩。

戏曲界这个圈子说不上多大,朱贵良跟着桑振君,也跟出了一定的知名度。但改名后,只要有人再叫他"朱贵良"时,他就趁机宣传他的新名——朱绍山,而且还是洋洋自得地说,我这个朱,是朱德的"朱",绍,是刘少奇的"绍",山,是孙中山的"山"。人们从他所说的刘少奇的"少"和他朱绍山的"绍"中,还是看出了他的文化水平,于是常拿他取乐。

他在剧团是仓库保管员,有人明明领了一张桌子,可条子上却写的是:"今领到朱绍山的妹妹一个。"因为他目不识丁,还是乐呵呵地把条子收存了。

言归正传。赴朝慰问团先是在郑州苑陵街的一个旅店集结。那里的条件不好,桑振君在洗刷的时候,不小心把水溅到了一个女演员身上,那个演员不认识她,张口就骂,桑振君一边解释一边道歉,可那女演员仍不依不饶的,桑振君一时竟不知所措。徒弟谢爱芳打抱不平说:"咋了?人多地方小才这样,又不是故意的,已经给你道歉了,你还要咋样?你要在你家,没人把水溅你身上。"

几十年后,谢爱芳回忆起类似这样的事情说:"俺娘这个人,可怪了。她遇见地位比她高的人欺负她,她不屈不挠,敢于抗争。可要遇见那些地位比她低的人欺负她,却是一忍再忍,说多面有多面。"

慰问团先在信阳进行了彩排。这些剧目有她和刘九来合演的《游龟山》,她饰演胡凤莲;她和徒弟合演的《打金枝》,她演国母;她和徐凤云合演的《反徐州》,她演红毛老旦花云她娘。另外还有,张桂花和徐凤云的《梁祝》、《断桥》以及歌剧《光荣灯》等。

慰问团在信阳完成彩排后,就直接到沈阳待命。

沈阳停留的时间不长,有一天晚上,慰问团突然接到出发的命令,他们连夜行动,当天夜晚渡过了鸭绿江,次日天亮时,就到达了朝鲜的新义州。

志愿军见到慰问团的成员,如同见到了久别的亲人,大家拥抱在一起,眼含着热泪,久久说不出话来。后来的场面,更让慰问团成员激动不已,有的志愿军战士抑制不住内心的喜悦,大家簇拥着,欢呼着,干脆把祖国来的亲人抬起来,抛向空中……这些最可爱的人,用这种特殊的表达方式来感谢祖国,感谢党,感谢这些冒着生命危险、不远万水千山前来为他们慰问演出的亲人。

那时的战事还没有完全结束,演出时,常常要冒着敌人炮火和飞机轰炸的危险。有人曾问过桑振君,当时害不害怕?桑振君说:

"那个时候,每个人的心里,都被一种伟大的精神激励着,尤其是见到一些志愿军战士,为祖国献出了宝贵的年轻生命,想想他们,就什么都不害怕了。"她多次要求,到最危险的地方,为那些最渴望看到演出的指战员演出。

那些日子演出任务很重,非常劳累。每天上午一化好妆,这一天到晚都不能去洗了。白天,在坑道、在战地医院、在临时用树枝泥巴搭成的简易病房里,慰问团化整为零,小范围演出;晚上,在"小礼堂",在大一点的山洞,集中起来演大的剧目。

慰问团无论是到大部队、小分队,还是到坑道、病房,大家的演出都是一丝不苟,十分卖力。桑振君虽然是大牌演员,却没有半点名演员的架子。有几天,她患重感冒,嗓子发炎,可还是不肯休息,同志们劝她少唱两段,她回答说:"这点儿小病算个啥,看看志愿军,一把炒面一口雪地过日子,还要坚持打仗,咱就来这几天,再演不好就对不住他们。"

和这些最可爱的人在一起,她完全忘记了自己。如果志愿军战士叫好,高喊"再来一个!再来一个"时,她就会连着给大家唱。有几次,她还把她擅长的河南坠子书也拿了出来。她是豫剧名角,志愿军指战员听她唱豫剧,只觉得很过瘾,却毫不奇怪。但看到她娴熟地打着简板,听到那"哒哒哒,哒!哒哒哒,哒!"清脆的简板节奏声时,还未等她开腔,热烈的掌声便响了起来。再听到演唱时,有的战士情不自禁地叫起好来:"好!好!太好了!太好了!"

慰问团从朝鲜战场下来以后,接着又在东北地区巡回慰问演出了一段时间。他们每到一处,都受到部队官兵和伤病员的热烈欢迎。

待他们回到河南时,已经是1954年年初了。

## 三十五、大姐变成娘

桑振君从朝鲜回国后,省里已经下发文件,批准成立许昌专区实验豫剧团。

一天,剧团召开全体人员大会,当许昌行署的周子斌专员传达文件,并宣布桑振君为第一副团长时,她一时懵住了!因为多少年来,不管是在旧戏班,还是在新社会的剧团,尽管自己早就当上了主演,可做梦也没有想过当领导。她一直觉得自己没文化、没心眼、没办法,由此早就认定自己根本就不是当领导的材料。可现在组织上连招呼都没打,就把重担压在了自己肩上。

"听错了吧?"她还是不敢相信自己的耳朵!再看看周围的同志,大家都微笑着,不约而同地把目光投向了自己,她突然发现,那目光特别的温暖,像在一致表达美好的祝福。

会议还没有开完,突然闯进一个六七岁的小男孩。他径直跑到主席台上桑振君的身边,不知小声说了些什么。只见桑振君从主席台上,"腾"的一声跳了下来,和他一起跑出会场,大家都预感到,一定发生了什么紧急的事情。

原来桑振君从西华出来的时候,总共带出来七个穷苦人。其中有一个寡妇,带着一儿一女。女孩是姐姐,艺名叫姜幼童,乳名唤小九;女孩的弟弟,就是跑进会场的那个男孩,乳名叫赖渣儿。

在这一年多的时间里,桑振君从有病疗养到赴朝慰问,忙得晕头转向,又长时间不在剧团,她不知道自己带出的小九患了肺癌,已经奄奄一息了。小九的母亲虽说家里很穷,又是个寡妇,可她是个极为刚强的女人。女儿已经病入膏肓了,她却还一直挺着,不愿去麻烦、打扰桑振君。

说起这个小九,还是桑振君在西华收下的徒弟。收下后,她给这个苦命的女孩取名叫姜幼童。姜幼童人长得很漂亮,懂事,勤奋,也特能吃苦。

那天,她是实在感到挺不过去了,才大着胆子,向母亲提出,想见见她的恩师桑振君。其实,女儿的这个要求和企盼,她母亲也是心知肚明。若不是到这生离死别的份上,懂事的女儿绝不会提出这样的要求,刚强的母亲更不会答应她的要求。

桑振君跟着赖渣儿,一溜儿小跑地到了她家。一进门,伴着"小九,小九"的呼唤,她扑到小九床前,攥住小九的双手,止不住的泪水扑簌簌地直往下掉,小九睁开眼看着她,努力张开嘴巴比出"姑"的口型,可身子太弱,还没喊出声,就只见她长长地出了一口气,头一歪就扭到了一边。

小九刚一断气,她的母亲就疯了。

这个刚强的女人,命实在太苦了。年纪轻轻,男人就撒手人寰,多少人劝她再嫁,她怕孩子受委屈,硬是不嫁,千辛万苦拉扯着孩子长大。桑振君看中了她的刚强、善良和勤劳,一直把她当成大姐。

在西华时,平时生活上帮她,她不要。桑振君提出教她的女儿学戏,她倒是满心欢喜地答应了。女儿很有灵气,她也把一切希望都寄托在女儿身上。眼看女儿有了出息,能为家里挣钱的时候,不料她却这样走了!这种致命的打击立马让她精神错乱。

她跑出屋门,开始是"小九,小九"的呼唤,接着就出现目光呆滞、惊恐万状的模样,嘴里不停地念叨说:"俺九哪去了,俺九哪去了?"

桑振君这时已顾不得这些。她先叫人去她家拿钱,一一安排小九的后事。处理完事情后,她才折回身来,上街寻找那个疯了的女人。

桑振君在许昌是无人不知、无人不晓的人物,她一上街寻找那个疯女人,立刻引来了人们的关注。在大家的帮助下,不一会儿,就在西南门找到了她。

桑振君上去抓住她的手说:"大姐,咱们回家吧!"疯女人毫不理睬,还是念叨着那句话:"俺九哩?俺九哪去了,俺九哪去了?"桑振君看叫大姐没有反应,突然灵机一动,跪下来拉住她的手说:"娘,我就是小九啊!""你就是小九?"桑振君看疯女人的眼睛出现了亮光,觉着奏效了,马上回答说:"我就是小九啊,娘不认识我了?""你咋来这儿了?""我是来接娘回家的呀!"

就这样,桑振君才算把这个疯女人以及她的男孩,一起接到了自己家里。

那时剧团实行的是军事化管理。他们上午排戏,晚上演出,一天到晚三集合,时间非常紧张。演员们本来就忙,桑振君多了个团长的职务不说,又多了个有病的"娘",那是忙上加忙。

桑振君忙不过来,就给自己的叔伯妹妹桑振花布置了一个硬性任务。就是,必须得照顾好她"认"下的这个"娘"和孩子。

幸亏剧团离她家不远,一有空,她就回来,顶着小九的名义,娘长娘短地去尽"女儿"的义务。

桑振君这么一降辈,一圈人都得跟着她降。李素君、郭春月、老蔡、陈配良这四个女的,与桑振君年龄相仿,交往也比较密切,生活中也以姐妹相称。她们到桑振君家见到这个疯女人,一喊大姐,桑振君就赶忙纠正说:"以后不能喊大姐了,要和我一样喊娘。"她们猛地一愣,表示不解。桑振君认真地说:"我已经改口了,你们也要改,要不,你们以后别来了。"她们看桑振君的拗劲上来了,也都笑着表示:"下不为例,下不为例,以后跟着你叫娘就是了。"

也就是在这个时候,牛得草前来看望桑振君。

别看牛得草和桑振君年龄差不了几岁,他得正儿八经地管桑振君叫娘。因为他的妻子谢爱琴,是桑振君和谢顺明的养女。牛得草和这个疯女人,原来也是认识的,过去一直叫她"大姨"。这次他刚想张口喊大姨,桑振君就制止说:"别喊大姨了,要喊姥姥!"牛得草一愣,觉得是自己听错了,赶忙问她说:"娘,你说什么呀!要我管她喊姥姥?""对!就是要你喊她姥姥。"桑振君一时说不明白,牛得草还是莫名其妙地说:"娘,我不知这大姨咋能变成姥姥?"桑振君看他还是冥顽不化,火一下子就蹿上来了,她沉着脸压低嗓子说:"叫你喊姥姥你就喊,不喊你现在就给我出去!"

牛得草当然知道桑振君的厉害,马上不无幽默地说:"好,好,我清楚了,从此我算是多了个姥姥,少了个大姨。"

其实桑振君也清楚,她的这种做法,不仅亲戚朋友不高兴,而且还会遭到周围一些人的非议。可她一想到,那是一个穷苦人的生命,一个不完整的家庭,还有死去的小九和没有长大成人的赖渣儿,为了能够救她,就是再劳累、再花钱、再忍辱负重,她都会义无反顾,无悔无怨。

这样的日子有一年左右,"娘"终于缓过了神;再后来,已经基本清醒了。她问桑振君:"振君,你为啥喊我娘啊?"桑振君真诚地说:"我从小没爹没娘,现在小九不在了,我愿意顶替小九,把你当娘,养老送终。"她说:"那可不行,你还得喊我大姐!"桑振君真诚地说:"从心里到嘴上,我真是把你当成了娘,改不过来了,你就当这个娘吧。"

她当然也知道桑振君的性格!但"娘"也清楚地意识到,再这样下去,不仅难为了桑振君,也难为了她自己。所以,带着孩子,快点离开这里,是她清醒后的必然选择。

桑振君当然也知道,这个人如果坚决要走,不但留不住,而且还会是——永不回头!这样她就盘算着,尽量让"娘"多带些东西。桑振君首先给她准备了自己一个月的工资,也就是200多元;接着又把她所需要的东西,装满了两个大皮箱,包了两个大包袱,准备让"娘"带走。

"娘"涨红了脸,说啥也不要!桑振君这时突然跪在地上,求她说:"如果这些东西你不带走,我就是跪死也不会起来!"

她知道拗不过桑振君,临行前,她剪开自己的衣服,从里面挖出两块银元,说:"振君,遇着你这样的好人,是我几辈子修来的福,这两块银元,是你大哥留下来的。我啥时候都没舍得花,就送给你,做个纪念吧。"

桑振君收下了这特殊的"纪念"。

后来,她把这两块银元一直带到了邯郸,可惜在"文革"中被红卫兵抄走了。

"文化大革命"后期,桑振君回鄢陵婆家,路过许昌时,听说她病了,又连忙赶过去看望她。那时,桑振君的"问题"还没有解决,经济上非常困难,每月工资只有60元钱,但桑振君在临走时,还悄悄地在她的桌子上,留下了50元钱。

桑振君这一辈子,的确是挣了很多钱,可最后没落下一分钱。这些钱都到哪去了?很大一部分,就是接济生活困难的人了。

该团演员方晓兰曾回忆说:"我永远忘不了桑老师的恩情。那是三年自然灾害时期,有一天晚上演完戏,肚子饿得咕咕叫,到剧团食堂就餐,没钱、没粮票,可尴尬了。这情况很快就被桑老师看出来了,她拿着当时许昌演员中只有她才享有的特供红本本,给我们夫妇俩,一下子买了4个馍、2碗饭,喊着我说:'方晓兰,你是迷瞪啥哩?还不快来吃!'一听桑老师是叫我的,我的心头一热,眼泪哗一下,全流出来了。桑老师平时不仅对我一个人是这样,凡是有困难的,她都尽力去帮。国家对她是特殊照顾,可她从不搞特殊,就是出去演出,也跟我们一样,吃大锅饭,睡大铺床。"

# 三十六、不让人鼓掌

豫东、豫南地区对桑振君的演唱尤为看好。自20世纪40年代初,就有"宁愿少串一趟亲,也要看看桑振君"、"不吸烟,不喝茶,也要看桑振君唱《投衙》"、"哪怕三天不吃饭,也要去看十二万"的民谚。

就是一些豫剧大家,对桑振君的唱腔艺术也是高看几分。有一段时间,崔兰田与桑振君只要一见面,就以姐的态势"逼"着她,非要听她唱《对绣鞋》不可。豫剧皇后陈素真也对人说过:"要说论唱,包括我在内,都没有桑振君唱得好,唱得巧!"

中国唱片社对桑振君的演唱也格外推崇。她主演的《打金枝》、《下陈州》、《八件衣》、《白莲花》、《黛玉葬花》、《英雄山》等剧目,早在20世纪五六十年代就由中国唱片社灌录唱片,并在全国出版发行。

桑振君不同凡响的演唱,自然会赢得大家的喜爱,演唱时博得观众阵阵的掌声,要说也是情理之中的事。但桑振君对这些不适时宜的掌声极为反感,她尤其不赞成的,就是正当她进入角色、全身心投入演唱时,观众给她鼓掌。她曾经与许昌的观众"约法三章":"在我桑振君演唱的时候,请大家不要鼓掌!如果你们真想鼓掌,等我把这一场戏唱完后一并鼓,或是谢幕的时候一起鼓,当然,最好不鼓。如果不是这样,在我正唱的时候鼓掌,那我可就不唱了!"

要说掌声,那是观众对演员的肯定,谁不想要啊?再看看舞台上,有些演员,甚至是一些知名演员,为了得到观众的掌声,简直到了下作的"讨掌"地步。还有不少演员,误把掌声有没有当作衡量表演优劣的标准。对此,桑振君极力反对。

　　桑振君曾说过这么一件事。她有一个朋友想向另一位演员学戏,但觉得自己面子不够,就拜托桑振君引见。桑振君领着她的朋友,在后台找到了那位演员。很巧,那个演员正在给别人做示范,桑振君看了她的表演后,直率地指出:"动作过于夸张了,不太符合剧中人物的性格。"没想到那位演员却抱怨说:"桑老师,就这,演到此处还没有人鼓掌哩!"桑振君马上回答:"掌声不是标准,刻画人物才是标准!"

　　桑振君认为,观众越是热爱自己的艺术,自己就越要对得起观众。如果在演唱的时候,观众一个劲儿地鼓掌,那经久不息的掌声势必会影响演唱效果。在她看来,这种情况简直就是一种干扰,是对劳动成果的不尊重,更是对艺术的亵渎。

　　桑振君不让观众在她演出过程中鼓掌,具体说来,还有两个直接原因。

　　桑振君不仅是主演,而且还是许多剧目的唱腔设计。设计唱腔时,她力求准确把握剧中人物的身份、思想、性格和人物的内心世界。她设计的唱腔可以说一个戏一个风格,从来不走老路,更不拾别人的牙慧,很多内行评价说:"听她设计的唱腔,就能听出设计者的匠心独具,就能感受到她融入其中的心血,这些唱段成为经典之作是必然的!"她反对演唱时观众鼓掌,就是想让观众尽量能像专家一样,静下心来去悉心品味她亲自设计的那些融入心血的唱腔。这是第一个原因。

　　桑振君十分注重刻画人物,对自己的要求也近于苛刻。许昌专区豫剧团的演员都知道,如果晚上有演出,桑振君在下午就很少再和别人说话了,她要求自己提前进入角色。她之所以反对乱鼓掌,也是希望观众在品味唱腔的同时,能沉下心来,认真去琢磨、去体味、去享受她进入剧中人的状态和心境。这是第二个原因。

　　桑振君的这种想法很早就有,只是过去方方面面的条件不够成熟罢了。但她认为,许昌的文化底蕴比较深厚;观众的欣赏水平也比较高;而且在这里,她又是剧团领导,有条件在自己的艺术根据地,营造出一个特别的、真正能让观众静下心来欣赏艺术的演出氛围。

桑振君是一个想到就要做到的人,她决定尽快付诸实施。

一开始,每次演出前,她都郑重地向观众声明,并亲自宣读她的"约法三章",但每当此时,就会引起台下阵阵的议论,观众似乎并不买账。有的认为,她是过分谦虚;有的认为,她是故弄玄虚,吓唬吓唬而已,不会当真。

有一次,她照例在演出前提出了要求,但在开场没多久,观众可能是出于逆反心理吧,反而是近乎疯狂地鼓掌、叫好,这时的桑振君好像真的动了气,她马上收住了腔,直直地站着,静观台下鼓掌。乐队的人一下子都愣住了,演奏往下进行了两句,看桑振君根本不准备接腔,也只好被迫停了下来……这种"僵局"一直持续到掌声完全结束。桑振君后来回忆说:"当时在台下,有人骂我是怪毛驴……戏结束后,我在前面走,还听见后面有人故意骂:'桑振君死了!桑振君死了!'死了就死了,我权当没有听见。"

但时隔不久,她的这种纯粹为了艺术的执拗,得到了许昌观众的理解和认可。演出前,有的观众还主动地做宣传:"桑振君唱的时候,我们大家都不要鼓掌,咱静下来认真听戏!"也有人在旁边附和:"等她唱完后,我们再鼓掌,再表达对她的尊重,再表示鼓励和感谢。"

后来,桑振君虽然离开了许昌,但这种优良传统还一直保持着。2002年,她的亲传弟子常俊丽率团在某地一个剧院演出,赢得了热烈的掌声。中午休息时,当常俊丽给她说道"这里观众的掌声,没有许昌观众理智"时,桑振君笑了起来,并不无骄傲地说:"那都是我在许昌时给改的。"

## 三十七、"论战"常香玉

1955年的一天,桑振君正在剧团的宿舍里休息,一帮人拿着一份《河南日报》进来了。他们问桑振君:"桑老师,你看过这份报纸没有?"

桑振君瞄了一眼报纸,说:"没有呀。"

大家又互相看了看,谁也不再说话。

"怎么了?"桑振君又问。

他们这才回答说:"报纸上有篇常香玉的文章,好像是在批评你。"

"常香玉怎么会说我呢?"桑振君不解地说。

"信不信,您自己看吧!"这些人说完,丢下报纸转身就走了。

桑振君这才拿起报纸细看。虽然她文化程度很低,识字不多,但由于那些同志的提醒,她断断续续地还是看出了问题。文章清清楚楚地说:"一个演《红楼梦》的演员,戏已经演得很不错了,可是在使用兄弟剧种的东西时,却是生吞活剥……"

桑振君马上明白,常香玉说的就是自己!因为她在设计"黛玉葬花"这一段唱腔中,所揉进去的有京剧南梆子的旋律,而且她演的这个戏,常香玉也去看过。

为了慎重起见,她又找了一个有文化的人,把报纸从头到尾读了一遍,这么一来,她心里更清楚了,常香玉指的就是她,因为当时在河南所有的剧种中,只有许昌专区豫剧团排演了《红楼梦》,她又是河南第一个饰演林黛玉的演员,这不等于指名道姓了吗?

桑振君觉得很委屈。因为自己设计的唱腔总是力求不雷同,走新路,坚持从人物出发,一个戏一个味道。虽然也主张吸收,但她坚持认为,吸收别人的东西时,一定是消化了再吸收,用她自己的话说:"就像蜜蜂采蜜一样,就是偷,也只能是'小偷',不能'大偷'。"具体点说,就是在需要的时候,摘取它几个闪亮的音符,把它撕烂揉碎后再融进自己的唱腔,猛一听,让人眼前一亮、耳目一新,可听来听去,还得是天衣无缝的豫剧。

桑振君又觉得不公平。她心里说:"你常香玉有什么资格说我?你在《红娘》、《花木兰》的唱腔中,把大段的曲剧旋律,一点不改就搬上了舞台;你在《断桥》中使用的河北梆子,又是那么的明显,那才是生吞活剥呢!我是那样大段引用吗?你这不是只许州官放火,不许百姓点灯吗?"

桑振君越想越气,越想越恼:"好!既然你常香玉能说我桑振君,难道我桑振君不敢批评你常香玉吗?"

桑振君的拗劲上来了,九头牛也拉不回!

话说回来,如果《河南日报》的这篇文章不是常香玉写的,是一个名不见经传的演员写的,桑振君可能不会大动干戈、予以回击。因为她怕人家说她桑振君是居高临下、以势压人。但地位比自己高的常香玉"伤害"了她,她却不愿善罢甘休。

"这回非要跟你理论一番不中!"她决心已定。

以桑振君当时的文化水平,要在报纸上发表文章,的确是难为她了。她央求别人写,人家一听说是跟爱国艺人常香玉"干仗"都退避三舍。有的推诿说,自己文化水平低,实在是写不了。有的打圆场说,文章中说的不一定是你,是不是咱自己太多疑了?

"没有人写,我就自己写!"她想:"不管你常香玉的笔杆子有多硬,我有理就敢跟你奉陪到底。"

桑振君会拼音,她上过速成识字培训班,也多少认识几个字。虽然没有写过文章,可有过编戏的经验。这样,她就把自己所需要说的话,像编唱段一样,先编成一个个类似"唱词"的句子写了出来。对于写不出来的字,就打上记号,只要见到上衣兜挎钢笔的人,不管认识不认识,拦住就"这个字怎么写,那个字怎么写"地请教。

她不认识别人,可别人都认识她。有些人就给她开玩笑说:"桑团长学习文化,可是真积极呀!"

"你看我这么积极,还不快给我说说,快给我说说这个字怎么写吧!"

就这样天天问,天天写,经过一个多月时间,总算把文章写出来了。

文章寄到了《河南日报》,虽然隔了一段时间,但最终还是见了报。

桑振君后来冷静下来,感到自己的文章写得有点过头了。常香玉的文章没有点自己的名字,"有则改之,无则加勉",人家只是一种批评意见。可自己的文章却是指名道姓,而且是带着情绪,充满着火药味的质问。

两大名旦在《河南日报》上公开"干仗",尽管这纯属豫剧艺术创新方面的不同见解,但也不算个小事。省文化局冯纪汉副局长亲自出马,他和著名豫剧表演艺术家赵义庭一起从中调解,让常香玉和桑振君两人坐到了一起。当时,常香玉的姿态很高,首先作了解释,接着又表示了道歉。桑振君不吃硬的,就怕软的,一见常香玉大姐都给自己赔礼道歉了,马上也作了自我批评。随后,两位大艺术家又相互交换了意见。这场沸沸扬扬的艺术论争,总算是画上了句号。

两位艺术家的"论战",当然也瞒不过中南文化局的崔嵬。在1956年河南省首届戏曲汇演中,前来观摩指导的崔嵬就专门找过桑振君,一见面他就不无幽默地说:"桑振君呀,你真了不起,就你敢搂着爱国艺人摔骨碌儿。"听到崔嵬这么给自己开玩笑,桑振君也笑了,在笑的同时,脸也红了。因为她已经意识到,自己的修养确实是差了一些。

应该说桑振君和常香玉是老朋友了,她敬重常大姐,大姐也看好她这个小妹。抗美援朝期间,两人都是赴朝慰问团的重要成员,曾先后赶赴朝鲜战场,慰问过志愿军战士。豫剧名旦六大家中,也仅她两人有这个经历。1958年11月和1959年2月,毛泽东主席在河南参加中央第一次、第二次郑州工作会议期间,省里两次为毛主席等中央领导安排文艺演出,桑振君和常香玉两次都作为主要演员接下这个重要的演出任务,两人分别领衔主演了《打金枝》和《破洪州》。

后来,尤其是两人在报纸上就艺术问题公开"论战"后,她俩的关系似乎有了一些微妙的、渐进性的变化,这个变化不是别的,而是她们在相处中好像都更谨慎、更注重礼数了。1962年,桑振君和崔希学结婚时,常香玉亲自出席婚礼并做证婚人。1988年,一些老艺术家在郑州相聚,常香玉宴请诸位老朋友,桑振君被安排坐在常香玉的右手旁,席间两人相互敬酒,彬彬有礼。2000年,桑振君到郑州参加研讨会,一听说常大姐的老伴陈宪章刚刚去世,常大姐又患有骨质疏松症,立即赶到家里拜望了常大姐。

## 三十八、难做笼中鸟

一个成功男人的后面,会有一个默默奉献的女人;反之,一个成功女人的身后,往往也会有一个甘愿付出的男人。这个男人,如果不是终身的伴侣,也是艺术上的"知音"。常香玉之所以功成名就,除了自身的努力,还因为她身边有着足智多谋的文化人陈宪章;陈素真能够成为豫剧皇后,是因为她身后有着大名鼎鼎的学者樊粹庭。2003年的春夏之交,在河南郑州举行的陈素真大师逝世十周年的纪念会上,一位中国戏曲梅花奖的资深评委说:"你们戏曲演员拼到底所拼的,就是文化底蕴。所以我赞成你们戏曲演员,要多与文化人结交。"

桑振君从艺以来,不仅身边没有那样的文化人,而且自从1948年脱离谢家以后,一直还是孤身一人。她企盼有一个终身伴侣,与自己风雨同舟,更渴望有一个知心的文化人,能够鼎力支持、帮助自己。

说来也巧,就在1955年,真的就有了这么一个人,突然出现在她的身边,并很快闯入了她的生活。

这个人叫阎治安,是许昌公安局的秘书,一表人才,又是一个共产党员。桑振君注意到,每晚演出时,他总是固定在一个座位上,专注地观看自己的演出;后来发现,在演出结束后,他又常常不走,有时还会等到演员卸妆后,到后台对自己的表演赞赏一番。这时,桑振君似乎已经感觉到了什么。渐渐地,他们就熟悉了。以后,他又大着胆子,登门造访。

在桑振君家里,他不仅会讲诸如"为人民服务"、"努力学习提高思想觉悟"等政治理论,而且还会对戏剧方面的有关问题作一些点评。看到眼前这个知书达理、落落大方的英俊青年,桑振君感到一股暖流从心底涌起,敬意也油然而生。他们聊天、谈戏、拉家常,很快由熟悉到产生感情,由感情发展到爱情。

那时,桑振君真的高兴极了,她庆幸自己遇到了懂门道、会欣赏的知音,更陶醉于知音给自己带来的那种甜蜜感,这种甜蜜感和刚刚品尝到自由恋爱的那种幸福感交织在一起,她觉得这段感情比当初与谢顺明的那种"拉郎配",简直好太多了!

可没有想到的是,阎治安与桑振君的婚姻不仅遭到了阎治安家人的坚决反对,而且他所在的公安机关领导也是一百个不同意。也许因为,阎治安是在公安机关工作,又是共产党员,公安局的领导同志还有这样那样的顾虑;也许公安局的领导认为,凭他阎治安的政治水平、思想觉悟、处事能力,就不该去招惹人家这么一个名演员。所以,局长不仅严肃地批评了他,还让他隔离检查,并给予了行政处分。

桑振君就是这么一个人,比较执拗,爱上劲儿。如果公安机关的领导对阎治安的行为不加干涉,也许他们的爱情会是那种逐渐加热式的自然发展。可现在的情况是,公安局领导已经对阎治安采取了强制手段,于是,她脑子一热,不但没害怕、没退缩,反而转成了"进攻"的态势,几乎天天都去安慰他、鼓励他,而且还生出了一股非阎治安不嫁的劲头。

她这一主动"出击"不要紧,马上就把事情闹大了,许昌的有关领导很快过问此事,"形势"立刻发生了逆转。

不久,这场风波以公安机关领导做出让步,他们很快结婚而宣告结束。

婚后不久,剧团按计划要去扶沟演出,就在桑振君兴冲冲地整理行囊准备出发时,阎治安竟冷冷地说:"咱们刚结婚,你就不要随团下去了!"桑振君心里虽略有不快,但也理解此时新婚丈夫的心情,于是和颜悦色地说:"我是主演,又是团长,不管从哪方面说,我都得随团下去。"

阎治安知道桑振君说的有道理,支吾了一会儿,也没再多说什么。

不过桑振君的心里还是留下了阴影——"难道他是那种说话的巨人,行动的矮子?"

桑振君从县里演出回来,阎治安又提出了新的要求:"振君呐,平常演出都可以,以后星期天就不要再安排演出了!"

一听阎治安竟说出这样的话,桑振君这回是真的生气了。她不容分辩地说:"工作没有贵贱之分!我的工作就是为人民唱戏,有些群众平常没时间看戏,只有星期天才能来看。你怎么能不让我演出呢?"

阎治安当然也有他的理由,不过他说得越多,桑振君越反感。一场唇枪舌剑下来,桑振君不但要坚持星期天晚上的演出,而且还要再加上一个日场。

最后,阎治安虽是沉默不语,但他们思想上的隔阂明显加大了。

1956年,河南省首届戏曲观摩汇演时,许昌专区申报了两个剧目,一个是桑振君主演白莲仙子的《白莲花》,另一个是她饰演张桂英的《下陈州》。

一听说要进省城汇报演出,阎治安又出来横加阻拦。这时的桑振君对他已经非常反感了。桑振君不仅觉得他自私自利、心胸狭窄,而且感到这个人简直是幼稚可笑。她已经懒得再与他争吵,甚至产生了离婚的念头。

面对阎治安的诸多理由,她不无讥讽地说:"这是代表许昌专区的演出,你要求我不去演出,我完全答应,但我也要求一点,那就是,你得让许昌的领导和人民群众,也答应你阎治安的要求!"

桑振君就是怀着这样一种郁闷、复杂的心情,参加了这次汇演。

汇演时间持续得较长,从当年的12月18日开始,到次年的1

月 15 日结束,历时近一个月;这次汇演的规模也很大,参赛的有 23 个剧种、93 个剧目。获奖的剧目有豫剧《大祭桩》、《秦香莲》、《穆桂英挂帅》、《下陈州》、《白莲花》、《王金豆借粮》、《藏舟》、《刘胡兰》、《草原之歌》、《滚鼓》,曲剧《赶脚》、《阎家滩》,越调《哭殿》,京剧《阿黑与阿诗玛》、《扈家庄》等。

分别以《大祭桩》、《秦香莲》、《穆桂英挂帅》、《藏舟》、《白莲花》这五个剧目获奖的常香玉、崔兰田、马金凤、阎立品、桑振君这五名旦角演员,被广大观众普遍看好,在社会上被誉为是第一个版本的"豫剧五大名旦"。其中桑振君的《白莲花》获表演一等奖,剧本改编二等奖;她饰演张桂英、王在岭饰演包公的《下陈州》获剧本、音乐、表演三个一等奖。许昌专区选送的这两个剧目成为那次流派汇演中的一个亮点。

早已被广大观众誉为"豫剧皇后"的陈素真,因为当时的组织人事关系在甘肃省,根据大会定的原则,她与西安、天津、拉萨等地的豫剧演员作为特邀人士,参加了本次汇演。最终,她和常香玉、朱万明、朱六来等人获得荣誉奖。

也就是从这次省里汇演以后,回到许昌后的桑振君已经很少回家了。可这时的阎治安依恋旧情,常来找她,试图破镜重圆。桑振君不愿再和他见面,就躲猫猫。剧团有前后两个门。有人告诉她阎治安从前门来了,她就从后门出去;从后门进来了,她就从前门出去。因为那时桑振君确实很忙,排戏演出,还要履行团长的职责,实在没有工夫与他纠缠。

这样持续了近一年的光景,他们终于在 1957 年 11 月解除了婚约。

应该说这对新婚夫妻当初还是有情有爱的。但阎治安对桑振君的爱,似乎有些狭隘了,而且也不会去爱。他如果真会爱,就应该像陈宪章爱常香玉那样,把她当作人民艺术家来敬重,给她思想精神上以自由,给她舞台表演上献计献策、大力支持。可阎治安对桑振君的爱,却是把她当成了自己的"私有财产"。而且在灵魂深处,封建思想还一直在作祟。他喜欢戏曲,却看不起艺人,不但阻止桑振君出去演出,而且还要求她干一些端水洗脚之类的杂事。不是说桑振君不该为他做这些事,而是他的这种大男子主义的思想,使桑振君在精神上产生了极度的压抑感,严重影响了她对艺术的探索和追求,而桑振君这个人偏偏视艺术为生命!

后来,曾有人幽默地分析说:"如果阎治安把她当成一只百灵鸟,让她在蔚蓝的天空自由飞翔,尽情歌唱,那肯定将是另一种结果。而不懂风情的阎治安,却硬要把她关在'笼子'里,这对于桑振君来说,简直是一种折磨,这样的婚姻不解体才是怪事。"

## 三十九、差点划右派

1957年春节刚过,全党、全国就迅猛开展了那场声势浩大的反右派斗争。因为在这之前,许昌专区豫剧团已分别答应了天津、济南、保定、曲阜、济宁等地的演出邀请,不好推辞,只得如期应邀前往。这样,为保证演出和反右运动两不误,团长邓朴亭就留在家里处理日常工作。率团外出演出的所有事务,都落在了桑振君一人的肩上。

在桑振君看来,演好戏,做好本职工作,就是听党的话、跟党走,对反右这种意识形态上的政治运动,不仅反应迟钝,甚至连半点自我保护意识都没有,在她主持工作期间,一切都还是按着过去的老习惯、老路子来走。

天津、济南、保定这些城市,自然比许昌繁华得多。同志们难得到这些大中城市来,出去看看名胜古迹、逛逛商场、多采购些东西回去,应是人之常情。后来有些同志没钱了,就向剧团借钱,她也就批准了,压根也没有考虑到什么运动不运动的。她的想法很简单:"现在借钱买东西,回去发工资时,扣下来就是了。"这样,全团几乎所有的演职人员,包括她自己,都借了一些公家的钱。

回去后,领导知道了这件事,把她叫过去狠狠地批评了一顿。

对于领导的批评,她没有半点怨言。想想也是,领导让自己带团出去,除了完成演出任务,还要树立许昌豫剧团的良好形象。作为团长,应该严肃纪律,带好队伍,集中精力把戏演好。由于自己疏于管理,在一定程度上放任了同志们,是自己失职,应该虚心接受领导的批评。

其实,这次巡回演出取得的成绩是主要的,也是巨大的。他们沿着商丘、曲阜、济宁、济南、天津、保定、邯郸这一条路线,一边走,一边演,由于该团阵容强大,唱腔新颖、优美,可以说不论是传统戏还是现代戏,个个都是精品。所以每到一地,场场爆满,演出时,观众掌声如雷,叫好声不断。常常是煞戏了,观众不走,迟迟不能谢幕;预定的演出期限到了,却一再被挽留,要求再加演几天。特别是在济南,剧团已经开拔了,又被人追上,请了回来。真可谓是驻一地,红一片;走一路,红一线。

这种盛况与其说他们是为许昌专区豫剧团争了光,不如说是为河南豫剧争了光。据说,有好长一段时间,凡是他们走过的线路,许多剧团一般不敢轻易再走。

那时,许昌专区豫剧团实行的还是半军事化的管理,全体演职人员的思想觉悟和热情也都非常高,晚上演出谢幕以后,人不卸妆,就地总结,团长点评,以利再演。白天如果没有演出,也不全是安排游玩、购物等等,而是统一着装,走上街头,一边打扫公共卫生,一边倾听群众的反映。这些,都给当地人留下了很好的印象。

桑振君在这些活动中,不仅身先士卒,和大家一样去干,而且还肩负着与当地文艺界人士进行交流的任务。在天津,桑振君就堂堂正正地登上了讲台,为该市文艺界作了一场有关豫剧基本知识的讲座。

不少老同志还记得,那次她讲到了豫剧唱腔的改革和创新,也讲到了豫剧道白的规范和要求。她还以《毛红跳花墙》中"我哭了声毛相公"的道白为例,现场示范了用普通话是什么效果,用地方方言又是什么效果,不仅讲得头头是道,而且语言生动形象,把全场人的情绪都调动了起来,大家笑得前合后仰,都夸河南的桑团长,不单单是戏唱得好,而且还这么有文化……

桑振君是个知错就改的人。为了落实行动,她就交代财务上扣钱。她对会计说,出去这段时间,财务我没管好,弄得这多人欠公家的钱,从这个月开始,你每月扣我一半工资,两个月把它扣完。桑振君本意是从自身做起,让会计先从她扣。可会计想着,既然桑团长都那么做了,其他同志也不能例外。于是,都按着她的这个"两个月扣完"的模式去扣。桑振君那时一月工资二百多元,又没多大负担,两个月扣完,问题不大。可对于工资低、人口多的一般同志来说,那就有些捉襟见肘了。他们周转不开,于是有人就有了意见。

恰好这时,剧团里有个叫秦顺兴的年轻人,工资本来就低,又遇上父亲有病,急需住院,手中实在没钱,他知道桑团长的为人,便径直找桑振君来借。

桑振君的性格别说是借钱,就是要钱也不会犹豫。所以,她二话没说,马上就把钱借给了他。这本来是件助人为乐的好事,可在反右斗争中,却成了一条罪状。有人贴大字报说:"质问桑团长,你为什么给秦顺兴钱,有什么不可告人的目的,是不是拉拢群众、收买人心?"桑振君的叔伯妹妹桑振花看到后,非常生气,非拉她出来看看不可,她出来看了一眼大字报,就转身回家了。

"为人不做亏心事,夜半敲门心不惊。"她把这事想得很简单,很正常。"他没钱了向我来借,我借给他,解了人家的燃眉之急,那有什么不好?"当时,剧团正在排练《杨乃武与小白菜》,她一个心思都在工作上,压根就没把这事放在心里。

有人好心提醒她说:"文人相轻,艺人相妒,文化演艺界啥时间都不会风平浪静。有人嫌你太红了,还占着业务团长的位置。小心有人嫉妒你、陷害你!"可她坚信一点,好人是大多数。

啥事就怕凑巧。不久后的一天晚上,她刚到剧场,发现自己忘了带烟。正巧乐队弹三弦的一个同志说,他忘了带三弦拨子。烟不抽,可以忍。弹三弦的没有了拨子,就等于没带武器。桑振君想都没想,顺手就把家里的钥匙掏给了他,让他在回家带拨子的同时,也给自己带盒烟来。

那时市场很萧条,糖、烟、酒等好多生活用品都供应不上。但桑振君享受的是凭特许证供应的中华烟和熊猫烟。没想到那位师傅在给桑振君拿了一盒中华烟的同时，自己也装起来一盒，晚上演出前还故意在乐队里显摆。有人看见他抽中华烟，很是惊奇，就问他："发啥财了？能抽得起中华烟？"他不阴不阳地说："我哪能抽得起中华烟，这是桑团长给我的呀！"他这一说不要紧，第二天早上，又一张"质问桑团长，为什么拿高档烟拉拢群众，有什么不可告人的目的"的大字报，被人贴了出来。

当时专署文化局有个叫王某某的，在反右斗争开始时，是派到剧团负责政治学习的干部，后来又被正式派往剧团做了指导员。他看到桑振君是剧团第一个被贴大字报的人，又是连续两次以同样的方法来"拉拢群众"，就专门找桑振君谈话。问她："为什么给群众钱？为什么给群众烟？这里面到底有什么目的？"桑振君看指导员一脸严肃，口气咄咄逼人，不但不让自己申辩，而且上来就先入为主地给自己扣上几顶大帽子，一下子就来了脾气，她拒不承认给钱、给烟，更不承认有拉拢群众的想法。桑振君说："帮助人的事，我桑振君做得多了。但这两件事都是凑巧了，你得让我把事情说清楚，我丝毫没有拉拢群众的想法。"

可指导员认为，我掌握着群众反映你的事实材料，是代表组织与你谈话的，而且这种谈话是极其严肃的，就是要有点高压的态势。指导员指着桑振君说："我怎么没有见过你这样不识时务的人，事到临头了，还敢跟组织顶牛？"

就这样，谈话的人"居高临下，不依不饶"，被谈话的人"理直气壮，不屈不挠"，结果闹得很僵，几乎收不了场。

还有一些大字报，都是些"只想演戏，不愿当行政领导，就是不突出政治，就是走白专道路"、"不愿为人民服务，不想给共产党办事"等无限上纲上线的内容。

可桑振君觉得很委屈。她从来认为，自己是演员，没有文化，不懂政治，她不愿去占着那个业务团长的位置，但这是组织上定的呀！

她还认为，只要一心一意演好戏，领着大家多排练些现代戏就是突出政治了,就是为人民服务了,就是报答党和毛主席的恩情了,所以对那些自相矛盾,一会儿说她"占着团长位置",一会儿又说她"不愿当团长,就是不愿为党工作,就是和党离心离德"等无限上纲的话语,既觉得满腹委屈,又觉得有理难辩。

这时的她,真正体会到"就是浑身是嘴,也说不清楚"这句话的深切含义了。

多亏了许昌军分区的刘大坤司令员、地委宣传部的刘肃正部长等一批领导干部,坚决保护了桑振君,让她幸免于难!

他们都知道她的脾气,也了解她的为人,甚至也明白这里面的弯弯绕。他们到剧团对其他同志说了些什么,不得而知,但对桑振君说的却是语重心长的话。他们开导桑振君说:"无论什么时候,都要相信群众,相信党。作为团长,对同志们的意见,要有则改之,无则加勉。要允许同志们知无不言,言无不尽……"

要知道,作为领导干部,在当时那种情况下,不避嫌,能亲自到剧团找到桑振君,把话说到这个份上,既是一种劝解,也是保护她的一个信号。可现实生活中的桑振君,就是那么的执拗,而且还是个榆木疙瘩的脑子,不解释,不认错,就是那么一直挺着。

至今,一些老同志回忆起当年事,还不无感慨地说:"真应该感谢当时许昌专区的那些领导呀!是他们主持正义,保护了桑振君,才没给她戴上右派的帽子。如果不是他们的坚决保护,在当时的政治背景下,不要说剧团里有那么几个人死咬着非把桑振君打成右派,单凭她对指导员的那个态度,给她戴上两个右派分子的帽子,都不为过。"

## 四十、两见毛主席

1958年11月的一天,桑振君接到省里一个秘密通知,说有重要演出任务,让她做好演出准备,晚上派车去许昌接她。

重要演出任务对桑振君来说并不陌生。作为一个专区剧团的演员来说,给省委领导以及中央部委领导的演出,都可以称作重要演出。她已多次完成过这样的任务了。

桑振君到郑州后,先被安排在宾馆吃了晚饭,并根据通知要求,按《打金枝》的国母形象化好了妆,早早在那里等候。可直到夜里十二点才接到出发通知,桑振君坐上车,来到河南省军区的礼堂。下车后才听说,这次是为一个会议演出,什么会议她不得而知,也没好意思多问。但已经知道,根据事先安排,常香玉首先演出《破洪州》的前半部,让她演出《打金枝》的前半部。与她配戏的演员都是在省豫剧团找的,跟她也都很熟悉。她主演的是国母,唐喜成扮演的是唐王,张桂花扮演的是金枝。这时,她已经感到,这场演出非同寻常!

桑振君在演出中,从余光里看到了一个人,觉得像是毛主席,但还是不敢确认,于是就睁大眼睛,大着胆子仔细地看了一下,果然是毛主席!顿时一股幸福的暖流涌上了心头。她真没有想到,人民的大救星、自己的大恩人毛主席就在眼前……她努力控制住激动的情绪,生怕走神影响了演出。

当晚桑振君失眠了,她想了很多很多,自己从一个讨饭出身的穷苦艺人,成长为新社会的剧团团长,再不是旧社会人人瞧不起的"下九流"了,而是光荣的人民艺术工作者!再想想祖国翻天覆地的变化，人民安康，国家富强，这一切的一切，都是毛主席给我们带来的福啊！今天能亲眼见到毛主席，还能为毛主席演出，她感到无比的自豪和幸福！

好久好久，她一直沉浸在幸福中……一瞬间，她脑海中掠过了父母的身影，潜意识中突然觉得，今晚为毛主席演出，正是代表全家向毛主席他老人家谢恩……

桑振君比常香玉小6岁，这次组织上安排她和她敬重的常大姐同场给党中央毛主席演戏，她感到无上的荣耀。联想到20世纪50年代初她和常大姐先后赴朝慰问志愿军，桑振君深知，这些安排都是组织上综合考虑确定的，这既是对她俩政治上的高度信任，又是对她俩业务的充分肯定。

其实，民间早就有"东陈、西常、中南桑"的三鼎甲之说。但作为官方，从这两次的安排来看，无论在政治上还是业务上，都已经把这两大豫剧名旦摆到了重要的地位。

《打金枝》是桑振君的看家戏，她在剧中主演的国母，雍容华贵，仪态万方。这个戏剧情并不复杂。大意是：当国母得知，女婿郭暧打了自己的女儿金枝，小两口闹出了矛盾，她奉唐王之命，前去劝解，面对小两口时，她注意内外有别，对女婿是和风细雨、循循善诱、入情入理地劝解；对女儿却是不偏私、不护短，不留情面地严肃批评，在化解矛盾中表现出了国母非凡的智慧。

桑振君刻画人物十分注意分寸，开始劝女婿是和风细雨，她用豫西调的"慢二八"开始，"在宫院我领了万岁的旨意，上前去劝一劝我的驸马儿"。唱腔委婉细腻，循循善诱。

桑振君认为，作为母仪天下的国母，当然深谙"亲者严，疏者宽"的道理。驸马毕竟不是亲生子，对他的教育只能是动之以情、晓之以理。由劝男转向劝女时，桑振君中间用"飞板""劝罢男来再劝女，不孝的丫头你听端的"来过渡，紧接着转用"呱哒咀"，风云突变，但却流畅自然，既符合人物的身份、性格，又符合剧情。尤其是劝驸马的一段唱腔，她经过反复推敲琢磨，创出了这种用"慢二八"来表达规劝的"劝人的板式",后来,这几乎成了一个样板,凡是在剧中带有规劝性的唱段,几乎都采用这种板式。

在《打金枝》中,国母的唱腔以及剧中其他人物的唱腔,也都是桑振君亲自设计的。这些唱段新颖别致,不落俗套,例如"上前去劝一劝我的驸马儿"的那个"儿"字,充分表达出国母对女婿那种"疼爱有加"的情感。而且这个下韵的"儿"字极具特色,不仅豫剧传统的剧本上没有,就是在曲艺十三道大辙、七十二道小辙中也找不到。实话讲,许多剧作者一般都回避这个字,原因是这个字的音不太好发。那么,桑振君这个"儿"字的"擦边球"是从哪来的?桑振君后来回忆说:"那是我看了越剧名家袁雪芬的《梁山伯与祝英台》后,从'拜托师母做大媒'中的一个腔弯中受到的启发。"

1958年,毛主席在中共中央第一次郑州会议上,看完了《打金枝》的上半部。第二年春天,在中央第二次郑州会议期间,安排文艺活动时,时任河南省委书记处书记的赵文甫向毛主席征求意见:"是跳舞还是看戏?"毛主席还是选择了看戏,并且点名要把《打金枝》的下半部看完。

那又是一场激动人心的演出啊!还是在子夜,还是在省军区礼堂,人们的情绪依然是那么的饱满。毛主席专注地凝视着舞台……全剧结束时,桑振君再次看到,敬爱的领袖毛主席微笑着热烈鼓掌!

由于这个事情是保密的,桑振君回到剧团后从没有给任何人说过。但许昌的个别领导同志知道这回事。也是出于组织纪律的要求,见面时只能以"振君同志,你真幸福"来表示羡慕和祝贺。

毛泽东对这个戏十分看好。他以政治家、思想家的睿智,教导各级领导干部要学会工作方法,他说,小两口在生活上发生了矛盾和冲突,双方的老人都高姿态地批评了自己的孩子,很好地解决了这一矛盾,说明在解决人民内部矛盾时,要采取各自多作自我批评的方法。他还说,郭子仪这个人很有政治头脑,当时有人告他有谋反之心,他得知后,就把自己的门户敞开,任人参观。于是在历史上,就有了这个"门户洞开"的典故。

显然,桑振君主演的《打金枝》赢得了毛主席等中央领导的高度赞赏。她的表演艺术也给毛主席和与会领导留下了深刻的印象。

# 四十一、受难"反右倾"

1957年"反右斗争"后的第二年,就来了个"大跃进"。"大跃进"主要表现在大炼钢铁和兴修水利上。中央提出大炼钢铁的任务目标是,年产1070万吨钢。在兴修水利上,各地也都有自己的大型水利工程。那个年代,人们都很狂热。农村的男女劳动力都出去大炼钢铁、兴修水利了,剩下的老弱病残干不成农活,给收成带来极大损失。上了年纪的人讲,1958年的秋季,是丰产不丰收。地里的庄稼长得不错,眼看丰收在望。但由于上述的原因,很多粮食都烂到了地里。还有人清晰地记得,路边柿子树上的柿子,看着它由青到黄,由黄变红,因为无人采摘,最后熟透了,掉落一地,"血流成河"。

桑振君所在的地区豫剧团,就是在这样的形势下,响应号召,发扬全区"一盘棋"的协作精神,深入农村,一边演戏,一边帮助农民收庄稼、干农活。有时,也参加一些兴修水利方面的劳动,著名的白沙水库的扩建工程就留下过他们剧团演职人员的汗水。

当时鲁山县的大炼钢铁是全省的一面旗帜,在全国都有一定的知名度。为了以最好的行动,来支持这个大炼钢铁的模范县,许昌专区豫剧团奉命到鲁山县农村演出。那时的人们都被"十五年超英赶美"、"跑步进入共产主义"的伟大精神激励着,一致表决心,为党中央和毛主席提出的1070万吨钢多做贡献。所以剧团一到鲁山农村驻地,还顾不得休息,桑振君就带着女演员上山干活了。她们一个下午帮农民点了9个山头的豆子,虽然很累,但颇有成就感。临下山时,桑振君、李凤荣、任凤霞她们三个还高高兴兴地照了张相，以此作为庆贺和纪念。

1958年整整忙活了一年，1959年还是照旧，继续背着行李到农村，边劳动边演出。

那时的浮夸风正盛，一个土炼铁炉一次最多不过能出半吨铁，还不知道质量如何，可让人一吹，就成了四五吨，甚至几十吨。那时的土地还没使用化肥，有的还是靠天吃饭的薄地，一亩麦田往高处估计，能打500斤麦子就是奇迹了，但往往被吹成上千斤、上万斤。

有一次下乡劳动，桑振君她们干完活，在一块红薯地旁边休息时，看见这块红薯地的红薯秧，不是在地上，而是被人别出心裁地搭在了架子上，架子上还挂了个牌子，上面赫然写着"亩产40万斤"。别人都知道是怎么回事，"识时务者为俊杰"嘛，谁也不吱声。桑振君一看便有些不耐烦，忍不住地说："吹牛吧，别说40万斤了，就是把这些红薯秧都算上，也差得远！"

说者无心，听者有意。有人就把桑振君的这些话当作右倾言论，给记了下来。

在乡下的演出中，还有排新戏的任务。当时剧团决定要排《刘三姐》，大家在讨论排好这个戏应该用的时长。有些人表态，说是一个星期。桑振君提出反对意见说，一个星期根本拿不下来。因为《刘三姐》的原剧本上不是戏词，而是四句一段、六句一段的歌词。这样不仅唱腔设计有难度，而且也难唱难记。桑振君本来是了解情况，实话实说。可有人把她的这些话又偷偷地记在了本子上，等着秋后算账。

那时候做事情常常是夜以继日，挑灯夜战成了家常便饭。工作任务提前或超额完成了，称作"放卫星"。而这些所谓的卫星，几乎都是虚张声势、沽名钓誉，因为用不着检查和检验，所以怎么说都行。可演戏偏偏就不是这样了，那是要给人看的，好与不好，是藏不住也掩不了的事。

在《刘三姐》的排练中，赶上了那个年代，着实让人吃了不少苦头。日夜连轴转地排练，一开始，就先把两个打鼓的给累晕了。第一个打鼓的叫牛东方，没打完两场，觉得天旋地转，就用毛巾把头勒住，后来实在坚持不住了，才败下阵来。第二个刚上场不久，就恶心呕吐，不得不撂了挑子。可有些人就是站着说话不腰疼。这些人多不是主要演员，一般是那种只有几句台词，甚至连一句台词也没有的群众演员，可正是这些"跟着走走过场就万事大吉"的人发出了豪言壮语："十天拿下《刘三姐》！"结果开会让大家表决的时候，这些人居然还占了多数，使得桑振君"20天能排出来这个戏就不错了"的正确意见，不仅没有被采纳，而且又一次落下了"右倾"的言行。

"放卫星"首先把乐队的同志"放"倒了不少，大家都累得苦不堪言。桑振君清楚，无论谁在舞台上表演，乐队的人都得睁大眼睛，精神饱满地坚持在场，他们累呀！她亲眼看见，有个拉二胡的实在坚持不住了，为了表示自己是睁大眼睛，没打瞌睡，就用绳子把上眼皮勒住，还有人干脆用草梗把上下眼皮撑着。

桑振君是主演刘三姐的，由于休息不好，唱腔和台词又最多，她站在舞台上，虽然睁大了眼睛，脑子却是一片空白。后来，桑振君回忆说："现在说起来这些事，像是天方夜谭，可在那些年月里，是千真万确的事。"

由于彭德怀元帅在1959年的庐山会议上，因上"万言书"被打成了右倾头子，所以全国各地上行下效，省里、专区以及各个单位都在寻找对象。在这种情况下，桑振君立即就成了剧团的右倾分子。树林里的大字报挂得密密麻麻，这些大字报几乎都是一个模式——远批彭德怀，近批桑振君。把桑振君在红薯地头对"亩产40万斤"红薯的怀疑，排演《刘三姐》时说的"一个星期根本拿不下来"的"右倾"言论，以及平常点点滴滴的事情，都死拉活拽地和彭德怀连到一起，无限地进行上纲上线。

大字报风波刚来临的时候，桑振君还比较沉着、冷静，当大字报过后，一切又恢复了平静的时候，桑振君的心里却是翻江倒海，再也静不下来了。她真的想不通,思想上结了疙瘩,吃不好饭,睡不好觉,身上一阵阵燥热,急起来觉得脑子都要爆炸。她首先是感到委屈,自己说的都是大实话,事实也证明自己是对的。可那些"积极分子"为什么非要睁着眼睛说瞎话,还变本加厉地打击迫害自己呢?其次她感到不公。个别以权谋私、多吃多占的人相安无事,自己与群众同甘共苦,却是一直挨整,她真的不知是为什么。

桑振君一直有个信念,滴水之恩,当涌泉相报。自己对师傅、对有恩于自己的人,一直是这样做的,可人和人怎么就不一样呢?有些人得了自己的帮助,我不要你涌泉相报,可你怎么也不该落井下石呀!

想不通,她一百个想不通!

后来,随着领导的关怀开导、朋友的劝解帮助、时间无声无息的理疗,她的火气算是小多了,那种燥热也渐渐降温。她想,人过一百,形形色色。世上什么人都有,自己不是那种人,不能管住别人不是那种人,特别是当她想到一个领导曾经的告诫"要在艺术上攀登高峰,就不能跟这些人太计较,太计较不但影响自己的艺术进步,还会影响健康",她的心情就慢慢地平静了下来。再想到自己是团长、主演,和这些人舞台上是同事,下来是同志,应该和他们密切相处和工作,该让的还是要让,该帮的还是要帮。想着想着,不觉气也顺了。

桑振君虽然在努力要求自己,但从此时,萌生了离开许昌的念头。

## 四十二、"我不能请假"

桑振君虽有了离开许昌的念头,但思想上却是十分矛盾的,许昌有她的同事,有她的事业,有她的观众,下这个决心真的是太难了!有时,她也会打消这个念头,再想想,自己是团长,不管怎样,还是以高标准来要求自己吧。

1960年,剧团在许昌近郊的七里湾搞三秋动员会。动员会上,大家信心百倍、慷慨激昂地表示,一定要和农民群众同吃同住同劳动。可那正是困难时期,实地生活实在是太艰苦了,再加上秋收秋种又都是累人的活,别说是体弱多病的人了,就是那些棒小伙,没几天就顶不住了,有人开始隔三差五地请假回城,在家里吃上几顿相对好点的饭菜,补养一下身体。可几个月来,桑振君自始至终没有回过一次家。吃了多少苦、受了多少累不说,还饿出了浮肿病。

三秋结束后,桑振君回到家里,老保姆看她面黄肌瘦,腿上一按一个坑,眼泪哗哗地直往下流。她哭着埋怨桑振君:"别人都知道回来,你咋不知道回来?"桑振君坦然地说:"我是带队的团长,别人能请假,我不能请假,不管别人怎样,我得带头坚守啊!"

桑振君在业务工作中,也努力用高标准来严格要求自己。用她同事的话说:"她度量大,很顾人!"

那时的许昌专区豫剧团可谓兵强马壮、人才济济。每个剧中的角色,一般都按两套人马编配人员,有时按两套编配人员还有富余。在这两套人马中,一套是中年,一套是青年。当时,桑振君也只有二十五六岁,属于地地道道的中年。而青年演员,则是那些十几岁的小伙子和大姑娘,这些人大多是戏校毕业分来的学生。

桑振君是响当当的名角。在她当 A 角时,B 角有时高达三个。这些 B 角,大都是好学上进的年轻人,桑振君很喜欢她们,在平常排戏的时候,她总是不厌其烦地教她们。过去在戏曲界有句老话:"教会徒弟,饿死师傅。"可在桑振君心里,全然没有这些。教这些勤学上进、朝气蓬勃的年轻人,她不仅不认为是一种负担,而且常有一种特殊的满足感,觉得浑身都是劲儿,是一种幸福和享受。当然,有时由于心急,恨铁不成钢,骂学生几句也是常有的事,但学生们都看得出,她是真心为学生好,大家反而更敬重她。由于她无私地、认真地进行传、帮、带,这批年轻人进步得很快,陆续都成为剧团的骨干力量。

对青年演员她努力做好传、帮、带,对中年演员她则是礼、帮、让。她总想,自己从 14 岁当主演,已经十多年了。作为演员,谁不希望多上戏,当主角?如果自己一直占着主演的位置,其他人就没有机会上来。当时这个剧团中,和她一个年龄段的旦角演员有李珍荣、聂美玲、苑桂芳、田秀玲等,为了让这些演员也有锻炼的机会,在保证整体演出效果的情况下,她自己主动退出来,让比较适合的同志上场演出。一个老同志回忆说:"在演出《狸猫换太子》这出戏时,前半部桑振君演寇珠。后半部是表现包拯和李娘娘的戏,按理说,她还应该演分量比较重的李娘娘,可她把李娘娘的角色,分配给了苑桂芳。而且为了展示阵容整齐,让观众满意,她自己选择了八贤王的妻子狄娘娘一角。尽管狄娘娘这个人物,戏的分量不重,全剧也只有四句戏词,但她仍然一丝不苟,表演十分认真,结果照样赢得观众的高度赞赏。当时就有观众说:'看人家桑振君,不当主演当配角,这配角也当得让人叫绝。'还有的说:'真是戏没赖戏,地没赖地,关键是看谁演,谁种呢!'"

《打金枝》是桑振君的拿手好戏。这部戏还给毛主席、志愿军演出过。这出戏中,国母是主角,可为了照顾别人,为了培养新人,桑振君也多次主动把主角让出来,自己甘愿去演配角金枝。

许昌剧团从1954年建团到1963年，一共演出了近20个现代戏，在这些现代戏中，作为一号主演的桑振君既当过主演，也当过配角；既唱过轴戏，也演过垫戏；有时出于全局的考虑，为了照顾其他演员，她甚至还演反面角色。老同志还清晰地记得，在《红珊瑚》中，她本来是应该演珊妹的，可她考虑到下面还有一大批青年演员，如王皖源、信玉凤、王亚平、方晓兰等，她觉得她们年轻，演珊妹更合适，就把主演让给了这些年轻人，自己饰演七奶奶。一位当年的同事说："事情说起来很简单，做到又很不易，要知道，七奶奶是个大渔霸，是一个阴险毒辣的反面人物。要是有些主演，宁可不演，也不会去演反面人物。"

# 四十三、晋演北京城

1961年,桑振君所在的许昌专区豫剧团,接到了进京演出的指令。

进京演出对剧团和演员来说是莫大的荣誉,当时河南能参加进京演出的剧团不多,省里6个,地方7个,一共是13个剧团。省里的剧团是河南豫剧院的一、二、三团,省曲剧团、京剧团和话剧团。地方的剧团是郑州、开封、洛阳、安阳四个市的豫剧团,周口专区的越调剧团和许昌专区的豫剧团、许昌专区越调剧团。省里的剧团自不必说,这7个地方剧团之所以能够脱颖而出,是因为他们都有名声远扬的艺术大家。郑州是省会城市,有陈素真的徒弟华含蕊领衔;开封是七朝古都,当时的王秀兰、王敬先、王素君这"三王",实力不凡,叫得很响;洛阳是九朝古都,领衔主演是大名鼎鼎的马金凤;安阳虽然在名气、规模上比不上郑、汴、洛,但有如雷贯耳的崔兰田领衔;周口的越调剧团有被周总理誉为"活诸葛"的申凤梅领衔;而许昌专区则有两位艺术大家,一个是名声显赫、坐镇在越调剧团的领衔主演毛爱莲,一个是被豫中南地区老百姓誉为豫剧旦角三鼎甲之一、在豫剧团挂帅领军的桑振君。

进京演出,更是一项艰巨的任务。北京历史悠久,而且是中国近现代政治、经济、文化中心。这里的艺术团体不胜枚举。除了人们喜爱的国粹京剧以外,还有北方昆曲剧院、中国评剧院、中国歌舞剧院、中国青年艺术剧院、中国杂技团、中国儿童艺术剧院、北京人民艺术剧院、北京曲艺团、北京河北梆子剧团等,这里的观众、艺术家、中央的领导看惯了这些驰名中外的剧团演出,我们这些地方剧种、地方剧团能得到他们的肯定吗？连桑振君心里都没有底。

剧团在没有进入中南海演出以前，按照有关部门的安排，在前门外的广和剧场，先上演了一场桑振君主演的《白莲花》。

广和剧场虽然不是很大，但历史悠久，是北京外城最早的一个戏院。这个戏院建在明末，康熙帝曾到此看戏，并赐台联："日月灯，江海油，风雷鼓板，天地间一番戏场；尧舜旦，文武末，莽操丑净，古今来许多角色。"清咸丰年间，二甲进士陆润亭为之所写的——"学君臣，学父子，学夫妇，学朋友，汇千古忠孝结义，重重演来，漫道逢场作戏；或富贵，或贫贱，或喜怒，或哀乐，将一时离合悲欢，细细看来，管教拍案惊奇"的台联，更是对仗工整，寓意深刻。

桑振君那天晚上演出的《白莲花》一时产生轰动，北京戏曲界的许多名家到场观看了这场演出。他们没有想到，河南的一个地方剧团竟有这么好的唱腔和舞美。演出过程中，掌声不绝于耳；演出结束后，一些热心的观众伴着掌声，手捧鲜花，纷纷上台与演员合影留念。

京剧四大名旦之一的荀慧生大师看后十分高兴，并对桑振君的表演大加赞赏。第二天上午，荀慧生特意把桑振君接到他家里，当着他家人的面称赞她说："你的唱腔很美，台步也不错，很有特点！其他省份进京演出的戏曲演员不少，但我所看过的戏曲演员，都没有用前脚掌走台步的，你的这种台步把一个神话故事剧中的白莲仙子，表演得潇洒、飘逸，很有美感……"听到荀慧生大师的肯定，桑振君很感欣慰，也很激动，她赶忙说："荀先生过奖了，还请您多多指教！"荀先生是她敬佩的艺术大师，她不失时机地就有关问题当场讨教，荀先生微笑着说："你做得已经很好了，一些手势和动作如能稍加改进将会更出效果。"荀先生边说边当场示范，桑振君认真地跟着荀先生表演，并揣摩着改进的动作。

不知不觉，已临近中午。荀先生热情地留她在家吃饭，桑振君觉得实不敢当，便推说有约，婉言告辞了。这一天，桑振君特别兴奋。

第三天晚上，许昌豫剧团按期在中南海怀仁堂演出了《下陈州》。在广和剧场的成功演出给了他们极大的鼓舞，这时他们已经不那么紧张了。王在岭在这出戏中扮演包公，桑振君扮演的是赴京告状的民女张桂英。周总理的夫人邓颖超观看了这场演出，并对该剧给予高度评价，演出结束后她还特意与桑振君合影留念。可惜这张珍贵的照片在"文革"中被红卫兵抄家时丢失了。

## 四十四、许昌铸辉煌

桑振君从14岁当上主演,到35岁退出舞台潜心教学,在她22年的舞台生涯中,她把自己的花样年华,艺术表演巅峰时期的14个年头,都倾注在时为许昌专区的这块沃土上。

许昌历史上曾为许都,历史文化底蕴非常厚重。而戏曲文化艺术,又是这个地区的特色名片。京剧、二夹弦、罗戏、卷戏、道情等,曾是这里流传的剧种;豫剧、越调、曲剧三大剧种,在这个地区一直保留,且都有相应的、在全省很有影响的专业文艺院团。特别是桑振君在许昌工作的那段时期,专区所辖的18县、市拥有26个职业剧团、1800个演职人员,戏曲文化土壤之肥沃可见一斑。而桑振君所在的许昌专区豫剧团更是阵容齐整,名角云集。当年,在这个剧团工作的著名演员有河南第一黑头演员王在岭、女须生杨晓岚、文武小生王韵生、老生演员吴冠君、花脸演员曲毓林、丑角演员赵世清。在旦角上,更是人才济济,高手如林,仅领衔主演的演员就有李珍荣、苑桂芳、聂美玲、田秀玲等。桑振君就是在这样一个大环境里,凭借她在艺术上的勤奋好学、精益求精,演唱风格上的发展创新、特色独具,从而傲出群芳,成了许昌专区豫剧团的头牌演员。

应该说在解放前夕,桑振君就已经有了不小的名气。但这种名气还只是建立在游击式演出所影响的一城一地的累积之上,而且也多来自于民间。可解放后的桑振君沐浴着新中国的阳光,在许昌这块艺术沃土上辛勤耕耘,不仅时间最长,洒下的汗水最多,而且得到的荣誉也最多,产生的影响也最大,这时她的名气就不再局限于民间,其影响已辐射至全社会了:抗美援朝时期,在齐名的豫剧六大名旦中,只有她和爱国艺人常香玉两人被组织选中参加慰问团,先后赶赴朝鲜进行战地演出,代表祖国人民慰问志愿军;1956年,她主演的古装神话剧《白莲花》,代表许昌专区参加河南省首届戏曲观摩演出大会,以她突出的表演、富有特色的演唱风格以及优美的唱腔,一举夺得了戏曲表演一等奖,和其他几位艺术家一起,获得了第一个版本的"豫剧五大名旦"称号;在1958年、1959年连续两次的中央郑州会议上,她和常香玉分别为党中央、毛主席做了汇报演出,并受到党中央和毛主席的高度赞扬。再加上她的进京演出、大河上下的巡回演出、近20个现代戏的陆续演出,可以说,桑振君在许昌工作的那一时期,创造了许昌专区豫剧团的辉煌。当然,也在河南豫剧史上留下了辉煌,浓墨重彩地书写了光辉的一页。

桑振君与其他名旦不同的是,她不仅是头牌的旦角演员、业务团长,而且还是导演和整个剧目的唱腔设计。1956年河南省第一届戏曲汇演,许昌地区豫剧团在排练上演剧目《八件衣》时,桑振君对演员的表演抠得很细,她指出饰演包公的演员王在岭在水袖的表演上不够大气,并指导他要在水袖功上多下功夫;又指导老生演员吴冠君去跑圆场。王在岭有着"河南第一黑头"的美誉,吴冠君曾是大众剧团的团长,桑振君之所以敢对他们严格要求,业务团长的身份有一定作用,但更重要的,还是她那超强的业务能力,足以使人敬服。

一位资深戏剧评论家曾说:"河南豫剧三团,是演出现代戏的专业剧团,创造了现代戏的辉煌。但在这么多的地市级剧团中,大概也只有桑振君所在的许昌专区豫剧团,在现代戏的演出上,同样留下了可圈可点的优秀剧目,同样留下了辉煌。"

舞台美术师柯仲齐是桑振君所演剧目的舞美设计,他说:"桑振君是位意识超前、艺术上极其认真求进的艺术家,她在工作上的认真程度、刻苦程度是令所有人钦敬的。例如在演现代戏方面,当时她就说,戏曲是为民众服务的,也要反映人民群众的生活,要结合党的中心工作,发挥戏曲的特殊宣传作用,所以演现代戏是我们的责任,也是戏曲发展的需要。"柯仲齐还回忆说,桑振君在许昌工作时期,一共主演了《江姐》《红霞》《红姊妹》《红珊瑚》《英雄山》《赵一曼》《向秀丽》《九姐妹》《刘三姐》《铁水奔流》《向阳商店》《海滨激战》《红花姊妹》《草原之歌》《后方前线》《革命一家》《五十块钱》《志愿军未婚妻》等近20部现代戏,每部戏上演时都是场场爆满,都引起了极大的反响。豫剧作曲家袁世安当年曾参与桑振君现代戏的音乐创作和记谱工作,在回忆当时的情况时,他说:"可以这么断言,许昌豫剧团编演现代戏的传统和基础,就是从桑振君那时开始的……"

桑振君在担任现代戏的唱腔设计中,不但设计自己的唱腔,也设计所有人员的唱腔。她记忆力超强,唱腔一旦琢磨成熟,确定之后,她能完完全全地印记在心。老同志都记得,在排练现代戏《江姐》时,全体演职人员都集中在团里的大会议室,桑振君忙得连轴转,教好了张三教李四,教好了李四教王五,因没有现成的板式可以套用,再加上她设计的唱腔完全是根据人物,一个角色一个风格,所以要记住每一个人的唱腔,确实不是一件容易的事。但她却记得真真切切,一句不差,这超常的才能令剧团所有人员佩服不已。

桑振君在许昌创出了辉煌,也和那里的人民结下了深厚的友谊。就在她临终前不久,著名剧作家齐飞等人到邯郸看望她时,她又一次深情地说:"许昌,是我真正的故乡,我忘不了许昌和许昌人民对我的好,是许昌成就了我桑振君,希望你们能转达我对许昌乡亲父老的问候……"

## 四十五、一根导火索

从北京汇报演出回来,剧团里来了一批活泼可爱的小客人。他们是河北邯郸东风剧团的一批年轻演员,是桑振君在河南时的好朋友苏泽民和周兰凤带来的。

河北邯郸历史悠久,文化源远流长。它是一个有着3000多年历史的古城,战国时期是七雄之一赵国的都城,汉代末期,曹操攻下邺城后,修城扩地,使其成为北方军事和政治中心。后赵、冉魏、前燕、东魏、北齐等六个朝代相继在此建都。唐朝时期,邯郸境内的大名府逐渐崛起,成为"河北重镇"、"畿辅八府之首",宋代又晋升为京都开封的陪都,由此成为黄河以北地区的中心城市。

由于历史的原因,再加上邯郸地处豫冀两省的结合部,河南的地方戏豫剧在该地区影响极大,除市区外,魏县、临漳、大名、成安、广平、磁县、曲周、峰峰等8个县都设有县一级的专业豫剧团,可以说,从城市到农村,豫剧爱好者遍地皆是,一位资深专家曾说:"邯郸,可算是个地地道道的豫剧之乡。"

当然,影响最大的还是邯郸市区的两个专业豫剧团,一个是东风剧团,另一个是后来的春燕豫剧团。1999年4月,春燕豫剧团并入了东风剧团,进一步增强了东风剧团的实力。

提起东风剧团,在全国都是叫得响的。1959年6月,周恩来总理到邯郸视察,邯郸戏校豫剧班一群娃娃的一场演出,得到了周恩来总理的高度赞扬。这群娃娃先是被派往避暑胜地北戴河,给当时在那里开会的中央领导同志演出。8月19日,郭沫若副委员长观看了他们的演出后,欣然为之题名"东风剧团",并赠诗一首,曰:"曲闻天上,春满环中,群芳竞秀,一片东风。"并自荐当了东风剧团的名誉团长和艺术总监;同年9月23日,毛泽东主席视察邯郸时,观看了他们的演出,更是赞叹不已。他还高度评价了胡小凤,说:"13岁的娃娃,演53岁的穆桂英,不简单。"并指示这个豫剧团赴京参加国庆十周年的庆祝活动。10月,在中南海演出后,林伯渠、陈毅等领导同志提议,中央新闻电影制片厂为该团拍摄两部影片,一部是胡小凤主演的舞台纪录艺术片《穆桂英挂帅》,一部是介绍牛淑贤的专题片《多才多艺的小演员》。此后,东风剧团名声大震,多次应邀到中南海、北戴河演出,受到周恩来、刘少奇、朱德、邓颖超、李先念等领导同志的亲切接见。

领导的关怀、观众的看好,自然也引起了文艺界的高度关注,以至于后来戏曲界的泰斗梅兰芳、尚小云、荀慧生以及豫剧皇后陈素真等,都先后亲临垂教……

在荣誉面前,东风剧团的领导头脑十分冷静,他们清楚地知道,要保持荣誉,必须要扎扎实实地学习提高,要长盛不衰,还得另请高人来东风剧团精心指导。尤其是,作为一个名团,要想立得住,必须得有台柱子!这样,他们经过反复的研究,选出了胡小凤、牛淑贤、赵贞玉、李素芹、王爱焕、阎淑芳以及唱花脸的男演员韩刚这些小演员,带着他们自己的乐队,南下许昌,向桑振君求学。

从邯郸到许昌,虽说不上千山万水,可它比河南的安阳、新乡、郑州、开封这些城市,还是要远一些。东风剧团为什么舍近求远,到许昌去找桑振君呢?桑振君是名旦,她的唱腔别具一格、好听有味、值得学习固然是一个重要原因,但恐怕里面还有一个原因,那就是邯郸豫剧界有关人士早在1952年,当桑振君还在西华时,就开始"打桑振君的主意"了。这次能否把这个豫剧名旦吸引过来?在学习的同时,以此先做个试探,恐怕也是东风剧团的一个目的。

在许昌的一个多月里,桑振君把自己的本事,毫不保留地传授给了这些学生。离开许昌时,这批学生做了个汇报演出,李素芹演出了《对绣鞋》中"攀路"一段,开头的"二八板"第一句就赢得了大家的赞许,都说学得太像了。胡小凤、牛淑贤等其他演员的演出效果也非常好。她们那时还都是孩子,化妆漂亮,富有激情,演出时的举手投足都很讨人喜欢!看到这群生龙活虎的小精灵,桑振君当时就想,这些孩子太可爱了!如果将来有时间,多给她们一些辅导,这群娃娃必将是梨园中的栋梁之材。

20世纪50年代末和60年代初,中国唱片社灌录了桑振君八张唱片,这在当时的豫剧演员中是最多的,唱片的内容是她的代表作《白莲花》、《打金枝》、《八件衣》等戏中的经典唱段。优美的旋律、别具一格的声腔一时倾倒了许多听众,在全国戏曲界尤其是豫剧界产生了很大的影响。

这年的11月,远在东北的吉林市委宣传部和文化局向她发出了邀请,因为他们那里豫剧团的康慧兰、祝荣渴望拜她为师,于是特意以市委宣传部、市文化局的名义,请她前往传技授艺,同时还要为她举行收徒仪式。尽管当时天气已冷,远行又多有不便,她还是欣然答应。在吉林的十多天里,她抓紧分分秒秒,教授爱徒,受到了那里的领导和同仁们的一致好评。1962年河南省名老艺人汇演时,她的这两个弟子又专程来到河南观看了演出。那时,桑振君已感到培育新人是一种义不容辞的责任。

就在桑振君有了这种责任和义务感的时候,一件不愉快的事情成了她离开许昌的导火索。

1963年,豫剧团在演出《桃花庵》时,一个扮演苏昆的女演员说,嗓子不舒服,给桑振君提出唱降E调的要求。对于这个演员的要求,桑振君确实有点为难。因为饰演窦氏的桑振君和饰演陈妙善的演员都是唱高弦的,而且剧中的窦氏和陈妙善,是贯穿整场的一、二号人物,而要求唱降E调、扮演苏昆的这个女演员只有最后一场戏,总共才有几句唱词。她的这个要求,首先是唱陈妙善的演员不同意,可为了平衡这个矛盾,桑振君用了个折中的办法,前面的唱段沿袭过去的做法,按E调来唱,到最后一场,照顾"苏昆",再改为降E调。

桑振君本想着,她们两个受点委屈就算了,谁知扮演苏昆的这个女演员没听完她的意见,抓住正在化妆的东西,往桌子上"啪"一摔,气呼呼地说,你是团长,又是主演,你说了算,你是凭嗓子吃饭的,我就不是凭嗓子吃饭了?

　　桑振君对下属,向来都是让。尽管那天那个演员的态度极端不冷静,她也没有多说什么,还是迁就了她的不正当要求,降调演完了全场。不过演完戏后,一晚上她都没有入眠。她想,作为团长,我是来与她商量的,我一点也没有以权势压人的意思。可她当众那样污蔑我,我桑振君是那样的人吗?回想着自己从艺三十多年的历程,从来没有落过桑振君欺侮别人、有意毁坏别人嗓子的名声。她怎么能当着那么多同志,侮辱我桑振君的人格呀!

　　冰冻三尺,非一日之寒。桑振君又想到这些年来剧团的一些事情,越想越气,越气越恼,后来干脆班也不上了,工资也不领了,可以说背上了沉重的思想包袱,许昌的文化局长王守勋闻讯专程前去看望,也没能解决思想问题。

　　这样的状态持续了两三个月,省文化局的一纸调令把她调到了郑州市豫剧团。

## 四十六、忍痛离中原

省文化局把桑振君调到郑州市豫剧团,是有考虑的。因为她1957年与阎治安解除婚约后,经许昌豫剧团的王在岭和郑州市豫剧团的华含蕊介绍,在1962年,与郑州市豫剧团的崔希学喜结连理。这样的调动也照顾了他们的夫妻关系。

桑振君到郑州市豫剧团后,虽然是第一业务团长,但基本没履行团长的职务。当时她认为,这里于彪是团长,华含蕊是副团长,有个一正一副就足够了,她不愿意再当行政领导。

那一年,郑州市豫剧团正排演现代戏《东风解冻》,她任导演和唱腔设计,由于决计不再过问行政事务,便把精力都用到了排戏上。在郑州市豫剧团这一年时间里,她还收了刘伯玲为徒。不难看出,桑振君初到这里时,基本上还是安心的。

但安心不等于舒心,桑振君在许昌留下的精神创伤到郑州也没有好转多少,而且似乎一直没能从阴影中走出来。邯郸那边的老朋友苏泽民、周兰凤担心长此以往她身体会出问题,于是特意从中周旋,让她去邯郸看望了一次她曾在许昌教过的那些学生。

说来也怪,一看到那些勤奋好学、生龙活虎的孩子们,桑振君马上兴奋起来,就像是换了一个人似的。孩子们向她汇报了学习成果,桑振君在分享孩子们喜悦的同时,想了很多很多,思想上再次产生离开舞台全身心投入戏曲教学的念头。她想,作为一个演员,拿多少钱算多,名望达到什么程度算高,如果能急流勇退甘当人梯,培养出更多的年轻艺术人才,对豫剧事业同样是大贡献。

1964年,邯郸东风剧团正式向桑振君发出邀请函,尽管已有思想准备，她还是经过了认真的甚至是痛苦的思考，才下了"走"的决心。当时的省委宣传部领导不知详情，老部长宋玉玺不仅坚决不同意她走，而且还专门约她谈话，宋部长苦口婆心地说："振君呀，你要是真想教学，咱有省戏校，也有商丘戏校，要是这两个你都不中意，再给你办个戏校，招一班学生都中。"可她那时候主意已决，就拗到了这一条道上，说领导要是不同意她去邯郸教学，就回老家去。宋部长看实在说不动她，长叹了一口气说："你这样到外省去，人家会说咱河南，连一个名演员都养活不起，人家不笑话咱河南吗？"桑振君见宋部长说到这里，心里也酸酸的，她说："宋部长你放心，我绝不会让别人笑话咱河南，我只会为河南争光，绝不会给河南丢人的。"宋部长看实在挽留不住她，也只好放行说："你愿走就走吧，先在外省待几年，要是你啥时间想回来，只要你来个电话，我们就把你接回来。"

应该说桑振君这种"走"，思想上是极为矛盾的。对一个顶尖的豫剧演员来说，35岁正是如日中天、大放异彩的年华。从古到今，不当名角教戏的，不是嗓子坏了，就是年迈唱不动了，有哪一个演员能在这个时候离开舞台？她生在河南，长在河南，成名在河南，是河南这块热土和人民养育了她、成就了她呀。她不敢细想，离开了中原大地和这里的人们，她该怎么办。

大约有半个月的时间，她像是丢了魂似的……

人的命运，有时真的是很难捉摸。桑振君在1964年决意离开河南的时候，她当然不会知道，仅仅时隔一年之后，就出现了史无前例的"文化大革命"。所以从这点上说，似乎是上天让桑振君躲过了一劫。桑振君到邯郸后只是一名教师，这个名分无形中就有了一定程度的保护。可就算这样，在"文化大革命"中，她还被扣上了许多帽子，肋条被打断了几根，直到最后才得以平反。所以，不少熟悉她的人都说："如果桑振君还在河南，还在业务团长的位置上，就她那个性格，不被整死才怪呢！"

## 四十七、"咋会有后悔?"

1964年,桑振君调进了河北邯郸的东风豫剧团。新的环境,新的面孔,使她的心情豁然开朗,尤其看到这些朝气蓬勃、可亲可爱的孩子,她更加坚信自己的选择,仿佛又找回了原来的自己。工作的热情和创作的激情,让她来不及安顿孩子和老人,就投入到紧张的教学和排戏之中。她一口气给当时东风剧团的主要演员胡小凤、牛淑贤、李素芹、赵贞玉、张素玉等排了《李双双》、《红珊瑚》、《江姐》、《红色娘子军》、《梁秋雁》、《南方烈火》、《小保管上任》等10个现代戏。这10个戏的所有唱腔,都由她来设计。因为她不识乐谱,初到邯郸,又没有专人来记谱,于是全靠她自己把唱腔的每一个细微之处牢牢熟记在心。她说,如果前后教的不一样,学生就无所适从。为了在教学中保持前后一致,她还创造出一种自己能看懂的熟记旋律的方法。

她的家人也为她付出了很多。因为她工作起来常常不分时间和地点,有时在团里排戏,忘了吃饭,女儿就给她送到排练场。即便在家,全家人平时也不敢大声说话,生怕打断她的思路。

给大家印象最深的,就是教张兆祥学戏。张兆祥在这些学生中年龄偏大。他在《李双双》剧目中,扮演的是孙喜旺,他的第一句唱腔的唱词是"牛盼谷雨羊盼夏",就这一句唱词,桑振君教了他一天,他也没学会。张兆祥是这个戏的主演,他这样下去,必然会影响整个戏的进度。当时,桑振君急得头上直冒汗。

第二天,桑振君又接着教,她想了个办法,把一句唱腔拆开,半句半句地教,一个腔弯一个腔弯地教,可效果仍然不明显。当时是初夏,气候还算宜人,但由于心急火燎,汗水把她的衣服都浸湿了,可张兆祥依然没有学会。桑振君真的有点耐不住了,她一直在暗暗地提醒自己:"要冷静,要有耐心,没有学不会的学生,只有不会教的老师。"

晚上,她躺在床上,怎么也不能入眠,是自己的教学方法有问题?还是学生对自己的唱腔太陌生?还是因为自己初来乍到,他们心中拘束、紧张,影响了学习效果?她想不管怎样,应该尽快和这些学生打成一片,让他们心里轻松起来,也许会有峰回路转。

第三天,她提前到场,想不到张兆祥比她到得还早,没等她开口,张兆祥就说:"老师,别生气,我笨。"他的"笨"字带有浓厚的地方语言,刚一出口,桑振君忍不住就笑了。就是这种生活中不经意的灿烂一笑,笑跑了张兆祥心中的拘束和紧张。

张兆祥并不是自己笨,而是对这个最年轻的豫剧大名旦敬中有怯,怯中有慌,慌中出错,错越多,思想包袱就越重,就像是陷入沼泽,不能自拔。桑振君看到这种情况,马上鼓励他,开导他:"不要急,一定能学会的!"桑振君的这一招果然灵验,张兆祥这次半个上午就基本学会了,只是把"盼"字唱成了"派"字,桑振君给他认真纠正道:"这是十三辙中的言前辙,归韵一定要归到'安'上。"接着,桑振君领一声,张兆祥学一声,很快张兆祥就掌握了,而且越学越好,一上午的工夫,十多句唱腔全学会了。

张兆祥自从在《李双双》中当了主演后,也就迈入了名演员的行列,而且在后来的职称评定中,也得到了兑现。后来,桑振君患病住院的时候,张兆祥的身体也不好,他多次在爱人的搀扶下,前去看望桑振君。有一次,他在病房里深情地对桑振君说,是桑老师发现了我,培养了我,没有桑老师当年的精心培育,就没有我张兆祥的今天……旁边的人都能看得出,张兆祥说的全是心里话。

刚到邯郸时,桑振君每天除了紧张的排戏,还要抽出一定的时间给学生讲基础理论。在讲授豫剧的发展史时,她说:"不要认为这些东西,是知道了不多,不知道也不少。我们从事的是豫剧工作,既然干这一行,就要知道它的今生前世,就要了解它的发展过程,只有明白了这些,才能更好地学习继承、改革创新,我在这方面,就是一个受益者。"在上唱腔课时,她从戏曲的基本知识讲起,包括吐字、发音、行韵以及每个字发音的部位,并结合唱腔向演员传授,哪些声母属于唇音字、半唇音字,哪些声母属于齿音字,哪些声母属于舌音字,哪些声母属于牙音字,哪些声母属于喉音字,怎样准确把握声母推出的主气部位。还有,怎样保证每一个字所用的气流都能达到不轻不重、不软不硬,怎样科学运用胸、喉、鼻、脑、口共鸣音,让观众听到的每个字都既准确又有艺术感……她结合自己几十年实践中的深切感悟,把一整套科学的发音方法和戏曲演唱理论知识毫无保留地传授给学生。学生们都说,用她传授的发音方法演唱,不仅音色好听、音域宽厚、省气省力,而且也非常容易掌握。

著名河南坠子演员、艺术大师赵铮在评价桑振君时曾这样说:"桑振君吐字最好,逻辑重音用得最恰当,哪个字轻,哪个字重,哪个字应该巧、俏,用得最好。她吐出的字,轻而不飘,重而不拙,唱出的像说一样,口语化很强,而且四声很准,是名副其实的字正腔圆。"桑振君的第一个丈夫、著名演员谢顺明先生也说,桑振君嘴上的功夫是最好的,这得益于她小时候演唱过坠子书,坠子书最讲究的就是口、舌、唇、齿上的功夫。

有人说,桑振君天生嘴巴巧,其实桑振君的吐字还在于她后天的勤学苦练。她自己曾回忆说:"以前,总认为自己的吐字已经不错了,但解放后通过学习汉语拼音,发现自己过去有些字,吐出来有点口松,原因就是没有把握好字头和韵母归位的准确性所致;有些字又咬得死,是因为牙关太紧,使其失去了弹性。为了每一个字所用的气流,都能达到不轻不重、不软不硬,我每天都用拼音把十三道辙念出来反复琢磨、反复练习。"

从17岁开门收徒,到75岁病逝,桑振君从事戏曲教育事业共有59个年头,在这半个多世纪的岁月中,如果问她收了多少徒弟,教了多少学生,实际上已很难数得清。尤其在她生命的最后几年中,来家里求教的学生总是络绎不绝。她几乎来者不拒,不管是谁,不管是什么程度,只要你愿意学,她就会热心地教。她说:"我已经七十多岁了,要和时间赛跑啊,要尽最大的努力,把我的艺术感悟留下来。我可不想把它带进火葬场啊!"

2002年她专程到许昌,白天为她的弟子常俊丽、宋凤丽排戏,晚上闭门谢客为她们授课。甚至连她的叔伯妹妹桑振花有事找她,也被挡在了门外。

2003年初夏,由于受"非典"影响,东风剧团不能正常演出,剧团准备利用这段时间排练新戏,他们请桑老师排"桑派"代表剧《齿痕记》。当时,她已经被病痛折磨得痛苦不堪,可她二话没说,把排戏的事一口答应下来。她担任这个戏的导演,既要教所有演员的唱腔,又要教身段,还要排戏。毕竟已是七十多岁的老人了,这么大的工作量,等一个多月把戏排下来时,她的脚肿得连路都走不成了。

在艺术和生命上,桑振君把艺术看得比生命还重要。

桑振君在培养学生方面也有个小小的遗憾。在许昌,给她的弟子常俊丽传授《观文》时,她曾感慨万千地说:"王皖源、方晓兰、吴雪琴这些老演员,当年也是我的学生,她们都是很好的苗子啊!可当时由于种种原因,我的这些看家戏没能给这些学生传授,现在想想这些,我心里也难过啊!"她说着说着,竟然潸然泪下……

她的学生说,和桑老师在一起说话,三句话说不完,就会说到戏上,她满脑子都是艺术,张口闭口都是戏。特别是在她生命最后的日子里,剧烈的疼痛已使她离不开杜冷丁,儿媳伺候的时候,用得就多,女儿伺候的时候,用得就少,甚至不用。儿媳愧疚地说:"妈呀,是不是我伺候得不好,让你生气了?"她安慰儿媳说:"你对我照顾得很好。"那又是为什么呢?那是因为作为文化局艺术处长的女儿和她在艺术上有着更多的语言和兴趣,艺术的话题常常会使她忘记疼痛。

桑振君到东风剧团后,河南的一些朋友曾问她:"振君,你在河南是团长、主演,名望那么大,黄金年龄去那边教学,寂寞不寂寞?后悔不后悔?"她马上回答说:"寂寞个啥?看到这么多优秀的学生,看到他们一个个都成才啦,你乐还来不及呢!咋会有后悔呢?"

# 四十八、"文革"磨难多

1966年5月,史无前例的"无产阶级文化大革命"迅猛席卷全国。运动一开始,就把文化、教育界推到了风口浪尖上,邯郸自然也不例外。桑振君作为豫剧界的五大名旦之一、东风剧团的总"教头",首当其冲地被打成"大戏霸"、"反动艺术权威"。在那个背景下,她所受到的冲击是可想而知的。大字报铺天盖地,天天都有"新内容";批斗会一个接着一个,"花样"也不断翻新;还有什么游街、戴高帽、站板凳、跪地板等等。她的女儿回忆说,那时"批斗"像家常便饭一样,她当时就读的学校和她家是斜对面,步行中间要经过东风剧团,一般5分钟就可以到校。可每到上班人最多的时候,也正是"造反派"特意选择的批斗她母亲的"最佳时机",她不忍心看到自己的母亲受那种"最特殊"的待遇,于是就舍近求远,多走20分钟冤枉路,才能避开剧团的门口,到达学校。

桑振君除了被批斗、游街,还多次被抄家。对桑振君来说,在抄家中丢失的一些钱财,就只好自认倒霉,可自己呕心沥血、几十年积攒起来的重要资料以及和中央领导、戏剧名家的一些合影也被糟蹋毁坏,真正让她痛心不已。

其实,最令桑振君痛心的,还是那场浩劫无端地剥夺了她的艺术生命。桑振君十分不理解,那些宣传人间公平正义、寓教于乐的传统剧目,怎么统统成了反动的东西呢?那么多宣传社会主义革命和建设的现代戏,怎么突然莫名其妙地成了"大毒草"呢?最让她撕心裂肺的,是她亲眼看到,东风剧团积累多年的古装戏戏装,被当作布料分给了"革命群众"……

看着自己视之为生命的戏曲艺术没了出头之日,她深感迷惑、不解、痛苦、愤懑,甚至感到窒息。她的这种情绪在外面不好发作,回家就把它撒给了家人。女儿婉琳回忆说,她当时还是小学生,不明白母亲为什么常常发火,而且许多时候都是无名之火。为了避开母亲的这种"无名火",她常常在晚饭后,悄悄地走上街头,一个人坐在路边,静静地看着天上的星星、月亮,以此来打发那段难熬的时光。

桑振君是个没事不找事、有事不怕事的人。面对不断升级的诽谤、批斗、游街,有些人知道是运动,抱着"好汉不吃眼前亏,识时务者为俊杰"的思想,顺应当时所谓的"群众运动"。可桑振君还是她的那一套,"最穷不过要饭,最大不过是死"的老"战术"。她的这种"又臭又硬",招来的自然是帽子越来越多、"罪行"越来越重,为此吃了不少苦头,以至于在批斗中还被打断了肋骨。

但有时候,"造反派"觉得她太难缠,也绕着她过。那年冬天的一天,她和团里的另一个教师宋淑云正在团里待命,等待接受批斗的时候,来了一群红卫兵,揪起其中的宋淑云就走。桑振君这时也"呼"地一下站起来,说:"是不是也让我去?"红卫兵说:"叫你去你去,不叫你去,你就好好在这儿待着!"宋淑云快出门的时候,猛然想起,自己在煤火炉上还炖着鱼。可这时她已被红卫兵架着,没有自由,于是她扭回头,边走边喊:"振君——鱼,振君——鱼!"

后来,这就成了一个政治笑话。这个政治笑话是吴碧波讲的,桑振君也在场。吴碧波酷似一个单口相声演员,绘声绘色的表演让在场的人都觉得好笑。可桑振君没有笑,也没有说话,而且从她那种失神的表情看,似乎又陷入了那场噩梦之中……

其实,在那非正常的年月,桑振君最大的危险还是来自河南许昌。她在许昌豫剧团当了那么多年的团长,当然是干得越多,贡献越大,名气越大,遭受到的迫害也会越大。许昌当时就有一群红卫兵专门赶到邯郸去批斗桑振君,并扬言要把她"揪"回河南。当她刚想就某一件事作出解释时,几名暴徒不由分说,一脚把她从门里踢倒在门外,多亏有人上前劝阻,巧言"搭救",桑振君才没有被这伙造反派带走。

这又是一次大难不死啊!后来听人说,当年许昌豫剧团中,被污为"桑王派"的王韵生,也就是《白莲花》中男主人公韩本的扮演者,就被生生地迫害致死了。王韵生是文武全才,为人十分谦和,在许昌专区豫剧团也不是什么领导,所以和"走资派"根本沾不上边。可是,在"文革"之初,硬把他作为"黑线人物"来批斗,使他受尽折磨,吃了不少苦头。

老同志回忆说,在批斗中,王韵生可没少挨打。有一次他穿着白衬衫,被皮鞭一抽,雪白的衣衫透出道道血红,惨不忍睹。试想,所谓"桑王派"的"王"就这样被迫害致死,要是"桑王派"中的"桑"被"揪"回许昌的话,凭她那性格和脾气,能有活命吗?

严重的身心摧残下,桑振君终于支撑不住了。1970年初,她开始不思饮食,浑身无力,子宫也出现大出血症状。爱人崔希学陪她先在邯郸做了检查,没有结论。又带她上天津肿瘤医院,做了进一步的检查。确定为子宫肌瘤后,经过几个月的治疗,情况也有所好转。当再次来到天津肿瘤医院复查的时候,一个意想不到的事情发生了。

桑振君夫妇是1971年3月10号到达天津的。当时虽然时令上已经过了惊蛰,但北方的天气还是乍暖还寒。他们的好朋友、原天津豫剧团的杜德秋团长,为了照顾他们,就把自己的宿舍让给他们夫妻暂住。可谁会想到,就是因为"照顾"他们的那个房间里的煤火炉,使他们夫妻二人当晚双双煤气中毒。

当时,桑振君睡在里间,崔希学睡在外间。因为煤火炉是在外间的,所以桑振君中毒较轻。事后,还有人分析说,煤气中毒的情况,往往是身体越好,吸入的一氧化碳越多,中毒的情况就越严重。但不管怎么说,病怏怏的桑振君这一次又与死神擦肩而过……

崔希学的意外去世对桑振君的身心健康造成了极大的破坏。自此,她的精神失常,生活不能自理,吃饭不知饥饱,大小便失禁……

桑振君与崔希学结婚,虽然不到十年,但他们却是志同道合、情深意切。崔希学原是西安狮吼豫剧团的学生,他是樊粹庭先生1942年在西安北关河南贫民窟招收的25个8～12岁的孩子中的一个。王敬先、关灵凤、华含蕊、王在岭都是那一批学生。崔希学是个丑角演员,后来做导演,由于基本功扎实,在实践经验的基础上又学习了导演理论,艺术造诣相当深厚。但尽管如此,他的名气与桑振君相比,还是要小得多,综合条件应该说也不是太好,因为,崔希学头上曾经戴过"右派"的帽子,工资也很低,身边还带着一个小男孩。

崔希学为人诚厚,这一点,桑振君从一开始就没有看错。他对桑振君是实实在在的爱,不仅生活中很能摆正自己的位置,而且在艺术上,也总是尽力给桑振君提供最大的支持,提供最自由的艺术空间。桑振君认为,这些都是崔希学所具有的自由精神支配的结果。桑振君这一辈子所崇尚的正是这种自由精神。也正是这种自由的精神,造就了桑振君在艺术天地中,随心所欲地驰骋纵横。因此,桑振君打内心深处十分感谢崔希学,对他同样是情深意厚,包括对他的孩子和老人。

共同的语言、共同的志趣、共同的追求,把他们紧紧地连在了一起,真可谓妇唱夫随。

不难理解,本来夫妻俩的感情就深,这次又是为她看病,崔希学才不幸去世,这对重情重义的桑振君来说,进一步加重了心灵的创伤。《桃花庵》"上门楼"中窦氏所唱的"消瘦了两腮,骨瘦如柴"那一句,正是桑振君根据自己对崔希学的无尽思念,用心血泣写的。

1981年,桑振君率团回许昌演出受到热烈欢迎,在鲜花和掌声中,桑振君领略了无限的风光。但越是风光之时,她越是思念崔希学。有一天,在自己的学生方晓兰面前,竟情不自禁地失声痛哭,她抽泣着说:"小兰啊,你崔老师是好人啊!他那都是为了我呀!"

　　崔希学去世以后,谢顺明曾让他们的养女谢爱芳出面,劝桑振君到郑州,到谢爱芳家居住。一是让她改变一下环境以调整心情,二是他和桑振君也可以经常见见面。这个提议连谢顺明和他再婚夫人所生的孩子,都乐见其成,一直帮着做工作,并在郑州给桑振君准备了一套房子。

　　孩子们都是好意,因为他们知道,这两位大家在戏曲艺术上有太多的话要说。但桑振君知道这个情况后,还是婉言谢绝了。她对谢顺明的孩子说:"你孝顺父亲是对的,但咱可不能伤害你妈呀!"

　　崔希学在她心里的分量,实在是太重了!崔希学去世以后,桑振君对鄢陵公婆的照顾更是有增无减。那时她一个月的工资才60元,但只要发了工资,首先就是给公婆寄钱。

　　农村的公婆也像亲生父母一样疼爱桑振君。特别是在她病重的时候,憨厚纯朴的老人把她接回了老家。两个老人天天陪她到野外散心。崔希学三弟家的孩子多,热闹,桑振君又特别喜爱这些孩子,这种朴实的亲情和田园生活给她增添了欢乐,使她一时忘却了忧愁。老人的关爱、孩子们的欢笑,抚平了她内心的伤痕。

　　住了一段时间后,身体有所恢复,脑子也较前段时间清醒了,桑振君不忍心再麻烦年迈的二老,再三说服公婆后,还是回到了邯郸。

# 四十九、又见郭沫若

1977年,东风剧团受解放军三总部的邀请,带着豫剧《李双双》进京演出。他们怎么也没想到,这出1965年排演的现代戏,今天还能在北京一炮走红。

当时的演出可谓一鸣惊人,在三军司令部引起强烈反响。军营里,无论是战士,还是首长,赞声连连,一片叫好。他们不但非常喜欢演员的表演,而且部队首长还特意提出来想见一见这出戏的导演和唱腔设计。这个要求一提,东风剧团的领导又是一个没想到,心中不觉暗暗敬佩部队首长。因为他知道,只有懂行且艺术造诣很深的人,才会提出这个特别的要求呀!可当时该剧的导演,也就是桑振君的爱人崔希学,已经在6年前去世。副导演兼唱腔的设计,也就是桑振君了。

当时率团进京的是邯郸市文化局副局长兼剧团团长孙建臣。他按照部队首长的指示,派剧团的王振国立即赶回邯郸,速接桑振君进京。但一见面,桑振君马上摇头,连说"不合适,不合适,不便前往"。王振国一时犯了愁,因为他觉得桑振君的想法不无道理。当时,"文化大革命"虽然结束了,可桑振君的许多"问题"还一直在挂着,没有平反。桑振君认为,头上戴着"大戏霸"、"漏网大右派"、"反动艺术权威"、"现行反革命"那么多帽子,怎么能出去呀?尤其是到部队,到这所革命的大学校,那就更不合适啦!

隔了一天,孙建臣又派人来接,她还是坚持说不能去。最后无奈,来人只好亮出牌子说:"郭沫若和夫人于立群,也都很想见见你呢!"她一听她敬重的郭老都已经知道了,口气才有所缓和,加上邯郸剧团留守的领导也一起做工作,最后才勉强答应下来。

当晚,桑振君和来人一块赴京。

桑振君与郭老是老相识了。他们第一次见面是在1965年,那时她才36岁,以豫剧五大名旦之一、东风剧团的导演兼唱腔设计的身份,带着东风剧团到北戴河给中央领导演出,得到了中央领导的赞誉,也结识了郭老。郭老是戏曲大家,又极其平易近人。他那次与桑振君的促膝长谈中,不仅肯定了他们的演出,而且还提出了希望,留下了合影。

一眨眼12年过去了,中间又经过了非常时期,她知道郭老在"文革"中受到了冲击和诽谤,也很想见见郭老。

桑振君到北京以后,准时到达了北京饭店,郭沫若和于立群早已在那里迎候。

寒暄之后,很快就进入了戏曲的话题。郭老夫妇二人对东风剧团演出的《李双双》给予了充分肯定并高度评价。他们分析了演员的表演,说:"东风剧团演出的豫剧《李双双》,可与同名的电影《李双双》相媲美。"

众所周知,郭老是戏曲大家,其实他的夫人于立群也是艺术行家,曾做过话剧演员。于立群甚至夸奖东风剧团的两个主要演员李素芹、张兆祥,与电影演员张瑞芳、仲星火的表演相比,也可以说是平分秋色。

郭老和夫人最后夸奖桑振君说,你设计的唱腔,旋律很美,增强了人物的表现力,丰富了人物的感情,把解放后一个农村进步妇女的忠厚、善良、泼辣、开朗的性格和感情,表现得非常到位。希望你以后能多设计一些像《李双双》这样的好唱腔。

桑振君从北京饭店回到剧团的驻地时,天已近中午,这时她才感到有点饿了。她那时的习惯是,在每一顿饭前,都要喝上一点白酒,按她自己的话说,"不喝酒吃不下饭"。

她们的驻地是一个部队的招待所,《李双双》剧中的两个主演就陪她一块去部队的小卖部买酒。刚一进门,小卖部的营业员就认出他们了,她们高兴地喊着:"'双双'、'喜旺'来了!"热情的呼唤引来了不少人,营业员们都争先恐后地问他们:"双双、喜旺,你们需要什么?我们都有供应本,只要是咱这里有的,保证供应。"

看到这个热烈的场面,桑振君很是感动,心中不觉感慨:一个演员仅仅以舞台表演的形式与观众交流、沟通,就能达到如此和谐融洽的程度,可见人民群众是多么热爱艺术和需要艺术啊!

桑振君这次的北京之旅,让她也感到十分欣慰。因为《李双双》这个戏是在20世纪60年代排的,这次去北京三军司令部演出,只是恢复。部队的首长提出要见导演和唱腔设计,是对导演、唱腔设计的充分肯定。当年的导演崔希学已经去世,她这个副导演兼唱腔设计能够前去,而且还见到了郭沫若和他的夫人于立群,得到了他们的赞扬,也觉得是替爱人崔希学挣了颜面、还了心愿。

由于当时桑振君在"文革"中的"问题"还没有结论,头上还有着许多"帽子",所以有些学生只有在没人的时候,才敢叫她一声老师,有人的时候都是"嗯呀,嗯呀"地与她说话。桑振君是一个很有自知之明的人,她不愿给学生增加精神压力,所以在北京没几天,就提前返回了邯郸。

## 五十、再进北京城

桑振君刚刚回到邯郸,解放军总后勤部的王主任就带了几个文艺兵,通过东风剧团革委会的领导,来请桑振君到部队为他们排戏。

开始,桑振君还是坚持不能前往。她害怕自己带着这么多的政治"帽子"去部队,会给部队增添不必要的麻烦。再说了,解放军这个大学校怎么能接待一个"现行反革命"呢?另外,弄不好再给自己增添个什么新罪名,那就更倒霉了。

桑振君的这种担心,并不是没有道理。"文革"初期,桑振君头上的"帽子"只有"大戏霸"、"反动艺术权威",许昌的造反派来邯郸揪斗后,又增添了一个"漏网大右派"。再后来,随着运动的深入,她一不小心顶撞了造反派的头头,于是乎,又平添了一个"现行反革命"的头衔。逐渐地,她形成了一种理念:不敢轻易多说话了,说得越多,言多必有失;干得越多,风险必增大。还是守在家里,老实待着为好。

部队领导似乎看透了她的种种顾虑,宽慰她说:"不管你头上有多少帽子,我们都不怕,我们都是信任你的!而且坚信,大家也会相信你的!"谁知,就这么一句声音并不高的话语,桑振君竟抽泣起来……常言说,雨不大,湿衣裳;话不多,暖心肠。况且,部队领导的这句话,又是当着剧团领导的面说的,让桑振君感到一种特有的分量。她没再说二话,当天就带着拉弦的任为民、打鼓的郭冬强一起去了北京。

到北京后才知道,她们所想象的排戏与部队所说的排戏,并不是一回事。她们原以为,既然让我们来排戏,一定是事先已有了剧本,才请我们来的。可部队的理解是,排戏就是从确定主题思想、编写剧本、唱腔设计,一直到排练演出,这些统统都属于排戏。面对这种状况,桑振君也顾不上多想了,她立即招呼任为民和郭冬强说:"既然任务压到头上了,那咱就努力去完成吧!"

毕竟年轻时就有编戏的经验,再加上信任的力量,对于这样的小戏,她并没觉得有太大的压力。

按照部队的要求,她与大家一同合计,很快就写出了一个《青山红雨》的剧本。这个故事情节并不复杂,主要讲述了一个部队的医生响应党中央毛主席的号召,深入边远的山乡,为人民群众看病的感人事迹。小戏演出后,首先在军营里获得了大家的一致好评。后来巡回演出时,所到之处又受到广大指战员的热烈欢迎。

部队领导对她们非常关心,每个礼拜在排练间隙都安排她们和全体文艺兵去游览北京的名胜古迹,如颐和园、故宫、北海、八达岭等。

从赴京到排完这个戏,她们在北京待了近两个月,完成任务后,部队为了感谢桑振君他们,特意送了一面很大的锦旗。回邯郸时,又送给他们很多舞台上用的照明灯泡。这些灯泡都是他们部队工厂生产的,也算是就地取材吧。

桑振君的两次北京之行,都是通过剧团革委会联系的。到北京之后,不仅圆满地完成了任务,而且也让"外人"看清了,她到底是一个什么样的人。这些情况自然也给剧团革委会带来了一定的压力,所以没有几天,剧团革委会就给她安排了工作。任务是,白天到剧团收发室工作兼管打扫女厕所卫生。晚上剧团有演出的话,就让她和宋淑云两人一边一个负责舞台上拉大幕。

这样的工作干了一段后,又让她跟着剧团看戏,专门坐在台下给演员们提意见。要说这些工作,都是微不足道的。但对于当时的桑振君来说,已觉得心满意足了。她知道,一旦给她安排工作,就意味着"敌我矛盾"已向"人民内部矛盾"转化了。

桑振君对这些工作非常珍惜，干起来十分认真，当然，这也是她一贯的工作态度。

对一些演员的发音和用嗓，她在台下用心监听，发现有不当之处，立即从前场跑到后台及时予以指导纠正。有一次，她发现一个演员在演唱时，用气方面把握不好，唱不上几句，就托不住气没了声音，经她点拨后，那个演员轻轻松松地就把戏唱完了，而且效果很好。

没过多久，山西太原艺校也跟剧团联系，请桑振君前去授课。经剧团领导安排，她带了本团一个唱须生的演员孔凡林一同前往。在那里，白天讲课，晚上给他们排戏。当时应邀给他们排演了《李双双》中的一折戏。

这时，"文化大革命"中的许多禁锢已开始松绑。许多剧团陆续开始复排古装戏，东风剧团也正加紧准备。可在那疯狂的年代，古装戏的服装早已被当成普通布料分给了演员，东风剧团一时遇到困难。太原方面知道了这些难处，也是出于对桑振君的感谢，他们毫不犹豫地慷慨支援了东风剧团一批古装戏装。

桑振君这几次非同寻常的出行，无疑也为她自己的政治平反创造了有利条件。

# 五十一、曲折平反路

果然不久后,邯郸的"文革"专案组就来到了东风剧团。看来,他们是为桑振君的专案而来的。

这时,已经是1978年了。

当时,大规模的拨乱反正还没开始,"文革"遗风尚存,"极左"思潮还有相当市场。

专案组是清一色的部队"三支两军"人员,在那特有的年代,他们不可避免地沾染了不少极左观念,在一定意义上讲,他们也是受害者。这些人多是一些涉世不深的年轻人,政策水平、文化水平一般也不高,只是在"文革"中的一定时间段内,由于特殊的"历史使命",让他们掌握了"牛鬼蛇神"的"生杀"大权。"光荣使命"使他们感到无比优越,优越感又使他们"飘飘然,想当然",把自己真当成了救世主。而那些"牛鬼蛇神",只要犯到了他们手里,一般也只能是唯唯诺诺、逆来顺受。

今天,他们开始审查邯郸文艺界最大的"牛鬼蛇神"桑振君。

桑振君被叫到了办公室,其中一个像是领导模样的人,跷着二郎腿,轻蔑地对她说,有九种人,你可以对号入座,你看看哪一种人符合你。说完就阴阳怪气地拿起单子,念道:"地、富、反、坏、右、特务、叛徒、死不改悔的走资派、现行反革命。"

桑振君对部队、对解放军有着深厚感情,她本人就曾是解放军,抗美援朝时又亲自赴朝慰问志愿军,前不久又应邀到北京三军司令部慰问解放军,几个月前还帮他们排过戏,所以,她一见到解放军,本能地就有一种特殊的"亲人"感情,她原以为这几个"亲人"今天是来解放她的,压根就没想到这几个年轻人会给她来这一套。所以,当那人一念到"地、富、反、坏"时,她的脑子"嗡"的一声就炸了,后边念的什么她都没听清。那人念完后,又自鸣得意地说:"你看这九种人,哪种符合你呀?"也许是没听清,也许是为了让自己冷静下来,桑振君不卑不亢地说:"你再念一遍吧。"那人果然念了,这一次她实实在在、准确无误地听清了,所以还没等到那人念完,桑振君就厉声对他们说:"这九种人,我统统不对号,我也不会去对号入座!"说完,昂首挺胸地走出了办公室。

专案组的同志们万万没有想到,这个年近半百的"牛鬼蛇神"竟然这么地不识时务!可能是慑于上边政策的压力,也可能是他们从桑振君的脾气中发现了实质性的问题。这回他们倒是耐住了性子,随即让剧团革委会的顾主任把桑振君叫回来。

顾主任大声喊着:"桑振君你回来……"

团里的秘书申尚贤立即追了上去,小声说:"你不要走,回去把话说完。"

这样,桑振君由申尚贤陪着,第二次走进了专案组的临时办公室。

这次迈入他们办公室的大门,专案人员的态度就好多了,首先劝她别激动,接着又尽量保持心平气和,不失耐心但又略显不满地说:"你脾气不小啊,就说这九种人你不对号,难道你就没罪?"

桑振君义正词严地说:"我没有罪!"

"那你都没有错误了?"

桑振君说:"错误人人都有,如果我犯的错误很小,你们就不该揪住我不放;如果我犯的错误较大,也不能给我无限上纲,小错无限上纲的话,我该枪毙十八回啦!有错误我可以改正,我还想为戏曲艺术多做工作呢。"

桑振君虽然还有些激动,但态度也缓和了不少。她的一席话让专案人员一时无以应对。于是,专案人员又换了一种提问方式,不紧不慢地对桑振君说:"那你反不反党?反不反毛主席?"

他们的这个提问,对桑振君来说,可谓是一石激起千层浪,千思万绪涌心头。她动情地说:"旧社会,我的一家都被地主恶霸杀了,是共产党、毛主席为我家报仇雪恨,是共产党、毛主席把我从水深火热中搭救出来,是共产党、毛主席给了我第二次生命。从我的身世和各个方面来说,我都没有反对党、反对毛主席的理由……"

也许是专案组的同志感到理屈词穷了,也许是他们这时已经确认桑振君是"无产阶级的兄弟姐妹"了。反正最后的结果是,专案组的同志没有再说什么,只是嘱咐桑振君,让她回去写一份忆苦思甜的材料。桑振君说:"这些材料我会写,你们什么时间要,我什么时间交。"

没隔多久,终于召开了一个平反大会,把扣在桑振君头上的"大戏霸"、"漏网大右派"、"现行反革命"、"反动艺术权威"这些帽子,统统都拿掉了。

别人一旦平反,工资待遇也都跟着"平反"了,可桑振君平反都好几个月了,还拿的是"牛鬼蛇神"时的工资,原先扣发的工资也无人提及。

桑振君觉得这样不公平,也觉得这不是真正的平反。她想不通,就直接找到地区革委会主任反映情况。没想到地区革委会主任依然用造反派的口吻对她说:"剧团给你开多少,你就值多少!"

这一句话把桑振君说恼了。她质问那个领导说:"你讲政策不讲?我要有罪,为什么给我平反?给我平反了,为什么不给我正常工资?"那个领导一时词穷,支支吾吾地说:"那,那,那我也当不了这么多家,你回去跟你们剧团交涉吧,至于你的问题,现在还不能下最后的结论。"

桑振君一听这话,肺都气炸了。已经公开给我平反了,还说不能下最后的结论。这不明明是在欺侮人吗!桑振君想:"我是来要求落实政策的,不是来乞讨工资的,哪怕就是死,也要讨个道理出来。死也要站着死!"想到这里,她狠狠地回敬那个领导说:"我真希望有机会,你再给我戴上更多的帽子!"

因钱的事与人发生冲突，是桑振君有生以来的第一次。了解她的人都知道，自从十几岁当了主演，手里有了钱后，她一直就是个仗义疏财的人。解放初期，她的工资是500元，她主动要求给她降到300元。1954年工资改革，她被评为三级演员，她又主动要求降为四级，每月工资206元5角。她历来把仁义看得比钱财重。就是别人借了她的钱，她也从不去要，反而自己躲着，不敢跟人家多接近，生怕人家产生要账的想法。

这次找地革委主任直接去说钱的事，对桑振君来说，实属无奈。

不了解情况的人会想，她原来是当主演的，怎么着家里也会有点积蓄，会有这么大的困难？

但东风剧团的人都很清楚，当时她的负担实在是太重了。"文革"前，爱人崔希学的工资不高，桑振君虽有二百多元的工资，但他们两人要负担三个家庭。邯郸他们家有五口人，除了他们两口和两个孩子，还有一个养老的保姆。除了正常生活，孩子上学同样需要钱，尽管那时学费比较少，但学费、书费加在一起也是一笔不小的开销。另外还有桑振君的娘家。叔父是她唯一的亲人，叔父和婶娘在她童年和青年时代为她花费过不少心血，现在他们老了，还有一个年龄还小的老来子，桑振君认为，别说是亲叔父，就是一个素不相识的人，他给过我好处，我也理所应当地该为他付出。此外，就是崔希学的家。他父母年龄较大，虽然他们儿女不少，但是生活都非常紧张，就数崔希学他们两个经济状况稍好一些，所以赡养两位老人的重担也落在了他们身上。没想到一场"文化大革命"把桑振君的工资从二百多元降至几十元，人也被关进了"牛棚"，生命朝不保夕，一时就顾不上给他们寄钱了。但她始终没有忘记双方的老人，自从被放出"牛棚"后，她每月给婆婆家寄10元，给叔父家寄5元。这样一来邯郸家的生活就有些紧张，当时粮食供应是30%的细粮，有一段时间，她的工资把全家的粮食买回来都有困难。没有办法，就从老家要了一些红薯干，每天煮红薯干粥。家里连煤都买不起,都是儿子、女儿下学后去拣煤核。1971年,崔希学去世后,又去掉几十元收入,她一个人60元工资,仍拿出15元寄回两个家,剩下的四十多元确实难以维持邯郸家里的正常生活。由于生活紧张,儿子、女儿都出去打过小工,就连老保姆也每天去菜店给人家搬白菜。桑振君看见老人这么大岁数,天一明就走,搬一天白菜挣个块儿八毛的,有时还去建筑工地打小工,这么一把年纪干这么累的活,桑振君确实于心不忍啊!她曾对人说:"说起来这是养老保姆,可是她没有享受到我的孝行,反而出去打工,吃苦受累,为我去挣钱,帮我养家糊口,我实在心痛啊!"

在这样的情况下,她才鼓足勇气去找了地革委主任。

工资的事拖了两三个月。有一天,剧团的会计悄悄对她说:"桑老师,快给你恢复原工资了!以前扣发你的工资,我都给你存在存折上,到时一起给你。"桑振君一得到这个消息,第一个告诉的就是家里的老保姆。她对老保姆说:"大娘,明天你就不用去打工了,快给我恢复原工资了。"老保姆还是坚持要去,她含着眼泪动情地说:"你这样再去,就像拿锥子戳我的心,你要不答应,我就给你跪下了。"这样,老保姆才答应了下来。

桑振君补发了这些工资以后,还在开封县仇楼镇东马庄的老家原址上盖了三间瓦房。她似乎在用这种特殊的方式怀念亲人。

# 五十二、突然生变故

1980年3月27日至4月27日,河南省戏曲流派汇演在郑州举行。

这是"文化大革命"后河南戏曲界的一次盛会。它既是各个流派之花的艺术绽放,也是艺人们相互切磋、相互学习的一个重要平台。

常香玉、陈素真、崔兰田、马金凤、阎立品、赵义庭、唐喜成、李斯忠等一大批著名老艺人,都应邀演出了自己的代表剧目。常香玉演的是《断桥》,陈素真演的是《梵王宫》,崔兰田演出的是《桃花庵》,马金凤演出的是《穆桂英挂帅》,阎立品演出的是《秦雪梅》等等。但久负盛名的桑振君和她创立的豫剧桑派艺术,却失去了这次机会。

在汇演前,桑振君也接到了参演通知。当时,她正在为女儿的婚嫁做准备,但一听说让自己参加流派汇演,就顾不得女儿的婚事,匆匆忙忙赶到了郑州。为了抓紧时间排练,她便通过大徒弟谢爱芳,以省豫剧一团为班底,排演她的参赛剧目《对绣鞋》。后来不知怎么的,给她搭配的班底由省豫剧一团换成了郑州市豫剧团。换就换吧,无论是哪个剧团为班底,她相信都能很好地配合演出,所以这并不重要。但最令人不解的是,原定的演出日期即将临近,而且和郑州市豫剧团配合排演已经成熟的时候,却突生变故,又有人通知她说:"由于'文革'后,经费比较紧张,这次汇演,不再邀请外省演员参加了。"

就这么一句话,轻轻松松就把她挡在了流派汇演的大门之外。

这时,桑振君才又想起女儿的婚事,她觉得十分对不起女儿。前些天,她只顾排戏,当女儿、女婿旅行结婚到郑州时,还是她的大徒弟谢爱芳设了一桌喜宴,她只给小两口每人买了一件上衣就草草了事。想想自己年轻结婚时,没爹没娘,心中的痛苦她深有体会。可女儿现在有娘,娘却这样匆匆地把女儿打发了,她的心里有一种说不出的酸楚……

1956年,河南省首届戏曲汇演时,桑振君和常香玉、崔兰田、马金凤、阎立品这五位参赛的旦角被广大观众誉为"豫剧五大名旦"。但经过这次汇演,第一个版本"豫剧五大名旦"中的桑振君却不幸出局。被誉为"豫剧皇后"的陈素真,在这个版本的豫剧五大名旦中,名排常香玉之后,她后面的排名依次是:崔兰田、马金凤、阎立品。

其实,对桑振君本人来说,她从来就没有想过去争取名旦、名家或流派的称号。她一贯认为,作为一个演员,演好戏是自己的天职。至于演员的水平,广大观众的心里自有一杆公平秤,任何称号都不是哪一个部门、哪一个机构哪些人加封的,或是赐给的,更不是演员自我标榜出来的。只有被观众认可、被观众推举的优秀演员,才是真正的好演员,"名旦"的美誉根植于广大观众的心中。

陈素真有何感想呢?

汇演后的一天中午,桑振君正在她的一个徒弟家吃饭,郑州市豫剧团的华含蕊气喘吁吁地跑来了。她一见桑振君就说:"我师傅知道你在郑州,让我到处找你,可总算把你找到了。"

桑振君当然知道,华含蕊的师傅就是她尊敬的陈素真大姐。于是赶忙说:"待我把这点汤喝完,咱马上就走。"

华含蕊说:"别喝了,我师傅在饭店等你,都等急了,赶快跟我一起走吧。"

这样,她才跟着华含蕊,匆匆忙忙地赶到了金水桥西边的一家饭店。

陈素真一见桑振君,劈头就问:"河南这一次名演员汇演,你为什么不来参加?"

桑振君满腹委屈地说:"一开始,他们是通知要我参加,我也已经排练好了,可后来人家又说,由于'文革'后,经费比较紧张,就不再让外省的演员参加了。"

陈素真一听,气愤地说:"那你为什么不问一问他们,我陈素真也不是河南的呀,我是天津的呀!"

桑振君说:"大姐的艺术造诣和名望那么高,我不能跟大姐相提并论啊。"

陈素真这时才放缓了语气说:"话不能那么讲,要论唱,包括我在内,谁也没有你唱得巧、唱得好。"

桑振君没想到,此时还有人这样评价自己,而且是自己崇敬的大姐。一股暖流从心头涌起,不觉泪水已经盈眶。她诚恳地说:"不管我唱得巧也好,唱得好也罢,我是以祥符调和你创造的唱腔起家的。在你面前,我是什么时候也不敢班门弄斧的。"

她们俩一直谈了很久。

傍晚了,桑振君提出要走,陈素真执意留她吃了晚饭。当桑振君再次起身告辞时,大姐才慢慢地离开座位,恋恋不舍地拉住桑振君的手,一同走出宾馆。

陈素真与这个小妹似有一种特殊的亲情,她一直把桑振君送到公交车站,并目送她上了车。

汽车渐渐远去了,陈素真还在不停地挥手,她看到,车上的桑振君也一直在回头朝她示意……

这次汇演中,桑派艺术被排除在豫剧的流派之外,对桑振君来说,这是她个人的事情。而对整个豫剧事业来说,不能不说是个重大损失。

事实上,任何事物的生存发展都是相辅相成的,豫剧艺术当然也不例外。正是因为豫剧中,有常派的豪放、陈派的俏丽、崔派的深沉、马派的明亮、阎派的细腻、桑派的委婉以及其他流派的多姿多彩,才构成了整个豫剧的完美画卷。在这一画卷中,只有使各个流派之间，你中有我，我中有你；既有借鉴，又有制约，交相辉映，方能倍显风采。如果失去了哪个流派，削弱了个性特点，破坏了它的生态平衡，不仅会使人们对豫剧的感官变得迟钝，更会因失去相互的扶持和制约，而失去艺术生命的竞争活力。

## 五十三、月是故乡明

1981年,邯郸地委的蔡书记找桑振君谈话。

桑振君按约定时间来到地委办公室,握手后刚一坐定,蔡书记就开门见山地说:"振君啊,今天找你来不为别的,主要是关于东风剧团的事情想和你商量。你看,如今东风团的孩子们都长大了,思想也复杂了,个别演员之间还有些摩擦,大家都知道,你在他们心中的威信很高,你在河南时,又当过两个市的剧团团长,有一定的管理经验和很好的协调能力,组织上考虑要你出来担任团长,以便整合力量,更有利于继续保持东风剧团的实力。就这个事,想听听你的意见。"

桑振君一点思想准备也没有,一听让她当团长,立即摇头,连连说不。她诚恳地表示:"蔡书记,让我做什么都可以,当团长我实在不能接受。您知道,传技授艺我还凑合,但政治水平、领导能力实在太差,确实难以胜任。"

她看蔡书记笑而不答,又特意强调说:"无论如何都不行,蔡书记您想,我从河南来这,就是一心想教学,这才是扬长避短!蔡书记,您一定好好考虑考虑,我不是当领导的料,哪怕让我长期跟团服务我都没有意见。"

蔡书记到底是做领导的,也觉得桑振君说的是心里话。他看一时说服不了桑振君,也没勉强,而是很温和地说:"那好吧,让我回去再好好考虑考虑。你也再考虑考虑。"

桑振君在这方面确有几分幼稚,回来后,她以为这事就算了了,可组织的决定能轻易改变吗?她应该知道:谈话,是上级组织研究决定之后才进行的,这已经到了走程序的阶段,一旦到了这个时候,如果没有极特殊的情况,一般来说,上级组织是很难改变决定的。

果然,没有几天,蔡书记就直接来到东风剧团,宣布了桑振君业务团长的任命。桑振君虽然不情愿,但她知道,任命文件一旦下发,谁也无力回天。

她只好走马上任。

担子既已上肩,桑振君立即着手做了两件事。第一,团里成立剧委会以加强管理,并在演员中选拔出牛淑贤等4名演员,参加剧委会的工作。第二,抓紧时间排戏,准备演出。

东风剧团毕竟有着良好的基础,经过较短时间的排练,以牛淑贤、赵贞玉为主演的剧目已基本成熟,并能在邯郸周边地区正式演出了。

戏不进京不火,曲不进津不名,豫剧不在河南唱红,就等于没有影响。桑振君一当团长,就有率团到河南演出的想法,而且第一个要去的地方,就是她魂牵梦绕的许昌。

桑振君离开许昌已整整18个春秋了。她日日夜夜思念那里的父老乡亲,日日夜夜思念曾经滋润她成长的那块肥沃的艺术田地。是啊,在她如日中天的22年黄金舞台生涯里,4年在豫东大地辗转,4年在开封、郑州、许昌、密县徘徊,其余14年的大好时光都耕耘在许昌的这块沃土上。正像一位资深专家后来所说:"她的这十四年,可不是一般的十四年,而是豫剧桑派艺术由形成走向成熟,并确立其地位的十四年。完全可以这么说,桑振君和桑派艺术因许昌而骄傲,许昌也因桑振君和桑派艺术而自豪。"

所以,桑振君一直称许昌为第二故乡。

与许昌有关方面一联系,许昌大众剧院的经理、桑振君的老朋友邓朴亭当即表示热烈欢迎,并满口答应一定做好有关准备工作。不久,东风剧团的全体人马就径直开到了许昌。

桑振君重返故地的消息不胫而走,很快轰动了古老的荷花城。

剧院经理的桌子上预定戏票的介绍信高高堆起,售票窗口前也排起了长龙,街头巷尾不少人都在传递着一个消息:"桑振君率团回来演出啦!"

此种演出盛况在许昌的历史上是空前的。

自从离开许昌,十几年来,桑振君一直没再登过舞台。平日教授学生,多是用小声演唱,而且仅仅是做些示范,由于多年缺乏练声,嗓子已经有些塌了,再加上她有抽烟、喝酒的习惯,患有严重的咽炎,这时的她已很难再登台演唱。

但每天晚上,不论是开演前还是演出结束后,观众都强烈要求让桑振君和大家见见面。他们说:"就是不唱,站出来叫我们见见都行,听她说几句话,我们也就满足了!"当时的情况是,如果桑振君不出去和观众见面,观众就一直站着齐声鼓掌,谁都不愿离开剧场。

那震耳欲聋的掌声使桑振君坐立不安,感动、激动交织在一起,她流出了热泪。盛情难却呀!

有一次,她上台和观众见面时,心底的话不由脱口而出:"父老乡亲们,我十几年没有回来啦,今天回到许昌,大家对我这样热情,我很感动,请大家放心,在我这次离开许昌之前,一定用我的艺术与大家见见面,以此来报答许昌观众对我的厚爱,报答家乡父老对我的关心……"

桑振君是一个很重情义的人,话语既出,她决意在自己离开许昌之前,亲自上台演出一场,以此略表心意。

她很快打听到,这里有个中医口腔科大夫,名叫燕新喜,善治嗓疾,针灸技术和经验也都不错,遂请他前来诊治。燕大夫果有妙招,除了每天让她服用药物外,还要用四寸长的银针来刺扎声带,每天一到两次。治疗期间,燕大夫要求她不要说话,这可让桑振君犯了难,因为每天演出,观众都照例要她上台说几句话。这样,她就想了个办法,让她的学生张兆祥和她一起上台,由张兆祥说明情况后,她再恭恭敬敬地给观众鞠躬表示谢意。

嗓子经过临时的修复,也仅仅是能唱了,她深知,与十几年前,已无法相比,但为了答谢观众的深情厚谊,她还是坚持演了一场许昌观众最熟悉的《打金枝》。演出中,她的徒弟赵贞玉演前半场,她演后半场。

那天,剧场观众爆满。演出过程中,尽管许昌人知道她不喜欢中间鼓掌,但这次却破了例,每唱完一段,都赢来猛烈的掌声。面对盛情,桑振君觉得过意不去,于是又演了一折《投衙》。

东风剧团这年的冬至,也是在许昌过的。之前,许昌南关有好几家饭店前来邀请桑振君,要她带领全团同志去他们饭店吃冬至饺子,并表示一定热情招待,分文不取。桑振君不好意思,一一谢绝了。谁知冬至那天,一个饭店的老板又来相邀,桑振君不好再推脱,只好带着全团同志,一齐到了那个饭店。

那天,气氛好热烈啊!大伙儿欢聚一堂,吃饭,说戏,叙旧,闹得热火朝天,一派的过年景象……

后来,那些没有轮到请她们吃饭的饮食摊点,每天都有人给剧团送来胡辣汤、包子什么的,好像不这样表示,他们心里就觉得过意不去。

至于对桑振君个人的邀请,那就更多了。显然,这已经严重影响了桑振君的正常休息。为了照顾桑振君,剧院经理邓朴亭专门安排职工轮流值班,不准外面的人前来拜望,也不准她走出剧场。桑振君白天出不了剧院,晚上就趁散戏那会儿,和司机偷偷跑出去,跟这些戏迷朋友们见见面。

桑振君要出去见面的,自然少不了当年她们剧团的一些同志,像王婉源、吴雪琴、方晓兰等,她们当时都是从许昌搬运工人戏曲学校毕业后,直接分配到专区豫剧团的。桑振君很喜爱这些年轻人,她们也很敬重桑振君。几十年后她们还回忆说:"当年在许昌时,桑老师对我们要求可严啦!有时急了,她也会骂我们,但我们看得出,她是真疼爱我们。学习上,不厌其烦地辅导;生活上,无微不至地关心;安排演出时,她却宁愿自己往后退,一门心思地想把我们往前台推。"

桑振君与她们既是同事、师生，又是亲密无间的知己、朋友。

许昌一别十八年，冷暖苦甜有谁知？其实，方晓兰的情况也不算好，应该说她是团里的骨干力量，可没到退休的年龄，就提前退休了。据说，桑振君为此事，还专门到许昌的文化局，为自己的学生打抱不平。

桑振君率团回许昌演出的消息，《河南日报》及时作了报道。省演出公司的领导同志闻讯后，亲自跑到许昌找她，说省里的领导想请她过罢年后，再率东风剧团在郑州演上几场，并希望第一场能演全场的《打金枝》。桑振君知道，这确有一定困难，但还是答应了下来。

这时已到了岁末，他们把戏箱寄放在河南后，就匆匆赶回邯郸过年了。

1982年春节刚过，桑振君率团如约来到郑州。按计划，第一天演出了全场的《打金枝》，省领导和一些以往熟悉桑振君的老领导、好友、戏迷都前来观看。演出后，领导上台接见了东风剧团的全体演职人员并合影留念，不少观众也纷纷上台献花祝贺，给予她们极大的鼓励。

为留下宝贵的艺术资料，河南省、市电视台和电台的同志提出录像、录音的要求，而且点名让桑振君演出一折《投衙》。这虽是桑振君当年十分娴熟的拿手好戏，但毕竟荒疏已久，尽管春节前，根据嗓子的恢复情况，在许昌试着演了一次，但她很不满意。她设想着，这次应该会更好一些，于是又认真地做了一些准备。

从学戏开始，桑振君历来都是自己化妆，电视台的同志为了把这次节目录好，还专门为她请来了化妆师，桑振君感到很不习惯。过去自己化妆，她边化妆边琢磨戏中的人物声腔，有一个思想充分准备的过程，这次化妆师给她化妆反而打乱了她脑子里原已习惯的那个过程。化妆师倒是很认真，足足化了一个多小时的妆了，但仍在精益求精……

锣鼓阵阵,管弦齐鸣,眼看就要开演,桑振君着急地说:"可以了,不化了,来不及了!"她赶紧穿上服装出场,到前台一张口,第一个字刚出来,就感觉没有高音了。她知道,这是因为化妆时,一直抬头仰脸,声带长时间不能松弛所致。这句唱本来是按祥符调慢板唱法,头一个字就在高"3"(咪)上,一搭嘴不行,她马上改用中音和低音,来了一个急转弯。乐队一听,马上也跟着急转。好在拉板胡的刘福庆与桑振君在许昌合作多年,配合比较默契,他主弦跟着一转,其他乐器都跟着转了下来。

不管怎样,那天总算把这场折子戏演下来了。

演出结束后,桑振君非常难过。她想了很多,多少年没有回来了,今天在河南父老乡亲面前就唱成这个德行,深觉对不起大家。想着想着,心情不觉沉重起来。

卸妆后,心情稍有平静,转而又想,不管怎样,我是尽力了,总算表达了一下我对家乡父老乡亲的感激之情吧。

想到此,心中有了些许安慰。

其实,河南的人民和观众还是给了她很大的理解和支持。因为大家都知道,"弦不离手,曲不离口"是戏曲界的至理名言,何况她已经离开舞台快20年了,今天能恢复到这个样子,已经是十分不容易了。

为了抢救传统剧目,河南电台还特意给她录制了《打金枝》、《观文》的唱段,后来黄河音像出版社把她的这些唱段和她20世纪50年代录制的《白莲花》唱段放在一起,制作出版了她的一个盒式磁带。

这次在郑州演出时,陈素真也在郑州。她在报纸上看到桑振君率团来郑州演出的消息,专门赶到驻地来看望桑振君一行。

说来也是笑话,由于一时戏票紧张,连这位豫剧皇后也没看到她们的戏。所以,一见面,陈素真就对桑振君说:"我真想再看看你的《对绣鞋》和《投衙》呢!"于是,在桑振君的宿舍里,这位大姐"硬逼着"桑振君唱了一段《对绣鞋》。

陈素真对东风剧团也是情有独钟。就在东风剧团驻地,她与全体演职人员见过面后,又讲了一节豫剧表演课。临近中午时,又把桑振君她们几个人,领到她儿子小虎的家里吃了个便饭。

从河南回到邯郸不久,桑振君又有了新的考虑:一是觉得她带领的东风剧团已重新走上了正常的轨道,按照要求,她本人也基本圆满完成了上级领导交给的任务;二是觉得自己年岁已大,应该尽快让位给年轻人,让他们多锻炼、快成长。

思虑成熟后,她直接找到了地委领导,提出了辞请,并推荐胡小凤、牛淑贤、李素芹担任剧团领导。她担心领导有可能给她堵回去,还特别强调说:"我二十三四岁就当团长了,现在他们年龄都已不小,三十多岁,正当好年华,艺术上也基本成熟,希望领导能接受我的建议。"她看领导没有表态,又接着说:"主演和业务骨干担任团领导,有利于开展工作。另外,让年轻的同志去挑重担,这对他们也是一个很好的锻炼和提高。"

地委领导当然不允。后来,她又多次去找领导反映情况,他们倒是答应研究一下,结果放了很长时间还是没有结果。她看领导一直"久拖不决",就干脆请"病假",闭门不出了。地委、文化局的领导看实在挽留不住,就任命牛淑贤和她的爱人池海莲为东风剧团一团的正、副团长,胡小凤和她的爱人王文玉为东风剧团二团的正、副团长。

对这个结果,桑振君还是很满意的,于是就安心退居在家。

# 五十四、退休人更忙

1985年,崔兰田的三儿子周铁奉母之命,把桑振君从邯郸接到了安阳。老姊妹一见面,崔兰田就告诉她,要她和安阳剧团一块,到周口巡回演出,并要她担任安阳剧团的艺术顾问。

桑振君这个人艺术上追求上进,处事却一直比较低调,自从被排除豫剧流派之外以后,似乎更为低调,一听说还要她担任艺术顾问,连忙摆手制止说:"田姐你不要吓我了,我对你的艺术很佩服,你的金字招牌比我大,你还要我顾什么,问什么?"崔兰田说:"我请你这个顾问可不是——顾着问,顾不着不问。是啥时间都要问,而且是全面地问,彻底地问。"

桑振君还想要说什么,硬是被崔兰田"压服"了。

崔兰田之所以能"压服"桑振君,是因为她们的姐妹关系非同一般,崔兰田知道,桑振君从内心深处认她这个"姐"。

安阳剧团还在周口举行了一个仪式,周口地区文联的要员和著名越调演员申凤梅都应邀参加了仪式。在这个仪式上,安阳剧团郑重地给桑振君颁发了聘书,这样一来,桑振君就再也不好推辞了。

崔兰田为啥要请桑振君出山呢?一是知道她退休在家,怕她寂寞。按崔兰田的话说,"搞了一辈子戏了,离开戏曲,人会有病的,出来做点事情,也有利于身心健康";另外,桑振君当年在周口这一带名气不小,也想借借她的人气。

地方戏之所以为地方戏,其中一个明显的特征,就是它的地域性特征。长期以来,由于豫剧各流派的代表人物从事戏曲活动的主区域不同,因而所产生的影响力在不同的地域也相应有所不同。再加上戏曲地理在一定程度上也受到方言地理的制约,所以,在豫西北一带,桑振君的名气肯定就不如崔兰田,可要在豫中南一带,崔兰田的声望又确不如桑振君了。

两大名旦率团演出,活动进行得十分顺利。

但有一点,是桑振君万万没有想到的。她离开周口已近40年了,这里的人民竟然还记得她! 每场演出,观众都要求她出来给大家见见面,说说话。这种场面,着实令人感动。安阳剧团的团长、崔兰田的弟弟崔少奎也不无感慨地说:"桑姐,我真是没见过这样的场面! 我觉得咱田姐在安阳就够意思了,没想到你和这里的观众相隔40年不见,他们都还记着你……"

每到一个县演出,县委、政府、人大、政协四大班子的领导都要请剧团吃饭。最令人感动的是在鹿邑,县委的宣传部长握着桑振君的手说:"桑老师你回来了,就是走娘家来了,我们都是你的娘家人!"文化局长有点不解地说:"我们咋都成了娘家人?"部长说:"桑老师生在河南,长在河南,后来到了河北,就是河北人了。她现在回河南了,就是回娘家了,我们不都是她的娘家人吗!"

听到部长情真意切的这一席话,桑振君不禁潸然泪下,月是故乡明,人是故人亲呀,她心中不觉感慨万千,想到自己离开家乡这么长时间,可河南还有这么多的观众记着自己。只有亲人,才会时刻惦念着呀,哪怕走得再远,时间再长……

马金凤知道安阳剧团在周口演出的盛况后,也带着她的女儿兴冲冲地赶到了周口,她想和她的两个姐妹一起,演出她的拿手戏《穆桂英挂帅》。崔兰田和桑振君都很高兴。

牌子已经打出去了,戏票也已卖出去了,可就在演出那天,西安电影制片厂打来电话,要马金凤马上赶到西安,去商定她拍摄的电影《花枪缘》的有关事宜。马金凤知道那边的事不能耽误,向崔兰田、桑振君说明情况后,就匆匆告辞了。

可这边的观众得知信息,却闹翻了天,演出前,观众一个劲儿地鼓倒掌。周口地委宣传部的副部长，慌忙上台给大家解释。谁知，倒掌声反而越来越大。安阳剧团的团长崔少奎实在坐不住了，慌忙找到桑振君说："姐，你面子大，能不能上台给大家说上两句？"

桑振君当时心里也很着急，但面对这个场面，也没想到什么好办法。听崔少奎这么一说，就答应试试看。因为她明白，救戏如救火。特别是《穆桂英挂帅》这样的戏，大家都是奔着马金凤来的，她走了，她的女儿到底怎样？桑振君心里也没有底。但有一点她清楚，如果马金凤的女儿一旦出场了，大家鼓倒掌把她拍了回去，那以后还怎么往台上站？桑振君一想到这里，马上就来了勇气，她理了理头发，从容地走到前台对观众说："父老乡亲们，马金凤是咱河南的艺术家，西安能来接她拍电影，是咱河南的光荣。她临走时，让我代表她向大家道个歉，她回来后一定前情后补，给咱们大家多演几场。同时，我也负责任地说，她的女儿马春荣，虽然一时还比不上她，但这姑娘还是很有潜质的，也有相当的水平，相信大家看了以后，一定会满意的。在此，我衷心地希望大家多理解、多支持、多爱护年轻人，多关心她们的成长。这，也是我们大家共同的愿望。大家说是不是？"

"是！"台下已有人在呼应。

桑振君接着大声说："现在，让我们共同欢迎马春荣出场好不好？"

桑振君是在一片倒掌声中出场的。她一露面，倒掌声就小了一半；张口讲话时，还伴有七星八落的掌声；当她问到"现在，让我们共同欢迎马春荣出场好不好"时，倒掌声早已全息，台下鸦雀无声，似乎在静等观看了。

桑振君松了一口气，心中暗想，观众已经默认了。

锣鼓响起，戏总算是拉开了大幕。她看演出进行得还算顺利，就匆忙赶回去吃饭了。在吃饭的过程中，她仍不放心，又两次给剧场的孟经理打电话，询问情况，在听到"一切正常，下面还喊了两声好"的回答时,才完全放下心来。

就在这年的10月底,马金凤提出,想带安阳剧团到北京演出,桑振君和崔兰田都很支持,并爽快地表示,愿意一同前往,马金凤非常高兴。

这时的崔、桑两大名旦是一句都不能唱了,老当益壮的马金凤却是功夫不减当年。这次组团,马金凤是主演。因为安阳剧团是崔兰田的家底,崔兰田自然就当起了总管,于是她先期赶到北京,提前安排剧团的演出、住宿等有关事宜。桑振君是剧团的艺术顾问兼舞台总监,随剧团大队人马一起出行。

河南豫剧赫赫有名的三大名旦带安阳剧团到北京演出,自然引起了很大轰动。这个消息先是在报纸上进行了报道。随后,中央电视台又对她们三人进行了采访和报道。著名电影表演艺术家、导演、原中南文化局局长崔嵬同志这时已经过世,他的爱人何微在报纸上看到了桑振君的名字,当晚专程坐车赶到长安剧场,诚邀桑振君到她家里做客。

故人相见,分外激动,那天晚上,她俩谈了很久很久……

崔嵬于1912年出生在山东诸城县一个贫苦农民家庭。他15岁接触革命,从1932年起,就开始了进步戏剧的创作和演出。1953年,经周恩来总理签署,委任崔嵬为中南文化局局长。1956年,崔嵬为了自己所钟爱的艺术事业,毅然辞去了行政领导工作,全身心地投入到演艺行列。此后,他参与创作并导演了多部中国电影史上的经典之作,《宋景诗》、《海魂》、《红旗谱》、《小兵张嘎》等脍炙人口的优秀作品中都凝聚着他的大量心血,为我国的电影、戏曲艺术做出了杰出的贡献。后因肝癌于1979年2月7日在北京去世。

崔嵬在中南文化局当局长期间,对桑振君非常关心。桑振君在西华受到不公正待遇、精神一度出现问题时,正是崔嵬把她接到武汉进行疗养,使她的身体得以很快恢复。不久,又是崔嵬代表组织找她谈话,动员她参加赴朝慰问演出。还是崔嵬,当桑振君和常香玉大姐发生艺术论争时,曾善意地批评和提醒她。桑振君还清晰地记得,在武汉疗养期间,崔嵬和夫人何微经常前去看望,有时一坐就是大半天,他们一起谈艺术,聊戏曲,一起憧憬美好的明天……

往事悠悠,岁月如梭,转眼几十年就过去了。尽管时隔久远,但这些情景至今回忆起来,桑振君还都历历在目,如同昨日。

何微知道桑振君到了北京,觉得来看望一下老朋友,并邀请她到家里说说话、叙叙旧,既是对往事的一种幸福回忆,也是对丈夫崔嵬的一种特殊纪念。

转眼就到了1986年,桑振君在郑州动了阑尾炎手术,出院回到邯郸的第二天,牛淑贤的爱人池海莲就找到家里来,他告诉桑振君说:"桑老师,淑贤应上海电影制片厂邀请,去排演《丫鬟传奇》,想请老师去辅导一下唱腔。"桑振君当时身体还很弱,可还是满口答应了下来。

桑振君先看完了剧本,又听了唱腔,感到有些唱腔明显与剧中人物的感情不符,个别唱腔甚至相悖,于是就直言不讳地提出了修改意见。在随后的唱腔练习中,为了让牛淑贤在吐字方面更规范、更清晰一些,她每天又专门给她讲一两个小时的吐字方法。后来在拍摄前,上海电影制片厂提出要有一个艺术上把关的,桑振君二话不说,又跟他们一块去了上海。

那边刚忙完牛淑贤的事,这边胡小凤的爱人王文玉也找上门来。王文玉说:"小凤想去郑州演出,也想请老师给予指导帮助。"

这时,已经到了1988年。因为那一年,艺术界开始评定职称,桑振君在邯郸地区和市里都是评委会的成员,两边的评审会都得参加;7月份,河北省举办青年演员戏曲电视大奖赛,省里已向她发出邀请,她也要担任评委,所以这一年就显得格外忙。但看到学生有这个请求,她还是一口答应了下来。她主要考虑到,1981年和1982年,牛淑贤和赵贞玉分别作为领衔主演到河南演出时,是她带团去的。这次胡小凤到河南演出,她也不能"厚此薄彼"呀,于是马上就与河南演出公司的经理尹涛同志联系。

尹涛是著名豫剧表演艺术家高洁同志的爱人,他一听是桑振君亲自带队过来,立即表示欢迎,在满口答应的同时还特意表明,演出中一定提供良好的服务。

恰好此时,河南要在这年的10月份举行中青年戏曲汇演,也来邀请桑振君当评委。于是,就在桑振君担任这次汇演评委的时候,顺势把胡小凤的剧团带到了郑州。

桑振君没有想到,河南的中青年戏曲汇演会邀请她来当评委。她问前来邀请她的人说:"河南有那么多专家,你们为啥还跑到邯郸来找我呀?"前来邀请的人说:"桑老师,河南的同志都知道你很正直,也敢讲真话,我们要的,正是你的这种正直和敢于说真话!"

有桑振君的保驾护航,胡小凤在河南的演出,可谓是顺风顺水。郑州演出结束后,剧团又应邀到开封演出了几场,河南电视台闻知后,又专程带着转播车到开封进行了《虎符》等剧目的录制。整个演出活动组织得干净利落,几乎没出一点纰漏,所到之处,观众热烈欢迎,演出取得圆满成功。

事后,桑振君曾总结分析了这次演出的成功经验,她说:一是,提前给河南方面取得了联系,在诸多方面得到了各级领导和广大观众的大力支持。二是,胡小凤多年刻苦学习,练就了扎实的基本功,带去的戏本身过硬。三是,小凤初演穆桂英时,毛泽东曾有过"13岁的娃娃能演53岁的穆桂英,不简单"的赞誉,在河南有一定的知名度。这样,东风剧团在河南的演出,可谓是天时、地利加人和,多种有利因素齐备,怎能不打胜仗呢?!

后来,桑振君常常用这些经验之谈,告诫东风剧团的新生力量。

为了表达对东风剧团的感谢,省文化厅的王传真厅长还着意安排,请桑振君、胡小凤、王文玉、谢长春一起吃了个便饭,并特别邀请常香玉和申凤梅作陪,以示对两省关系和对桑振君的看重。

在郑州时,河南省文联还专门为东风剧团的演出召开了一个座谈会。座谈会由《朝阳沟》的编剧、著名导演杨兰春同志主持,与会同志对东风剧团的演出给予了充分肯定,对胡小凤的表演也给予了很高的评价。

在这次会上,有关专家学者首次提出了"胡小凤形成了'南唱北派'演唱风格"的理论观点。

## 五十五、收徒寄厚望

牛淑贤、胡小凤、赵贞玉等一批优秀演员,在河南腹地的成功演出和产生的影响,让人们进一步领略了东风剧团的风采。人们很自然地、不知不觉地把更多的目光投向了这些梨园新秀,大家都为这些盛开的花朵叫好,为她们颂赞。这,当然无可厚非!但冀、豫两地的有关领导和有识之士却在同时思考着一个深层次的问题:一个地市级的剧团何以如此风光?一个层级并不高的小小文艺团体,何以新秀层出?

不管别人怎么想,邯郸市市长郭庆余早就认定了这个道理:名师出高徒!

桑振君刚从河南回到邯郸,郭庆余就亲自出马,非要她再收下两个徒弟——市春燕剧团的苗文华和郭英丽不可。

桑振君态度是,坚决不收!她为什么会断然拒绝呢?桑振君当时的回答非常简单:"这两个小演员,年纪不大,人很聪明,我很喜欢。但两人在省、市已小有名气。我这时出来收人为徒,似有贪功之嫌,断不能收。"

其实,在郭市长没有提出这个事情以前,已经有人给她推荐过,她已经谢绝了。这次市长又亲自提出来,她还是没给面子,收徒之事就这样又搁置了下来。

转眼到了1990年,也许这时候的郭市长已经了解了桑振君的脾气,他不再找人去捎话,而是直接带着苗文华和郭英丽亲自登门,一进屋就开门见山地说:"桑老师,看在我这老面子上,今天就把这两个孩子收下吧!"郭市长的不约而至,给桑振君一个出其不意。稍许,她才反应过来。她急忙又看了一眼郭市长,本来还想说点什么,但一看到苗文华和郭英丽那渴望的眼神,不知怎的,马上联想到自己小时候拜师时的情境,那眼神,不就是自己当年的眼神吗?她不觉有点退却了,生怕伤害了这两个孩子。她迟疑了一下,但下意识的感觉使她不能再表示拒绝,于是,不太情愿地慢慢回答说:"那好吧,让我再考虑考虑……"

郭市长一看今天有戏,喜出望外,恐再生变故,很快就定下了拜师的时间、仪式,并通知市委宣传部和市文化局做好有关准备工作。

这样,苗文华和郭英丽终于成了桑振君在河北的两个关门弟子。

其实,就是在没有收苗文华、郭英丽之前,桑振君就已经给她们传授过技艺了。给苗文华传授的是《对绣鞋》,给郭英丽传授的是《打金枝》。

苗文华、郭英丽作为她的入门弟子,学的多是她在20世纪四五十年代唱红的传统戏。而胡小凤、牛淑贤学的,多是她到邯郸以后设计的现代戏。这样,苗文华、郭英丽两人的唱腔,相比而言,就更接近桑振君的唱法。

桑振君对她们都很关爱,她曾对人说:"这几个人的条件都很好,我对她们深寄厚望!"

没过多久,细心的桑振君就观察到,苗文华是一个很有灵性、颇具个性,且有强烈进取心的演员,不觉有几分欣赏,但她喜在心里却不露声色,为什么呢?后来桑振君对别人说:"那时,我就有意识地想磨炼她。"

苗文华毫无所知,刚拜师的那半年,她倒是满心欢喜,恨不得把老师的本事很快都学到手。可桑振君对苗文华却是"冷眼相观,不理不睬的",这似乎有点像猎人"熬鹰",几天内不给吃、不给喝、不让睡觉那样,这种"看似无情却有情"的训练让苗文华产生了更加强烈的学习欲望。

一天上午，苗文华突然向老师提出一个请求："师傅，我想学您一些唱段，并把它录成磁带，您看行吗？"桑振君先是怔了一下，但马上脱口说道："那好啊，这是好事，我支持。"桑振君喜上眉梢，她心想，现在社会上有许多戏曲演员，由于受拜金主义的影响，纷纷转行，这孩子却能沉下心来，痴心于艺术，真的是难能可贵呀！这时的桑振君，已经打心眼深处喜欢上了这个孩子。

她进一步认定，文华是个好苗子！

一盘磁带中只有五六段戏，桑振君教了苗文华一年多。在那近两年的时光里，老师不停地教，学生不停地学，有时还要打上一个夜班。就这样，桑振君逐字逐句、一个腔弯一个腔弯地抠了整整一年零 11 个月。苗文华也扎扎实实地系统学习了一年零 11 个月。

由于得到恩师的特别关照，苗文华的演唱技艺明显有了"质"的飞跃。

像大多演员一样，苗文华开始也存在着那种口松、气短、吐词不清、行腔轻重缓急不分的毛病，嗓子的音域还显狭窄，胸腔、喉腔、口腔、鼻腔、脑腔等各个部位的共鸣，也都没有完全地打开，甚至连站立的姿势，都欠规范。桑振君告诉她说，气短，是没有掌握好劲和气。唱戏时腰要用劲，丹田要存气，丹田气不足，气都涌在胸腔，一张嘴，气一下子都跑出来，后边就没有了底气。吐字不清，是吐字前的预备口型和微变口型运用的问题。在推声母时，必须为声母准备好预备口型，在归韵母时，应该知道微变口型的大小……苗文华真没想到，没有上过一天学的老师，有自身的经验倒不足为奇，可有这么高的教学理论，真让她打心眼里佩服、敬仰。

使桑振君最感到欣慰的是，苗文华的唱腔，还真的有了自己的味道！试录时，桑振君给这盘磁带打了个"及格"。她高兴地鼓励说："文华在行腔、韵味上很像我，大的方面把握得不错了。"但接着又提出了严格的要求："在细腻方面，还稍有欠缺，像唱腔中的一些小装饰音，在抑扬顿挫的准确性方面还有一定的差距，接着再来……"

每次录音,桑振君都坐在录音室内具体指导。有一次录音时,她听到苗文华的嗓子有点吃力了,马上让录音师暂停,她告诉苗文华:"把脸扬起来,再让颈曲折,反复拉几下声带,再试试……好!接着唱!"嘿,果真灵验,只这么几下,苗文华马上感到嗓子轻松了许多。

没多久,苗文华顺利录完了这盘磁带。

2002年5月的一天,当有人拿着苗文华的这盘磁带,在原许昌专区的属地、郏县苏坟村王青云家播放时,这位77岁的老人和他的老伴一边听,一边流眼泪。王青云老汉的第一句话就是:"真是桑振君的徒弟!"第二句话是:"桑振君为什么要走呢?"老人接着说:"我年轻时,在县商业局当会计,那时到许昌的机会很多,只要一到许昌,就非看桑振君的戏不中。"老汉喝了一口水,又不紧不慢地感叹道:"哎!现在再想听她的戏就难咯……还好,收了个好徒弟,几乎乱真呢!"

难怪王老汉感叹,他说的倒是实情,别说是听桑振君本人唱,就是听她当年的录音也是十分不易了。桑振君在她艺术鼎盛时期,录制过很多精彩唱段,仅中国唱片社就给她出版发行了《白莲花》、《投衙》、《对绣鞋》、《打金枝》等8个戏的唱片。但经过"文革",现在保存下来的大概不多了。她本人原也保存了一些当年录制的留声机唱盘,由于年久,存放失当,唱盘老化变形,后来都成了废品。所以,当前想听到桑振君艺术鼎盛时期的原声唱腔,也只有在中国唱片社早年出版发行的《豫剧五大名旦唱腔选粹》磁带中寻找了,可那也仅仅只有《白莲花》中的几个小段而已。20世纪80年代初,虽然也有她的一些录制唱段,但与她60年代的演唱水平相比,简直有着天壤之别。

戏曲艺术表演,拼到底拼的是文化底蕴。桑振君要求苗文华多读书,以丰富知识、提高综合素质,她说:"要注重文化知识的学习,我吃亏就在这上面。你现在的条件多好啊,要多学、多记。肚里装的东西多了,对表演就大有好处。"苗文华还比较听话,那个时期,还真的读了不少中外名著。

桑振君喜欢苗文华自然有很多原因,其中一个原因就是苗文华肯动脑筋,她发现老师的戏词有不妥的地方,就向老师提出来,桑振君觉得有道理,也不把自己的东西当作金科玉律,也支持苗文华改动。要说,桑派《桃花庵》中"上门楼"这一段的唱腔唱词,已经是无可挑剔的。但在苗文华的唱腔磁带中,又有一点改变。其实这点改变,是桑振君改的。但桑振君说,我让它出现在苗文华的唱腔磁带里,一是为了提高文华的影响,二是表明我桑振君的东西,不是金科玉律,我桑振君可以改,我的徒弟也可以改!

桑振君在教学的后期,嗓子已经坏了,桑派唱腔是以温婉、细腻的演唱著称的,而且用的是二道嗓,嗓子坏了,唱戏不行,教戏也受局限,心里要发的装饰音嘴里发不出来,无疑就像半个哑巴。而极具灵气的苗文华,只要看到师傅的一个眼神、一个手势,就能心有灵犀,领会到师傅的意图,这常常让桑振君高兴得抿嘴儿笑。有一次,她不无疼爱并半开玩笑地骂苗文华说:"你这个鳖孙,咋恁灵哩!我都够灵了,你比我还灵……"

2000年,在郑州为桑振君举办从艺66周年的研讨会上,时任河南省文化厅厅长的孙泉砀,一定要她再在河南收徒,桑振君感到盛情难却,就在河南又收了常俊丽和宋凤丽两人为徒,苗文华这个原来的"关门弟子",当时像个独生子女一样,看家里又"打开门户",而且一下子进来了两个小妹妹,一时感到自己再也不能享受"特殊"待遇了,一赌气,转身到美国相夫教子去了。

师徒之间的这一段情结,桑振君的一个知己,也是她的戏迷朋友看得最为清楚。他劝导桑振君说:"无论美国的生活条件再好,无论文华的家庭生活多么幸福、多么重要,文华都会像你一样,决不会放弃她钟爱的戏曲事业。正因为文华酷爱的是戏曲事业,正因为她把你当成了最敬爱的人,她才这样出走给你赌气。赌气看着是在气你,实际上是心里有你、尊你、在乎你。"

那个戏迷朋友还现身说法对桑振君说:他小时候受了母亲的打骂后,就赌气、报复性地藏在村边的竹林。不一会儿听见母亲的声声呼唤后,心里不是感到高兴,而是像刀割一样难受。自己心里难受,又害怕气着母亲,这样不会有多长时间,就会自动走回家门。

他又接着说:"文华也会是这样,你看她跳腿走了,其实她心里比你还难受,更害怕时间长了,再把你气着。相信我,她会回来的!"

果然时间不长,大洋彼岸就来了电话,苗文华一直在寻找她的恩师,在邯郸找不着就在郑州找、许昌找,直到找到了为止……

苗文华得到了桑振君的真传,她没有辜负恩师对她的期望,后来,她在桑派艺术的继承和发展上,创下了新的辉煌。

桑派的经典剧目《桃花庵》、《打金枝》,已先后搬上了银幕,苗文华在戏中分别扮演了窦氏和国母,在表演上已是炉火纯青。还有,她在桑振君亲自设计唱腔的豫剧现代戏《江姐》中,饰演江姐,表演端庄、大气,形象鲜活,成功刻画了剧中人物。

桑振君发声以小嗓为主,有评论家说她是"声不高,韵很刁;字不恨,有神韵"。而对苗文华的评价则是:"发声既有小嗓,也有本嗓,小嗓与本嗓之间的过渡和转换,已是浑然一体,几乎没有半点痕迹,这是很难得的。"

桑振君和她的爱徒苗文华似有一种心灵上的感应,桑振君病重的时候,有时甚至是在昏迷中,但只要苗文华来了,她就能感觉到,而且立马就有了精神。大概在她的心目中,这个爱徒不仅仅是桑派艺术的传人,也是她生命灵魂深处的精神寄托。

桑振君在邯郸从事教学活动近四十年,其成果令世人注目。她的学生中牛淑贤获第7届中国戏剧梅花奖,胡小凤获第8届中国戏剧梅花奖,苗文华获第18届中国戏剧梅花奖,郭英丽获第22届中国戏剧梅花奖。此外,东风剧团还涌现出二十多位国家一级演员、四十多位国家二级演员。应该说,这里边凝结着桑振君的心血和汗水。

作为一个地市级剧团,有如此之辉煌,就全国而言也是很少见的。

## 五十六、三个文化人

魏伯年是《郑州晚报》的资深报人。桑振君当年在郑州豫剧团工作时,他是该报副刊的主编,也是桑振君的一个戏迷朋友。他们是在采访中熟识的,后来常在一起谈艺术、谈人生。偶尔也和几个朋友一起抽烟、喝酒,他们志趣相投,交情很深。桑振君跟申凤梅是好朋友,魏伯年也因桑振君去采访过这位越调大师。月是故乡明,人老更思亲。桑振君退下来以后,每到豫剧的大本营郑州时,都要与魏伯年这些老朋友见见面、叙叙旧。

李铁城是编审、诗人、作家、书画家、河南省文史馆馆员。但他的名气以及在文化方面的贡献,要远超过他的这些头衔。多年来,他苦苦耕耘,收获颇丰,曾先后出版《新道德经》、《李铁城诗词选》、《失爱者》、《轩辕黄帝之碑》、《李铁城书画诗文选》、《孔子之碑》等书,他为新郑炎黄二帝创作并书写的碑文,被誉为是经典之作。他向世人推出的《新道德经》,在社会上影响极大,为此,他被誉为"特立独行的思想家"。

另外,他还是一位戏曲文化艺术的爱好者、捍卫者、传播者。他发表在《大河报》上的《我有心歌君试听》,就道出了他的这种心声。

侯耀忠当年是河南省戏剧研究所的书记。他转业前是部队的正团级干部,虽说涉足戏曲艺术研究,是半路出家,但他对戏曲艺术的深入思考,绝不是始于半路。他出生在西华,养育他的那片热土就是桑振君当年大放异彩的逍遥镇。在那里,他读完了中小学,他和他的父母、岳父母,也都亲身见证了桑振君当年的辉煌,他全家对桑振君本人和豫剧桑派艺术,都有着一种特殊的情愫。可以说,从中学起,他就对戏曲艺术尤其是豫剧桑派艺术开始了有益的探索。

之所以单说上面的三个人,是因为这三个人都是文化人,他们在豫剧桑派地位的重新确立过程中发挥了不可替代的作用。而且,这些作用的发挥又是水到渠成、自然到位的。逻辑关系是,没有魏伯年,就不会引出李铁城,没有魏、李两个人的共同意向,也不会引出后面的侯耀忠。这三个人的个性表现也各有侧重。魏伯年是出于友情,李铁城是出于道义,侯耀忠更多的则是出于责任。三个人的作用不可小视,它好比是骨牌里的头牌,"牵一发而动全身"!正是这个"头牌效应",终于在 2000 年 8 月 25 日,促成了一个由河南、河北两省联手,以河南省委宣传部、河南省文化厅、河南省文联主办,河南省戏剧研究所、河南省戏剧家协会、河北省邯郸市文化局承办的"桑振君从艺 66 周年暨桑派艺术研讨会"这一特别盛会。

事情的起因也很简单。2000 年盛夏,桑振君在郑州小住时的一天上午,她的老朋友魏伯年把李铁城领到了住处,一见面就介绍说:"他叫李铁城,是河南大名鼎鼎的诗人,也是你的忠实戏迷。"还没等桑振君开口,李铁城就接着说:"在我的少年时代,就看过你的戏。等我 1981 年回到河南时,已经见不到你了。可'桑振君'三个字,在我脑海中始终没有忘却。"握手后,桑振君招呼二人坐定。李铁城又接着说:"只知道你是艺术大家,但当时要把你评价到哪个地位,我心中还没数。对你的看法,我从陈素真老师那里听到了很多。陈老师一生对艺术精益求精,是一个十分严谨的艺术大师,可她却常常感叹地说:'豫剧流派应该有人家桑振君呀!'这时我就想,一个能让陈素真大师佩服、说她好的人,怎么能让她默默无闻靠边站呢?心里一直是个疙瘩。前几天伯年同志给我打电话说,你带着东风剧团的徒弟,要来郑州演出你的代表剧目,我俩想利用这个机会,让河南艺术界的朋友都来看一下,以便对你的桑派艺术,给以必要的总结;对你为豫剧做出的贡献,也作出个应有的评价……"

魏伯年和李铁城当初的想法,也就是举办这么一个非官方的小型研讨会。桑振君一听说他俩要给自己开个研讨会,赶忙阻止说:"哎呀,不敢当!不敢当!我已经离开舞台几十年了,没那个必要,也不值得。"魏伯年素知桑振君的脾气,若只有他一个人来,这个提议肯定会就此止步,小型的研讨会必将化为泡影。事情巧就巧在他带来的李铁城身上,李是个极为严肃认真的人。他以不容置辩的口气,打断桑振君的话说:"你别以为你的艺术,就是你的私有财产!你的艺术,是豫剧的一个重要组成部分,是属于人民的。召开你的艺术研讨会,也不是你桑振君个人的事,这关系到整个豫剧艺术事业的发展和继承问题……"

桑振君对自己的事,特别是关系到荣誉、地位、金钱方面的问题,历来看得很淡。1956年河南省第一届的戏曲汇演,她是众所周知的"豫剧五大名旦"之一。1980年莫名其妙地被排除在五大名旦之外,想必她的心中,也不会是什么好滋味。可从来没有听说,桑振君在这方面有什么怨言。就是有人把中国唱片社早年出版发行的《豫剧五大名旦唱腔选粹》的磁带,放到她面前,又指着上面有着她的《白莲花》唱段,她也是心静如水,一笑置之,不作任何评论。她认为,当年和常香玉大姐在《河南日报》上的公开"争论"是为了豫剧的改革创新,属于艺术方面的深入探讨,必须得争;而后来自己被排除在"豫剧五大名旦"之外,那只是关系到个人的名誉地位,既然早已离开了舞台,就更由不得自己了。可现在经李铁城先生这一说,她觉得也有一定道理。自己一生这么热爱戏曲艺术,而且还真的有一些艺术方面的经验积累和感悟,既然不能算作个人的私有财产,那就听从人家去安排吧。

李铁城、魏伯年找到省戏剧研究所的侯耀忠书记和焦景周副所长,他们当即表示一定给予大力支持。此后,两人又亲自赶到宾馆,看望了桑振君,并与她具体商讨了研讨会的相关事宜。为进一步把事情办好，李铁城又向当时的河南省文联副主席、省戏剧家协会常务副主席王鸿玉作了汇报。王鸿玉说："这是好事，大好事，我们坚决支持，需要我们做什么，我们做什么！"

就在这个研讨会即将举行的时候，不知怎么又遇到了障碍，而且几乎是办不下去了。这个信息传到邯郸，邯郸方面一筹莫展，只能表示放弃。可军人出身的侯耀忠，却有一股韧劲。他横下一条心："如果桑老师这个研讨会办不成，我卷铺盖回家！"侯耀忠认为，作为戏剧研究所的书记，他有一份义不容辞的责任！他深知，这个责任的背后是广大戏曲观众的普遍呼声，当然，也有包括他的父母、岳父岳母在内的，千千万万的逍遥镇父老乡亲的重托！

侯耀忠是基层领导，也是个笔杆子，他十分熟悉其中的工作流程。于是，他开始穿梭于省委宣传部、省文化厅、省文联之间，该打报告的他打报告，该当面汇报的他就当面汇报，最终，得到了这三个部门的大力支持，三家的主要领导均作了明确批示。

当侯耀忠拿回盖有三个部门大红印章的批文时，李铁城激动地说："太好啦！这三个印章碰在一起可不容易啊！"

## 五十七、桑派复归来

2000年8月25日,由中共河南省委宣传部、河南省文化厅、河南省文联主办,河南省戏剧研究所、河南省戏剧家协会、河北省邯郸市文化局承办的"桑振君从艺66周年暨桑派艺术研讨会"在郑州隆重举行。

河南省政协副主席胡廷积,河南省委宣传部常务副部长常有功,河南省文化厅厅长孙泉砀,河南省文联主席张海,河南省文联副主席王鸿玉、田中禾,河北省文化厅原副厅长、一级编剧孙德民,河北省戏剧家协会常务副主席刘仲武,河北省邯郸市委常委宣传部长陈会新,邯郸市委副秘书长陈夫新,邯郸市文化局局长穆铁群,邯郸市文化局副局长郭鲁泰、王兴及河南文艺界知名人士三百余人参加了研讨会。

中国文联党组书记高占祥、中国文联副主席兼作家协会党组书记翟泰丰、河南省委常委宣传部长林炎志、河南省人大副主任张世英、河北省副省长刘健生、河北省文联主席冯思德等领导分别致电祝贺;发来贺电、贺信的单位还有:文化部艺术司、中国戏剧家协会、中国艺术研究院、中国艺术研究院戏曲研究所、河北省委宣传部、河北省文化厅、山西省文化厅、陕西省文化厅、湖北省文化厅、安徽省文化厅以及新疆石河子豫剧团、山西省太原市豫剧团等。

河南省八十多岁的老剧作家王景中、河南坠子表演艺术家赵铮、曲剧表演艺术家张新芳以及豫剧界的同仁吴碧波、王素君、高洁、魏云、王清芬等都前来祝贺;许昌市豫剧团精心制作了一块"艺高德劭"的铜匾赠给桑振君;崔兰田因身体不好,安排崔小田专程送来贺信和一幅题词;马金凤、毛爱莲因在外地,除发来贺电外,还通过电话向她表示祝贺;常香玉因爱人陈宪章刚病逝不久,本人身体不好不能前来参加而特意口头致歉。

那天,虽然天气很热,可还是来了很多人。桑振君和这些老姐妹见面,大家都很激动,互相热情拥抱。特别是她和吴碧波,同是开封的赵门弟子,更是姐妹情深。桑振君坐镇许昌的时候,每逢吴碧波到许昌演出,总会得到她这个师姐的特别关照。1956年全省第一届戏曲汇演时,吴碧波在《打金枝》中扮演的国母,就吸收了桑振君的一些东西,获得了表演一等奖。她们虽然这二十多年来没断联系,但毕竟是久别后的又一次见面,拥抱时,两人久久不愿松开对方,都激动地流下了眼泪。

研讨会由河南省文化厅艺术处处长王洪应主持。

中共河南省委宣传部常务副部长常有功在讲话中称:"桑振君和常香玉、陈素真、崔兰田、马金凤、阎立品在观众的心目中齐名……"河南省文化厅厅长孙泉砀在讲话中说:"把桑振君的名字和常香玉、陈素真、崔兰田、马金凤、阎立品等豫剧大师并列起来,可以说是对历史和现实的尊重,是我们不可推卸的一个责任……"

研讨会上,与会专家和戏曲界同行踊跃发言。有的从贡献方面来认识,他们说:"桑振君老师对豫剧有三大突出贡献。一是,把河南坠子的演唱技巧全面地巧妙融化到豫剧的板式中;二是,她演出的行当涉及豫剧所有旦角行当,如青衣、闺门旦、老旦、刀马旦、丑旦等,这铸成了她的一批代表剧目,如《对绣鞋》《观文》《白莲花》《打金枝》等;三是,在演唱方法和技巧上,她不受豫剧传统板式的羁绊,在豫剧传统板式上有明显突破。"

有的从艺德方面来评价:"桑振君老师艺德高尚。过去戏剧界的演员都是嗓子坏了、老了、唱不动戏了,才不得已去教戏。唯独有一个桑振君,可以说是空前,甚至是绝后的。在舞台上正红火的时候,正唱得发紫的时候去教学生。大家品味品味是什么东西支持着她？就是她对艺术的那种执着！她觉着去教戏比去唱戏对发展戏曲更有利、更合适,实际贡献会更大。在那个正红得发紫的时候,把名和利置之度外,而去一字一句地教学生,确实难能可贵！从戏剧史上看,以前从来没有过。"

有的老艺术家还对中青年演员道出了肺腑之言："现在是多好的时代啊,中青年演员不应该辜负这个时代。说实话,孩子们,闺女们,你们还差得远哩。我说的话有点不好听,不好听今天我也得说,七十多岁了,再不说啥时候说？这个扮戏,你应该按角色来扮,不是把头上扎得跟百货楼一样,水袖耍技巧,咋花咋来,怎么能这样呢？我说,弘扬豫剧应该从根本抓起,从人的思想抓起。青年一代要知道为谁服务,不是单为拿奖。桑振君没有拿过什么梅花奖,但她培养出多名梅花奖演员。桑振君为事业就像一支蜡烛！为培养学生就像一架人梯！这不比拿什么奖都宝贵吗！"

不少专家还对桑派的艺术价值作了高度评价,有的说："桑振君的演唱风格,之所以成为一个流派,是因为她的艺术有个性,而且很有特点。桑振君的唱法、字组的安排与板槽的安排与其他几大流派有所不同,板式灵活自如,字巧不脱槽,妙在其中。这就是桑派艺术的特点。声腔艺术最基本的是吐字功夫。桑振君吐字最好。她的逻辑重音用得最恰当。哪个字轻,哪个字重,哪个字应该巧、俏,用得最好。她的吐字重而不拙,轻而不飘,恰到好处。她的唱腔不是一味地亮嗓子,可贵的是,她唱出的有些旋律就像说的一样,口语化很强。桑振君的戏在吐字方法上不仅轻重掌握得好,而且四声很准。有些很有成就的演员四声不正,桑振君的字都很正,没有一个歪的、倒的,这才叫字正腔圆。可能是我对她的偏爱吧。不过,就我所知,河南的观众都喜欢她,如果把桑派艺术排挤出去,对豫剧是一个大损失,我的说法一点都不过分！"

还有的说："在艺术上,我为啥是桑派艺术的老戏迷呢？我曾经给学生都讲过。学唱腔我不反对借鉴兄弟剧种的唱腔,并且还支持。但是不赞成豫剧界某些人,在学兄弟剧种唱腔时生搬硬套,拿过来就往豫剧里塞。我有一个形象的例子，人吃牛肉、羊肉的目的是让它变成人肉，你不能说嫌自己瘦了，就挖一块牛肉、羊肉贴到身上，这样不但不能变成你自己的肉，反而会把你原来的肉腐蚀烂……我觉得，桑派艺术在吸收兄弟剧种方面，吸收得非常巧妙，糅合得天衣无缝。如在《投衙》中唱的这个'帅府的差人五百多'，从戏剧史上找、从豫剧唱腔中找，滚白里带白、压板夹白，这些东西都有，但是在流水唱腔中间加一个'五百多'，似白非白，似唱非唱，听起来又俏丽、又好听，这就是桑派艺术的一绝，绝就绝到这里！在戏曲唱腔上找不到这一点，别的流派也没有。"

还有些专家学者对弘扬桑派艺术提出建议，他们说："第一，对于桑派艺术的继承，首先应是唱腔的继承，这个问题应该作为专题艺术来研究，建议能不能先搞音配像，让桑派艺术发扬光大。第二，要在青年演员中开展德艺双馨教育，学习桑振君等老一辈艺术家高尚的艺德，深入生活，密切与人民群众的关系。"

大家畅所欲言，会议气氛十分热烈。与会专家和学者充分肯定了桑振君为豫剧事业做出的突出贡献，并对桑振君科学规范的教学方法一致给予高度评价。

此次会议重新界定了豫剧旦角的代表人物，从此，桑振君又回到"豫剧名旦"之列。

研讨会前，东风剧团首先作了汇报演出。桑振君的弟子谢爱芳、刘伯玲、赵贞玉、郭英丽、桑玉蕊演出了她的代表唱段；她的得意门生苗文华，演出了她的代表剧目《投衙》。演出取得圆满成功，大家纷纷向桑振君表示祝贺。王素君激动地迎上前去，向桑振君献上一束鲜艳的花朵。

在苗文华演出的时候，坐在她身边的曲艺大师赵铮突然哭了。桑振君大吃一惊，急忙问道："姐，你哭啥哩？"赵铮动情地说："看见文华，就想起你年轻时演出这个戏的情景，文华是个好苗子，会后我要和文华单独谈谈，邯郸这36年，你没有白去呀！"

也就是在这个研讨会上，时任河南省文化厅厅长的孙泉砀对桑振君说:"你离开河南三十多年,河南广大戏曲观众对你的艺术非常欣赏,你一定要在河南收下几个弟子,把你的桑派艺术在你的河南老家也传承下来。"

桑振君认为,这既是领导的希望和要求,也是她自己应尽的责任。于是,已经在河北宣布关门的桑振君,又收下了许昌的常俊丽和郑州的宋凤丽为弟子。

收徒仪式在郑州的安钢大酒店举行,河南省委宣传部、文化厅、省文联、戏剧研究所等单位的领导,都参加了这个仪式。

这次研讨会和桑振君的收徒仪式,参加人员之众是空前的,既有过去熟悉桑振君其人和桑派艺术的既定人群,也有戏曲事业的新生力量和社会各界的代表人士。规格之高也是空前的,以河南省主管文化的三大部门的名义,隆重地为一个演员举办流派艺术研讨会和收徒仪式,在河南历史上大概还是第一次。

这次活动顺应了广大戏曲观众的呼声,实事求是地总结了桑振君在豫、冀两省创下的辉煌,还原了豫剧旦角流派历史的真实,尊重了生活的现实,在满足既定人群思想情感的同时,更给人们以新的思想启迪。这既是对桑派艺术的充分肯定,也是对桑振君本人艺术地位的充分肯定。会议得到社会的普遍好评。

一位与会的青年干部会后告诉作者:"这次会议,让我们眼前突然一亮,豫剧的百花园中还有这么一朵不同品种的鲜艳花朵。"接着她又感慨道:"只有群芳斗艳、百花齐放,才是戏曲事业的真正春天。"

一位与会专家,会后激动地预言:"这次研讨会,对桑派艺术来说,无疑起到了承前启后的特殊作用,它必将为促进戏曲艺术的繁荣发展增添新的活力和动力。"

从此,以桑振君为代表的桑派艺术,重新回到了豫剧的重要流派之中。

## 五十八、"不能摘桃子"

我省著名青年演员田敏仰慕桑振君已久,2002年秋天,桑振君在郑州的江海大酒店小住时,田敏闻讯,曾多次到酒店拜望请教,并给了桑振君一些个人的资料。一天晚上,在江海大酒店的东隔壁,戏曲茶楼的"前楼",田敏还十分用心地给桑振君演唱了一曲《春秋配》中"拣柴"的唱段。由于事前做了认真准备,演唱效果特别好。桑振君对旁边人连连夸奖说:"好,非常好!田敏今晚在这唱的,比她在《梨园春》上唱的要好,是个好苗子!"

事后,有人给桑振君建议收田敏为徒,也有人给田敏建议一定要拜桑振君为师。

桑振君确实很喜欢田敏,她私下也曾对人说过:"田敏的嗓子,很像我年轻时的嗓子,我很喜欢她。"

既然田敏敬重她,她又很喜欢田敏,可她们为什么没有结成师徒之谊呢?

首先是桑振君心中有顾忌。她说:"我不能摘桃子!"所谓不能摘桃子,就是不收有名气的演员为徒,以避"摘桃"之嫌,这是桑振君几十年来一直坚持的一个理念,她认为这是"贪天功为己有",而"贪天功"是极不道德的。因为当时的田敏已经是河南省有相当知名度的青年演员了,在1999年河南青年演员大赛时,她凭着《秦雪梅》中"哭灵"一折,获得大赛表演一等奖;2001年,她又作为豫剧界的唯一代表,参加了中央电视台2001年春节文艺晚会的直播演出;2001年3月,还应邀参加了南阳市"五个一"大型现代戏《青山明月》的排练、录像;2001年5月,获得了"香玉杯"大赛表演一等奖第一名,同时,中央电视台《名段欣赏》栏目为她录制了两期节目在全国播放。随后,黄河音像出版社又为她出了VCD光盘的个人专辑。2002年8月,田敏随河南电视台的《梨园春》栏目到台湾演出,更是获得了好评。田敏到江海大酒店拜望桑振君时,是她刚从台湾演出回来不久。

她送给桑振君的主要资料中,除了介绍自己的一些文字资料外,还有黄河音像出版社为她录制的那盘VCD光碟。

就是这么一个原因,田敏与桑振君擦肩而过,没有结成师徒之谊。

2003年,田敏拜给了陈派的传人吴碧波,成了陈素真大师的再传弟子。这个消息出来后,有人在桑振君面前表达了遗憾。没想到桑振君异常高兴地说:"好,好,好!这一下大姐可有再传之人了。"桑振君所说的大姐,就是她最为敬重的陈素真大师。而且,她和吴碧波也是情同手足的师姐妹。从这些关系、感情上说,桑振君并不感到遗憾。从她那一连三个"好"和所说的理由看,完全是发自肺腑。

2003年,田敏获得了河南广播电台评选的"黄河杯"最受听众喜爱的十大优秀青年演员奖。桑振君作为颁奖人也参加了那天晚上在河南人民剧院举行的颁奖晚会。颁奖时,桑振君笑容可掬,热情地向田敏表示祝贺。

晚会结束后,田敏在后台又看到了她尊敬的桑老师,马上迎上前去。大概桑振君着实是喜欢田敏,一见到她,又灿烂地笑了,她握着田敏的手再次向她表示祝贺。

就是在那场晚会的间隙,桑振君还见缝插针,给田敏传授了技艺。

桑振君去世后用的那张戴着眼镜、穿着白底浅黑色图案上衣的照片,就是在那场颁奖晚会中留下的倩影。

## 五十九、梨园三姊妹

在豫剧老一代的名旦中,陈素真、崔兰田、桑振君三人堪称梨园密友。在她们三人身上丝毫找不到那种文人相轻、艺人相妒的陋习。三人的关系真可谓是情同手足、肝胆相照。

严格地说,陈素真与崔兰田、桑振君在艺术上不是一代人。陈素真大红大紫的时候,崔兰田10岁,桑振君才7岁。但她们能成为莫逆之交,皆源于对戏曲艺术的那份真情。

崔兰田与陈素真相识在1943年的洛阳。当时崔兰田刚刚崭露头角,经常捧她的一个人称魏太太的女人,是个戏迷,又是国民党某集团军驻洛阳办事处的处长夫人。她当时认崔兰田做了干女儿,知道崔兰田很崇拜"豫剧皇后"陈素真,就自告奋勇,要亲自引荐崔兰田,拜陈素真为师。

魏太太与陈素真之交,大约是在20世纪30年代后期,当时陈素真随狮吼剧团在洛阳演出,魏太太一下也迷上了陈素真,并与陈素真结拜为干姊妹。有了这么一层关系,1943年,陈素真来洛阳演出时,魏太太一手托两家,亲自做东设宴,让崔兰田拜见了陈素真。

不过在宴席上,陈素真并没有收崔兰田为徒,而是坚持把崔兰田当作妹妹。没想到魏太太不干了,赶忙阻止说:"不行,不行!你让她管你叫姐姐,咱们这辈分不就乱了?"陈素真平静地说:"你是你,我是我,她是她,咱们各自守住自己的辈分就是了。"

晚间盛宴的海誓山盟,并不是逢场作戏。第二天一早,陈素真就付诸行动,带崔兰田练起了身段。过去豫剧行,多数唱戏的主要功夫是"唱",身段表演比较简单、粗糙。她首先抓住崔兰田的这个薄弱环节,边教边练,让崔兰田大开眼界、受益匪浅。崔兰田向陈素真请教《三上轿》,陈素真不但诚心诚意地教她,而且连自己珍藏的手抄剧本都送给了崔兰田。崔兰田在心里,一直都很敬重她这个大姐。

多年后,在陈素真被打成右派、蛰居邯郸的时候,崔兰田还提着大鲤鱼,带着张宝英专程前去拜望。那时,陈素真羞羞惭惭、诚惶诚恐,而崔兰田则恭恭敬敬、推心置腹地说:"大姐,你是什么样的人,我清楚,我的本事已经使尽了,宝英就交给你吧。"

桑振君与陈素真的交往,是在1946年的开封。当时陈素真在开封的人民会场演出,桑振君、马金凤、许艳琴三人联手,在离人民会场很近的和平剧院跟陈素真唱对台戏。有天晚上,桑振君没有演出,在人民会场看了陈素真演出的《三拂袖》。因对陈素真的表演十分佩服,曾冒昧拜望了陈素真,并欲投门为徒,陈素真当时同样是坚持以姐妹相称。尽管陈素真知道她们正在唱对台戏,可当桑振君求教时,陈素真毫不保留,仍诚心诚意地倾心相助。从那时起,桑振君就五体投地地认她这个大姐了。

陈素真、崔兰田、桑振君三姐妹,在近半个世纪的交往中,虽然经历了不少风风雨雨,但善良的心地、纯正的人品、强烈的事业心以及立志为戏曲艺术献身的共同愿望,把她们紧紧连在一起。正像一位老同志评论的那样:"有些事情在有些人那里,可能会遇到不快,甚至结怨,但在她们之间,却是春风化雨,不但不会损坏友情,反倒使她们之间的友情更加牢固。"

桑振君学的第二个启蒙戏,是薛东信教给她的《拣柴》。这个戏是陈素真用所谓上五音演唱的调门。桑振君认为,唱腔虽然很美,但难度也大,再加上戏中"羞答答,咿呀呀……"这样没有戏词的空行腔有点多,让人感到进度太慢。桑振君就敢在太岁头上动土,在大胆改动了这些唱法后,又添加了一些戏词,把它改为"出门来,羞答答,哭了一声爹,叫了一声妈……"而对陈素真来说,她并没有把自己的东西看作金科玉律不许改动,也没有因此对桑振君有所不满,因为她们之间的交情是建立在追求艺术至善至美之上的,是又一种情况的"戏比天大"。

桑振君和崔兰田,解放前同在郑州唱戏的时候,就相互留下了很好的印象。桑振君说,当时与田姐虽然没什么交往,但已明显感觉到田姐的稳重、宽厚,认定她不是那种"文人相轻、艺人相妒"的人。这样,在1956年河南省首届戏曲汇演期间,当大会组织名演员联袂演出时,崔兰田在她的代表剧目《桃花庵》中主演窦氏,桑振君甘愿为她当配角扮演小姑子陈妙善。要知道桑振君当时的名气也不亚于崔兰田,同样都是头牌演员。当时,桑振君之所以能主动为崔兰田配戏,就是认了她的这个田姐。

桑振君在艺术上又是一个十分较真的人。有一次,她当着崔兰田的面,说:"在艺术上,我从来不认为我们之间有姐妹之分,我们关系好就应该让?其实我们之间也在比,也在争,但这是艺术上的争和比,只有我和她比,她和我比,我和她争,她和我争,通过争和比,争芳斗艳,才能把戏演好,才能对得起观众。否则,就是在亵渎艺术,是市侩庸俗之道。"崔兰田表示认同。

陈素真和崔兰田当然都知道她们这个幺妹的本事。苗文华当年向"豫剧皇后"求教,陈素真谦虚地说:"学会了你师傅的唱,我这都是白开水煮萝卜。"崔兰田每逢见到桑振君,都要"逼着"桑振君给她唱几段,在桑振君不走运的时候,她也没有避之不及,还让她的亲侄女、著名戏曲表演艺术家崔少奎的女儿崔小田,拜给了桑振君。

河南有个著名的文化人曾说:"戏曲界长期以来庸俗作风当道,市侩作风盛行,当从事艺术的人丧失纯粹的时候,艺术就不再艺术。"崔兰田在那个时候,能让崔小田拜给桑振君,就是一种人品的纯粹、艺术的纯粹。陈素真更是这样,当桑振君不明不白地被挤出豫剧名旦和流派之外时,她也一直在为她这个小妹妹"鸣冤叫屈"。

桑振君对陈素真是由衷的敬仰。陈素真当年一度在东风剧团任教。桑振君后来不顾一切地往东风剧团去，也不是没有这份情愫。在东风剧团，胡小凤、牛淑贤、陈春霞是拜过陈素真的，但她们绝大部分时间，都是跟桑振君学戏的，桑振君对她们的情感里面，绝对有大姐陈素真的影子。就是在陈素真去世多年以后，桑振君对她的再传子弟田敏也有一份情义。

尽管陈素真、崔兰田、桑振君是以姐妹相称，但崔兰田和桑振君对她们的这位大姐是十分敬重的，不敢随随便便地乱开玩笑。不要说她们俩，就是常香玉大师也是如此。陈素真解放初期来郑州时，曾在常香玉家小住。没几天，常香玉的爱人陈宪章发现了一个问题。于是，半开玩笑地对陈素真说："大姐呀，香玉是一个性格活泼、爱说爱笑的人，由于她对你非常敬重，在你面前，她的性格也变得庄重了……"

可桑振君与崔兰田之间却不是这样。她们相差三岁，感情甚笃，相互戏谑是常事。

2002年11月的一天上午，在郑州小住的桑振君要去安阳看望病中的崔兰田。崔兰田前一天接到电话时，心情非常激动，但由于中风的后遗症，又说不清楚。桑振君则快言快语地说："别说了，明天见面再慢慢说吧。"

第二天到崔兰田家中时，是上午九点多钟，病榻上的崔兰田正在收看《梨园春》电视节目的重播。那时，她的身体已很瘦弱，行动不太方便。桑振君来到床边，一看病怏怏的崔兰田还戴着一只玉镯，上去一把就捋了下来，"哎呀，累赘！别戴它了，放利索点，你看我啥都不戴。"一边说，一边随手把玉镯放到了崔兰田的床头。崔兰田本来就听桑振君的，看她这么利索地就给去掉了，也只好由她这个小妹了。

为让田姐高兴，桑振君拉着崔兰田的手，逗她说："田姐过去这手伸出来，跟猪脚似的，五个指头分不开。肚子上的肉能打几摺儿……"此时的崔兰田，由于反击能力有限，只能以笑作答。要知道,当年势均力敌的时候,她与桑振君也是针锋相对、妙语连珠。她也曾取笑桑振君说:"你这个死妮子,就是嘴太大,我看割下来,能炒上四盘菜外加一碗剔骨汤……"

在陈素真去世十周年时,崔兰田走了。她是2003年清明节去世的。闻讯后,桑振君赶到安阳,为安排好后事,她亲自到墓地查看。崔兰田的孩子们,包括崔小田都诚恳地表示说:"姑,你看可以就可以,不中叫我们咋办都行。"

桑振君打那次从安阳回来,身体就一直不好。检查后发现是肺癌。

## 六十、永远的丰碑

2004年7月9日上午7时,著名豫剧表演艺术家、戏曲教育家、豫剧桑派创始人桑振君先生,在邯郸与世长辞了。

噩耗传来,豫、冀两省熟悉桑振君的社会各界人士,无不悲痛万分。著名剧作家、导演杨兰春闻讯泣不成声。这时的他,已重病在身,实在不能亲往吊唁,他拖着孱弱的病体伏案亲书唁函,并特别委托李铁城、魏伯年专程带到邯郸。临了,还再三叮嘱:"一定要把这个唁函在追悼会上念一念!"

7月11日,桑振君追悼大会在邯郸举行。追悼会由邯郸市委常委、宣传部部长徐亚平主持,市委副书记陈会新致悼词。河北省文联主席冯思德、河南省文联党组书记吴长忠、河南省文化厅副厅长董文建等豫、冀两省主管部门的领导,桑振君先生的亲属、弟子、学生、同事,有关专家学者、文艺界代表人士及桑派戏迷参加了追悼会。著名表演艺术家吴碧波、王素君不顾年迈体弱,也从郑州专程赶到邯郸。

河北省文化厅、河南省文化厅、河南电视台《梨园春》栏目组、河南省艺术研究院、许昌市人民政府、许昌市委宣传部、许昌市文化局、河南省豫剧三团、河南省越调剧团、安阳文化艺术学校等单位发唁电表示沉痛哀悼。

大会庄严肃穆,工作人员宣读了杨兰春的唁函:"……目前戏曲如此不景气,正需要你和同行们共同奋勇拼搏,力争扭转这种不景气的状态,你撒手不管走了,走得那么远,远到使我们永远看不到你的影踪。振君,你早已成为桑派一面旗帜,特别在豫剧声腔中,将河南坠子这门艺术吸收到豫剧之中,使豫剧的旋律显得丰富多彩、优美耐听,河南观众公认你继承又发展,这是你对豫剧事业的一大贡献!"

此时,阵阵的抽泣声,打破了会场的寂静,所有在场的人无不为之动容。

桑振君先生去了,她到另一个世界去了,她自感无愧于平生,临终前她的面容安谧、慈祥、亲切。她一个旧社会的讨饭丫头,在解放后成长为一名人民的文艺工作者,她感到无比的光荣和自豪。她没有留下什么遗憾,她对得起生她养她的这片土地,她不追求个人财富,更不觊觎富贵荣华,为艺术,为她钟爱的豫剧事业,她耗尽了毕生精力,于是,她安然地去了。

与桑振君有着肝胆之交的著名诗人李铁城在 7 月 8 日晚上,做了一个梦,他清清楚楚地梦见,桑振君穿着一身崭新的米黄色列宁服,笑容可掬地对他说:"我要回家了。"这时,不知从哪儿过来了一辆马车,马车上已坐有两个人,桑振君高高兴兴地上了她们的马车,同她们一起向南而去……

桑振君生前说过,她死了以后,想回到河南,想与她敬重的陈素真大姐厮守在一起。莫非车上的那两个人,就是比她早走的陈素真和崔兰田?

一年后,为纪念豫剧大师桑振君去世一周年,桑派经典剧目专场演出在郑州英协剧场举行,来自河北邯郸东风剧团以及河南各地的桑派弟子苗文华、郭英丽、赵贞玉、李焕、宋凤丽、常俊丽、刘伯玲等人分别演出了《白莲花》、《对绣鞋》、《打金枝》、《齿痕记》、《投衙》等剧目的选段,河南人民广播电台作了现场直播。

2007 年,为纪念豫剧大师桑振君逝世三周年,由河南省文化厅、河南省文联、河北省文化厅、河北省文联、河南大学、河南人民广播电台、邯郸市委、邯郸市人民政府联合主办的"豫剧桑派艺术研讨会"在河南人民广播电台隆重召开,豫、冀两省的专家学者以研讨的方式,深深缅怀这位功勋卓著的艺术大师。同时,由河南大学、河南人民广播电台联合主办,东风剧团承办的"桑派经典剧目展演"活动也在郑州拉开序幕,桑派弟子苗文华率团分别在郑州、开封、许昌演出了《桃花庵》、《江姐》和"桑派经典剧目专场"。演出所到之处,场场爆满,好评如潮,多地出现"一票难求"的现象。在许昌演出时,不少闻知消息的漯河观众也专程赶到许昌观看演出。社会对这次活动反响强烈,新闻舆论界称其为"在中州大地,刮起迅猛的桑派旋风"。

同年,豫剧桑派艺术被列入河北省非物质文化遗产保护名录;

四年后(2008年),豫剧桑派艺术被国务院列入第二批国家级非物质文化遗产名录。

六年后(2010年),由苗文华领衔主演的大型戏曲艺术片、桑派经典名剧《桃花庵》,首次在郑州公映。

八年后(2012年),由苗文华领衔主演的桑派经典名剧《打金枝》,作为大型戏曲艺术片,被河南电影制片厂搬上银幕。

……

桑振君走了,一代大师,遽归道山,令人悲思无限。然而,她创立的桑派艺术,将永载史册!她对艺术的那种执着追求与献身精神,将永照汗青!

桑振君微笑着走了,她高兴地看到在豫剧的百花园里,桑派艺术之花正同其他姊妹花一起,昂首怒放,开遍中原大地!

桑振君——一座永远的丰碑!

著名作家、诗人李铁城先生为桑振君女士拟好了碑文:

## 中国豫剧桑派艺术创始人
## 桑振君大师之碑

桑振君女士1929年12月27日生于河南省开封县一贫苦坠子书艺人之家。5岁拜母为师,学河南坠子。10岁师从赵清河习豫剧,主攻闺门旦,兼青衣、刀马旦。14岁担纲主演。1949年7月参军,入二野前进剧团。1953年赴朝鲜战地为志愿军慰问演出。

20世纪50年代末于郑州两次为毛泽东主席演出《打金枝》。1961年赴中南海演出。中国唱片社曾为《打金枝》、《黛玉葬花》等八个剧目录制唱片发行。1956年其主演之《白莲花》获河南省首届汇演一等奖。十多年中,先后在开封、许昌、郑州等地豫剧团任主演、团长。1964年为培养豫剧传人,在艺术鼎盛期毅然离开舞台,赴邯郸东风豫剧团任教,曾培养出四位中国戏剧梅花奖获得者和一大批优秀演员。1987年为邯郸戏校名誉校长。2004年4月被邯郸市人民政府授予终身成就奖。为当代豫剧著名教育家,享受国务院特殊津贴。

从艺70年,勤学苦练,锐意进取,精益求精,创新思变,创建以祥符调为基础,汲取其他剧种精华,以偷、滑、抢、闪、离调唱法为特色之新流派,重而不拙,轻而不飘,滑而不油,收而不滞,放而有度,字乖韵巧,委婉俏丽,独树一帜,被誉为"桑派艺术"。2008年列入国家级非物质文化遗产保护名录。与常香玉、陈素贞、崔兰田、马金凤、阎立品共同构建为中国豫剧名旦六大家。2004年7月9日病逝于邯郸,终年75岁。

综观其一生,孤者养,贫者济,困者抚,不卑不亢,侠肝义胆,一身正气。视学徒如子女,呕心沥血,无私传带,薪火相承,大师虽逝,艺术长青,桑派艺术将代代昌盛繁荣。

呜呼,其生于贫寒,长于忧患,今归葬大河之侧,邙岭之巅,可谓叶落归根,魂归故土。而今而后,蜿蜒邙岭,融其魂魄;滔滔黄河,续其曲声。世世代代,与河南父老相依相守,与中原大地共存共荣!

# 附 录

# 艺海无边

桑振君

我出生在艺人家里,又一生从艺,但我不是科班出身,在基本功上也没有经过武功老师的专门训练,童年时代只是为求生存,在与旧社会的抗争中苦学苦练,加上一些良师益友的指点,竟很快挑梁当了主演,还唬了个文武双全。现在想起来,我那时无非就是好学。

最初在豫东一带演出时,我见了不少好演员,如唱小生的黄儒秀、唱花脸的王文才、唱须生的傻红脸(外号)、唱旦角的花桂荣等。他们各有自己的妙唱绝技,我不但学了他们的唱功技巧,同时也学了豫东调那种清脆嘹亮的唱腔。此后,我到了许昌,又听到沙河调高昂激情的唱腔和唱法,如垛子板中"搬板凳"的唱法,就突显了沙河调的独特风格。后来我到了密县,再次接触和学习了那悲壮深沉、韵味深长的豫西调唱腔。

广泛的接触、多方面的熏陶,加上自己的勤学苦练、精心融会,应该说这就是我在艺术上求索、发展、成功之路。领导和广大观众抬爱我,把我的演唱艺术称为一派,但我清楚地懂得,如果把艺术比作一条路,这条路就没有尽头;如果把艺术比作一座山,这座山就没有顶峰;如果把艺术比作海,那就叫艺海无边。

## 我的唱腔

从童年时期开始,我最喜欢的就是每个演员所必需的"五功"

中的唱功和"四法"当中的唱法。我是河南坠子启蒙,唱坠子既不用身段,也不用表演,全凭说唱来感染观众。我的启蒙老师(我的母亲)开始教我唱坠子书时,就督促我锻炼,要求我口齿伶俐,要唱出感情。为此,我还挨过母亲的手板。后来,改学豫剧之后,我仍然很重视唱腔,并不断地取他人之长来丰富自己的唱腔。我唱腔中的"离调"就是从我母亲唱的坠子书中取来的。因为我母亲唱坠子书时使用"离调",我听着既新鲜又好听,就把它搬到豫剧中来了。在豫剧唱腔中采用"离调"的唱法,解放前,我是独一无二的。就连唱腔中偷、闪、滑、抢的唱法,也是我从坠子书中得到的启发。我的唱腔基本上属于豫东调,但也揉进去一些河南坠子和其他剧种的旋律,所以有不少人说我的唱腔听着"别致",这种"别致"可能就是我的唱腔的特点。

我搞唱腔设计也比较早。在我少年时期,除了薛东信、赵清和、刘玉梅这三位老师连词带唱腔教了我几出戏以外,后来我演的戏都是老师说词不说唱腔(最多说说板式),唱腔都由我来安排。我认为这对我也是个很大的促进。因为自己设计唱腔,既要考虑人物的性格、感情,又要充分考虑自身的嗓音条件,这就有利于发挥自己的长处,以逐步形成自己的演唱风格。

我设计了许多戏,仅现代戏就有二三十个,如《三里湾》《红霞》《红珊瑚》《我的一家》《赵一曼》《草原之歌》《江姐》《李双双》《梁秋燕》《红色娘子军》《小保管上任》等。这些戏的唱腔设计,要搁到一个音乐设计家身上,或许不算回事,可搁到我身上,则是困难重重。我没有文化,又不识谱,全凭自己脑子琢磨。

下面我举几个剧目,说说我是怎样进行设计的。

在《下陈州》这个剧目中,我扮演张贵英。这是个农家少女,由于陈州三年干旱不雨,母亲活活饿死,爹爹连饿带病,不愿连累女儿,劝她逃走。贵英不忍心丢下父亲一人逃生,就在这时,宋王派国舅来陈州粜粮,国舅为了从中渔利,米里掺沙,斗改八升,害苦了黎民百姓。贵英的父亲与国舅辩理,被当场打死。贵英怀着满腔悲愤,决定进京告状,为父申冤报仇。在她临行之前有这样一段唱词:"我若告不倒四国舅,我也要踏御街、进皇城、闯午门、上龙廷,砸破御鼓撞金钟,搅他个文武百官不得安宁。"对于这段唱腔,我以豫西调为基础,采用"流水"转"垛子板"的板式,又运用了沙河调的"搬板凳",最后甩到豫东调上翻至高音"mi",一下子跳高八度,这样行腔就从旋律和意境上表现了张贵英那种上刀山、下火海、闯龙潭、入虎穴,为父报仇死而不惧的精神。在《黛玉葬花》中,林黛玉这个人物出生在官宦之家、书香门第,她不幸的遭遇造就了她多愁善感、孤僻不群的性格,另外,她对封建礼教也有厌恶情绪。不幸的境遇、精神上的折磨导致她身体弱不禁风,因此她的唱腔设计与张贵英的截然不同。张贵英的唱腔朴实健壮,黛玉的唱腔则应深沉文雅。所以,黛玉的唱腔设计以祥符调和豫西调为基础,揉进了些京剧南梆子的音韵,从音乐旋律上给人以稳重大方、深沉而优美之感。

在《打金枝》中,我饰国母,论其身份、地位,这个人物是一人之下、万人之上,她的位置要求她做事必须要考虑周全。在剧中,由于女儿金枝仗势欺人,引发夫妻不和,国母前来调解。她的驸马女婿是为唐王江山立下汗马功劳的郭子仪之子,仅从这一角度讲,她就不得不对此事瞻前顾后,慎重考虑,而且传统的"姥姥亲外甥,丈母娘疼女婿"的民间习俗,也深深影响着这操持生杀大权的国母皇后。当金枝诉说她挨打经过时,她已听出女儿从中添油加醋的成分,因此在唐王故作生气,要上殿斩驸马时,皇后信以为真,急忙拦阻劝解,她诉说了女儿的不对,又劝唐王不要为女儿护短,并陈述了这件事处理好坏与江山的利害关系,最后又提醒唐王,驸马不但不能斩,还应该加官晋级。根据以上的故事情节和人物思想感情,在设计皇后这段唱腔时,我用了高昂嘹亮的豫东"慢二八",这样使皇后在表达唱词时显得从容不迫,有劝有说,既表现了她深明大义的思想境界,又比较恰当地体现了她和唐王之间融洽的夫妻关系及相互间在权力上的分寸。在劝驸马时,由于人物间的关系不同，需要改变人物的感情、语气，我在设计这段唱腔时，把豫西的"慢二八"进行了革新创造，用把豫东调翻下来唱的方法，与豫西调融为一体，又揉进了一些河南坠子和秦腔的旋律，并以局部"离调"的唱法，使人物在演唱时表现出动之以情、晓之以理的体贴、关怀、爱护的长辈情长。在转入劝女儿之后，人物关系又发生了变化，皇后对自己的女儿是很了解的，她深知，这场风波是女儿惹起的，为了表现皇后对女儿严厉批评的情态，我转用豫东"呱嗒咀"这个板式，加快了节奏，旋律也突转高昂，较好地表现了皇后对女儿严格要求的训斥情绪。

## 练　嗓

作为一个戏曲演员，在青少年时期，必须进行严格的基本功训练。不但要砸下坚实的武功基础，还要注意唱念的锻炼。因为演员在舞台上的第一任务就是通过唱念向观众交代剧情。观众评价一个剧团或一个演员，也首先是说唱得好不好，从这里我们可以看出练习唱念的重要性。每个演员的音色好坏有先天性的差异，但肯不肯下功夫苦练，对一个演员成功与否来说是至关重要的。我见过不少嗓子条件并不是很好的演员，由于他们坚持练嗓，又注意潜心研究，在唱念中扬长避短，竟能以适合他自己嗓音的唱腔，同样赢得观众的赞赏。这里的关键在于苦练。当然，这种苦练也是有一定的方法和方式的。这里，就把我在多年的教学中，根据自己的体会所总结的一些方法拿出来，供年青同志们参考。

练嗓，首先要求坚持喊嗓。喊嗓的第一条，要有个正确的姿势。我要求学生在喊嗓时坚持二十四个字，即：足站八字、身躯直立、双肩松弛、二目平视、气沉丹田、胸部空虚。一定要防止青少年在练声时，松腰撂胯、歪脖仰脸的怪毛病。其次，练声必须练气。声是气流通过声带发出来的，不会偷气、就气、换气、运气是唱不好的。我要求学生在练气时做如下练习：快吸、快呼、慢吸、慢呼、快吸慢呼、慢吸快呼、口鼻同吸同呼。还要根据学生喊嗓唱段的感情、节奏,运用偷气、换气、运气、就气,用见缝插针的方法,不断充实丹田气,这样才能保持唱腔的自然流畅,绝不能在演唱中让观众看出自己在吸气换气,那样不仅破坏形体美,也不能准确地表达人物感情。唱是由行腔吐字组成的,戏曲讲究"字正腔圆",因此在喊嗓练气的同时,要注意练习咬字吐字。我要求学生坚持"五音"、"四呼"和"阻气"的练习。"五音"是指吐字的部位,即:唇音字、舌音字、齿音字、牙音字、喉音字。唇音字的阻气部位是上下唇,发音时上下唇紧闭,形成阻碍,同时呼出气流,形成冲击阻碍唇位之势,然后突然爆发成声,紧接着突出韵母。在这个过程中,还要注意气流的大小,给气过足,字推出来会给人有猛噪之感;给气过少,会给人有轻飘之感。所以一定要用恰当而准确的气流把字推出来。这里所说的恰当和准确,除把字吐清楚外,再就是根据人物感情的需要而定。这里仅以唇音字为例。

关于吐字问题,还应注意字的弹性。在五个发音部位上,除喉音字发音时声母靠里,其余四个发音部位的声母都靠前。在这四个部位发出去的声母,就像松紧带一样富有弹性。声母推出再拉回韵母,归韵之后再推出去,这样才能保持字正腔圆。吐字归韵究竟能否达到这个效果,还要涉及吐字的口型问题,这就是我在前边讲到的"四呼",即:开口呼、齐齿呼、撮口呼、合口呼。这四种口型是根据不同韵辙运用的。比如"姑苏辙",应该用"合口呼",如果你用"开口呼"必然会出现倒字现象。从这一例说明,演唱时必须按辙取"呼"。

练嗓还有一个非常重要的方面,那就是共鸣的练习。发声共鸣的五个区,即:胸腔、喉腔、鼻腔、脑腔、口腔。胸腔共鸣能增添声音的厚度,喉腔共鸣能增加声音的宽度,鼻腔共鸣能增加声音的亮度,脑腔共鸣能增强声音的力度。我们有些演员在演唱时高不上去,落不下来,其原因就是没有打开共鸣区。高不上去是高音区的共鸣没打开,用不上鼻腔共鸣和脑腔共鸣;落不下来,是低音区的大门没打开,用不上胸腔共鸣。如果我们每个演员都能通过锻炼打开共鸣区,不但能使音色圆润、嘹亮、动听,而且还能减轻嗓子的劳动强度,从而达到保护嗓子的作用。

## 演员的职责

老实说,关于这个问题,我的认识不一定深刻,但我经历了一个由不认识到认识的阶段。我在童年时代的遭遇,只是亿万民众困苦生活中的一部分,那时就是想如何与饥饿、死亡抗争,学艺就是为了混饭吃,后来又争取当主演。随着时间的推移、年龄的增长、认识上的成熟,我逐渐发现我们的艺术有一种特殊的功能,它能催人泪下、助人欢乐、发人深省、促人向上。在人民群众中,赞扬一种高尚情操或批评一种错误行为,也常和戏中人物或事件联系起来。这使我看到了戏曲在人民群众中的作用。特别是有几回演出,给我的感受更深。记得1948年我第一次演现代戏《打春桃》,1949年演《白毛女》,后来又演《蒋逼民反》,每次演这几出戏时,观众的反响都很强烈。有的观众甚至克制不住自己的感情,上台要打扮演反面角色的演员。

这些强烈的共鸣效果引起了我的深思。我十四岁当主演以来,演出了不少剧目,为什么从未出现过这样强烈的效果呢?通过翻来覆去的思考,终于解开了这个谜。我认识到,演出效果好坏,不仅在于演员的演技高低,还有一个重要因素就是剧本好坏。如果剧本能沟通人们的思想,剧情扣人心弦,就是演技稍差的演员演出,观众也会去看。如果好的剧本,再遇上演技好的演员,效果当然就会更好。可以说,剧本就是戏曲之本。

后来,我又接触了《朝阳沟》,这个戏演出以后,不但得到观众的赞赏,甚至达到家喻户晓、驰名全国的程度,这足以说明广大观众对时代精神的需求。像这样轰动全国的剧目,在我们传统剧目中,是无一可比的。我这样的说法,并不是否定传统戏。有不少传统戏含有一定的人民性和现实意义,不过在不少剧目中,也存在糟粕,有的甚至是坏戏,若不作取其精华去其糟粕的修改,就不会起到为现实服务的作用。因为人们看戏,无疑是要欣赏我们的舞台艺术,我们也要尽力满足人们的欣赏需要,这是我们的职责。同时也应当肯定,我们演戏,必定具有宣传作用,人们总是要从戏里辨别谁是好的,谁是坏的,哪是对的,哪是错的。这就涉及我们演员的职责——这个严肃的问题。

基于这种认识,我在我的艺术生涯中也为此做了一些努力。我演过好多现代戏,但我也不是拿来就演。我没文化,要改剧本是很困难的,但我坚持要改,我先后对自己演出过的《观文》、《对绣鞋》、《三上轿》进行了词句上的修改,尽我的水平做到"取其精华,去其糟粕"。我还在于魁元、李斌同志的帮助下,整理改编了《白莲花》。领导和同志们为了鼓励我,这个戏在参加河南省第一届汇演时,还评了个剧本二等奖。

总之,我觉得一个演员,要从思想上明确我们的职责。不仅要有过硬的基本功、高超的演唱技能,还要对社会负责,要坚持演好戏。我们目前处在还有商品的社会,戏曲艺术带有商品性质,它也和其他物质商品一样,参与社会流通,一方面满足观众艺术欣赏的需要,同时也换回我们艺术再生产及我们生活所必需的钱。物质商品讲究"顾客至上",我们的精神产品也要受观众欢迎才行。但我们绝不能因此就觉得应一切向钱看。党的十一届三中全会以来,对于有关文艺的方针政策做了一系列调整,足以改善我们和"顾客"之间的"供求"关系。只要我们立志改革、锐意进取,坚持出好戏、出人才,就一定能开创出社会主义文艺的新局面。

## 承上启下

一个演员除了认真学习,继承前人的艺术,把戏演好之外,还应该对下一代进行认真的传授。因为我们的艺术不是胎里带来的,也不是自己的祖传家业。艺术的源泉来自于人民的生活,人民群众是艺术的创造者,它经历了一代代艺术前辈的艰苦努力和不断的改革创新,才得以形成一套完整的艺术程式。所以我们没有权利把自己学来的或稍有创造的艺术,看成是自己的传家宝、护身符,更不能当成敲门砖,而应该做到自己的艺术怎样而来,还让它怎样而去。根据社会发展的规律,我们的文艺界也同样存在着新陈代谢,我认为只有把我们的艺术交还给人民,传授给下一代,才能使我们心安理得,于心无愧。

我当老师较早,谢爱芳是我十六岁时收的第一个开门徒。当时我有两个徒弟,另一个就是谢爱琴。那时爱芳十一岁,爱琴十岁,由于爱芳家庭贫苦,我是抱着同情心收的。所以我总想让她早挣钱养家糊口。为此,我没让爱琴、爱芳她们跑过龙套,一天到晚除了学戏就是看戏,有时让她俩演个不要钱的垫戏或者给我演个小配角。爱芳跟我三年,除了管她吃穿,我没有在她身上取一分钱的利。由于她天资聪明,十四岁时就拿下来我的好几个戏,其中包括《观文》,她在这些剧目上的表现,基本上能达到和我同样的效果。就在她十四岁那年,离开了我,也当上了主演。从此以后,我身边几乎没离开过学生。1951年到淮阳剧改队去,还当了几个月的教师。1954年在许昌豫剧一团时,我边演边教学生。凡是我演的戏,副角少则一两个,多则三四个,除了我自己演出以外,对副角还有教唱、比戏的任务。为了培养青年演员,在群众中提高她(他)们的艺术威望,有时让她们担任主角,我给她们配戏,甚至演反面人物。如《红珊瑚》,我让青年演员演珊妹,我演七奶奶;《朝阳沟》我演栓保娘;《后方前线》我演女特务;《狸猫换太子》的后部,我演不超过十五句唱的狄娘娘。当时,我给她们配戏,不但不是勉强,反而我内心感到舒畅。

我常想青年演员称你老师,不论拜师不拜师,你就应该对得起这个尊称。给学生教艺术,如果不能像父母对自己的儿女那样关心,那就不配当个老师。对待学生就应该以对儿女的心情,来关心学生的身心健康和艺术成长,要千方百计地使她(他)们早成才,掌握为人民服务的本领,这是我们当老师启下的责任。因此不论本团、外团或外省的青年演员,只要认为我身上有她(他)们可用的东西,来找我我决不推卸。1961年至1962年,吉林省和河北省都给我送过学生,尤其是邯郸地区东风剧团,来的学生比较多,胡小凤、牛淑贤、赵贞玉、李素芹等,几乎尖子学员都来了。她们一次又一次,长年累月地在许昌住着学习,时间久了,我对她们都产生了感情。她们天资聪颖,接受能力强,我真想把自己的东西都教给她们。1964年,他们来河南聘请我,我就一足蹬团长,一足蹬舞台,到邯郸东风剧团当了教师。说句实话,我当时才三十五岁,正是演戏的时候,就这样脱离舞台生活,我也有过迟疑和彷徨,但我想到这些渴望成才而又富有才华的后来者,我个人做些牺牲是值得的。我为我的艺术青春能融于更多的豫剧新秀成长中而感到自豪!

从演员转为教师,这是我一生的一大转折,只凭主观愿望是不行的。考虑到我的经历、我的文化程度,从事这一工作对我来说是有很大困难的。就说教唱吧,这是我最拿手的,但我是个乐盲,不识谱,我自己设计出来的唱腔只能凭自己的脑子记,稍有闪失,就会在教唱中出现一遍一个样的情况,这就会给学生造成无所适从的困难。所以我只好在教唱之前反复练习,就这样在教中学、学中教,慢慢地摸索经验。因为东风剧团的小演员在唱、做、念、打上已经有了一定的基础,我进团就叫我给演员排戏。首先给李素芹排了个《李双双》,接着又给牛淑贤排了《红珊瑚》,给胡小凤排了个《江姐》,一连排了十来个现代戏,我担任了唱腔设计和助理导演。通过这些剧目的教唱以及她(他)们的演出,我发现她(他)们在吐字、发音、运气和共鸣的运用上,都存在着不同的缺点,就是在接受能力上也有着快慢不同。应该怎样纠正她(他)们的缺点,发现她(他)们的优点,使她(他)们尽快提高呢?

我的教学方法是:首先,在教学的时候应耐心,不能因学生学得慢而着急,更不能动不动就训斥人,使学生看见老师内心发怵、思想紧张,特别是对那些接受能力慢的学生,在教时更需要亲切和耐心,让她(他)们放松精神,集中思想,坦然学习。有的学生因长时间学不会，急得让我打他、拧他的嘴，我只得笑着做个虚拟动作，等把他逗乐了再教。其次，当师者绝不能忌师。除了自己认真教学，还要根据演员的自然条件接近哪个老师的特点，支持她（他）们向那个老师学习。给她（他）们经常讲一些名演员的成就和特点，让她（他）们自由选择，愿跟谁学就找谁学，只要在艺术上能得到提高，我从内心感到喜悦。再次，在教学中言传和身教都很重要，教师也应起早贪黑有吃苦耐劳的精神，只要学生愿学，可以不分时间、不论地点、通宵达旦地教。有时遇到接受能力慢的学生学戏，一句戏就要教三五十遍，还有的学生一句戏学三四个小时还学不会，这时候就要耐心地继续教，直到学生学会为止。最后，教艺不要带框框，主要是给学生讲些基本知识。如：口型、发音、吐字、行腔、用气、共鸣的特点和共鸣的部位，指出她（他）们身上存在的优缺点，让她（他）们根据自己的条件掌握练习分寸，不能拿自身的艺术条件或特点去限制学生的发展。

　　由于我在艺术上是个不受任何框框的人，所以我也不愿意用自己的艺术去框别人。我认为艺术有高、下、粗、细之分，名角之间也是各具匠心，绝无谁之绝好、谁之绝坏之说。而且艺术是随着时代的发展而发展的，没有时代感的艺术，就不会为同时代的观众所赏识和接受。从我收开门徒谢爱芳说起，直到现在，拜师的和不拜师的，我教了不少学生，我从来不想教出什么二桑振君、假桑振君，我希望能多出几个有真才实学、独具风格的艺术人才，这些人刚开始也许不被观众所知，但是，是珍珠土埋不了，只要他是个人才，观众是会慢慢认识的。齐白石先生曾经说过"学我者生，似我者死"，这是有一定哲理的。通过他这一句话，我想起了和他的意思相近的一句土语："她闺女穿她娘的鞋，照老样。"我们可以来分析一下这句话：即便她闺女和她娘的脚大小一样，也还该有个颜色和样式之分，如果她闺女比她娘的脚大，也得按她的鞋样穿，穿不进去，强逼着也得穿的话，那只好"削足适履"了。在艺术上，如果也用类似的方法要求每一个人，那就不是爱才、树才，只能伤才、毁才。

我教学的主导思想是把自己的知识作为学生学艺的入门向导，起个抛砖引玉的作用。我一不在学生身上索取声望，二不图学生金钱供养，三不在将要出名的演员身上捞稻草，四不求学生得恩不忘。我希望我所教过的学生，不论我在她（他）们身上花费的精力多少，只要能把在我身上学到的点滴艺术，根据她（他）们的自身条件去运用发挥，我就心满意足，这就是我最大的愿望。

1985 年 1 月 28 日

（注：1985 年发表于河南艺术研究所主编的《地方戏艺术》）

# 豫剧大师桑振君的风雨之路

李铁城

豫剧是一个已经有 200 年历史的以旦角为帅的艺术形式。在旦行中，有一种叫作陈素真、常香玉、马金凤、崔兰田、阎立品"五大流派"或"五大名旦"的说法，这一说法既非戏曲界权威之说，也非学术会议的研讨结论，这种说法忽略了一位艺术大家。

她就是豫剧著名表演艺术家、戏曲教育家桑振君。

## 悲惨的身世

71 岁高龄的桑振君谈到她的身世和生活，几次热泪盈眶，不得不中辍谈话。

她于 1929 年出生在陈留县（现开封县）仇楼乡东马庄一个贫苦坠子艺人家庭，兄弟姐妹 4 人，她排行老二，加上年老体弱的师爷和叔叔，全家人穿衣吃饭，全靠父母走乡串户、献艺卖唱的微薄收入维持生活。

按照艺人的规矩，即使亲属之间学艺，也得有人介绍主持，举行庄重的拜师仪式，才能得到大家的认可。6 岁时，经过师爷和师叔介绍，桑振君头顶帖子实行跪拜大礼，拜母为师，学打简板，学唱段。坠子艺术板式单纯，关键在嘴皮子上，必须要练得咬字准、吐字清、发音亮，分出个轻重疾徐，尤其是在换字换句之间要有"棱"有"角"，又婉转圆润。可以说，这个阶段的学习对桑振君日后在艺术上的发展极为有益，为她打下了口齿伶俐、吐字清晰的基本功。经过一个阶段的学习,她便可以给父母唱垫段了。9岁的时候,已经可以独立唱段子了。但即使这样仍维持不了全家人的生活,只好回到老家。

这时候有个姓李的地主遭到绑架,日本兵来时,"绑票"的跑了,但姓李的地主却怀疑桑振君的父亲参与了此事,便仗势打死了她的父亲。随后,李家还找上门来把她家房门锁上后点起了火,过继的大奶奶胳膊里夹着妹妹,想从窗户里爬出来,被李家发现后,又残忍地把妹妹扔进火堆。弟弟跟着师爷住在厨房里,他们说:"孙老师,和你无关,你去吧。"师爷要带弟弟一起走,可又被他们夺回来把弟弟推进火里和母亲一起,活活被烧死。一夜之间,桑家遭遇灭顶之灾。幸运的是,桑振君和哥哥两人这天到外村讨饭没能回来,躲过了这一劫。跛足的师爷为了保全这两兄妹,奋力跑到500米外的大姑家报信,二表哥找到桑振君兄妹俩,让他们投奔师爷躲起来。师爷这时寄住在村头破庙里,因又惊又气病倒了,只好靠乡邻的接济和要饭勉强糊口。不巧的是,这时哥哥又被日本人抓走了,他不甘心做劳工,就想办法逃跑,结果被发现,抓回后直接被枪毙了,死时才15岁!师爷听说后,被活活气死了。家破人亡这种事情降临在9岁的桑振君身上,这该有怎样一副肩膀才能承受泰山压顶之灾!

经历了一段流浪生活后,9岁的她,经人介绍进了杞县戏班。

## 执着的艺术追求

她并不是以正式成员身份进入戏班的,而是做唱小生的谢顺明的童养媳(谢当年也只有13岁),不过,谢家对她倒还好。她的嗓子唱坠子倒还凑合,唱大戏就相形见绌了。但门里出身,经历太多苦难的她,从9岁时就知道轻重缓急,要吃这碗饭,当务之急是有一条好嗓子,她便天天起早喊嗓。功夫不负有心人,她很快就可以胜任戏曲演唱了。薛东信师傅给她说了《拣柴》、《断桥》这两出戏,她的脑子好像录音机,戏打脑子里只要过一遍,就基本上记住了，13岁拜师，做二路主演，14岁就当上主演了。那时候戏班规矩是结账时和一般演员1∶3分成，结账之前每场戏给一块大洋，叫作"头里跑"。小姑娘头一次尝到了成功的欢乐。但她是人家给多少算多少，从不和人讲价钱，这个特点一直保持了一辈子。

1942年，桑振君赴焦作演出时，戏班散了。她跟人搭伴回到了开封，本想投奔她的叔叔，可这简直如大海捞针。为了有个"吃饭的地方"，她只能无奈地同意给日本特务队长（汉奸）的三姨太当义女（实际上是丫头）。但她不管挨打受气都断不了戏瘾，每天起早到龙亭喊嗓子，那位三姨太看她虽然挨打受骂也断不了这口瘾，便让她拜了名艺人赵清和为师。赵师傅待她特别好，看她有时候没饭吃，便买火烧让她充饥。赵师傅教给她《反西唐》、《姚刚征南》、《穆桂英挂帅》等戏，从而给她以后的戏曲人生夯实了基础。

这个时候，她叔叔听说她在开封，挨门要饭，找到了她。看到她脸上被拧得青一块紫一块，两人都哭了，叔叔给了她一块现大洋和几十个铜子，让她到杞县，进了戏班，又当上了主演。一年之间她辗转演遍了睢州、柘城、鹿邑、宁陵、永城、夏邑、沈丘、陈州、周口、安徽的界首等豫东各县及安徽西部一带。所到之处，均受到热烈欢迎，用万人空巷、人流如潮来形容，也不算夸张。常常在煞戏时，她从梯子上下来，就看到梯子头上坐着几位老大娘给她送鸡蛋，这是农民最为贵重的礼物了。人们给她起了个"十二万"的绰号，意思是她一场戏值十二万。在民间还流传着"少串一趟亲，也要看看桑振君"的民谚。在柘城，她曾唱过八台的甚至十二台的对戏。旷野里一溜儿十二台戏台呈扇面形展开，她只要一出场，附近台下的观众便慢慢拥向她的台下，以致40年后她被崔兰田聘为安阳团顾问，率团重返豫东，人们都把这看作回娘家了，来认娘家人了，观众场场爆满，票价猛增，各地县委、政府、人大连连宴请，人们没有忘记自己热爱的艺术家。每场演出前后，她不出场和观众见面，是绝对不行的。崔兰田的弟弟崔少奎感慨地说：想不到你在豫东威信这样高！

此后,她先后在郑州、开封、许昌等地演出。16 岁时收了谢爱芳(11 岁)做开门徒弟。1948 年结识了中共地下党员宋义顺,第一个排演了解放区创编的剧本《打春桃》。1949 年参加了二野文工团。1953 年赴朝慰问演出。当时陈素真的工资是 900 元,常香玉 700 元,她是 500 元,后又主动降到 300 元。1954 年工资改革,她被评为三级演员,她又主动降为四级,每月工资 206 元 5 角。

## 独特的艺术风格

桑振君戏称自己一生一直是个艺术上的"造反派"。这倒是知己之言。从她登上舞台起,她就不甘于墨守成规、亦步亦趋,她总要根据自己对人物性格的理解和戏剧情景的认定,琢磨出更准确、更生动、更有力、更优美的唱腔来。经过长期的艺术实践,她创造了偷、闪、滑、抢和离调的演唱技巧和方式,被公认为戏曲的一绝。人们把这种唱法总结为委婉细腻、字乖韵巧、声情并茂、百句不竭。她的演唱绘形摹境,令人神往;跌宕错落,令人神怡;以声传情,令人神动;如珠落玉盘,清脆分明;如风拂春朵,摇曳多姿,形成了俏丽精巧、高雅优美的艺术风貌。这种独特的艺术风格被人誉为"桑派"艺术。

随着一系列好的代表作和她亲自设计的剧目唱腔问世,她的声名广为传播,她演出的《打金枝》、《投衙》、《下陈州》、《白莲花》、《黛玉葬花》及《战鼓催春》、《革命一家》、《红霞》、《三里湾》等剧,日益受到人们的追捧和尊崇。

1956 年全省戏曲大赛,她自改自演的《白莲花》获改编二等奖、表演一等奖。《观文》一折首先在武汉录音。她先后灌制了七出戏的唱片,是豫剧演员中灌制唱片最多的一位。1958 年和 1959 年两次在郑州为毛主席演出,1961 年又赴中南海演出。

## 桃李满园结硕果

她先后收了谢爱芳、谢爱琴、晏林、王玉洁、陈富华、刘伯玲、崔小田、赵贞玉、任玉霞、郑瑞芝、苗文华为徒。"文革"前后,她共培养了四届学生。她的不少弟子在艺术上都取得了卓越的成就,到目前为止,共有11名国家二级演员、4名国家一级演员、2名戏曲"梅花奖"获得者(胡小凤、牛淑贤)。这样的成绩在全国地方戏艺人中也是为数不多的。

但她付出心血最多的只能是东风豫剧团,这个剧团可谓出手不凡、一鸣惊人。1959年,这个剧团的一批少年尚在校就读,向周恩来汇报演出后受到称赞,当年赴北戴河为中央领导演出;同年9月为毛泽东演出;10月赴中南海演出;以后多次赴中南海、北戴河演出。剧团先后排演了200多个剧目,多次在艺术比赛中获奖。4个剧目被拍成电影,4个被拍摄为电视片,20多个剧目在电视台播放,取得了骄人的成绩。

她的关门弟子苗文华在《对绣鞋》中桑派浓郁的俏巧清脆、不粘不滞的唱腔,在《打金枝》中雍容大度的表演和舒展明快的唱腔、清丽的扮相,无论小家碧玉的渔家女,或大家风范的国母,都能恰如其分,不温不火,在继承桑派艺术方面,是位颇有发展潜质的演员。

郭英丽在《痴梦》中塑造的刻薄、庸俗、轻浮的崔氏,《审子辨奸》中饰演的明辨干练的二夫人,无不演得恣肆酣畅、收放得宜,是位颇有才华的青年演员。整合一新的东风剧团,阵容盛大,振奋勃发,不减当年风采,这是桑振君最感欣慰的事,也是广大观众所企盼的事。

发表于2000年8月24日《河南商报》(第七版)

# 谈"桑"派艺术

袁世安

人们的听觉对音乐作品的欣赏虽有差异,但很多时候是存在着共性的,特别是对"美"的认识。有时因其他因素造成一时不能统一,但终究会呈现"美"的真相。桑振君的个人品格与艺术风格和她那优美动听的旋律及高超的唱技将永远滋润着一代一代的人们,她的艺术创作成果将流传千秋。

桑振君在豫剧旦角行当里是一个戏路宽广,表演细腻,唱腔委婉、甜美,抒情性、通俗性兼容,风格独特,美学成分厚重,艺术品位高雅、脱俗的豫剧表演艺术家、戏曲教育家。她的代表剧目《打金枝》、《投衙》、《对绣鞋》、《观文》、《白莲花》、《下陈州》、《八件衣》、《英雄山》等在 20 世纪 50 年代就灌制了唱片,广为流传,脍炙人口。《白莲花》、《下陈州》于 1956 年参加河南省首届戏剧观摩汇演,获表演一等奖,1959 年参加豫南戏曲汇演获优秀演员奖,两剧赴京汇报演出曾受到中央领导及专家们的好评,她还在 1958 年、1959 年两次为毛泽东主席专场演出《打金枝》。

在她学戏、演戏、教戏这 60 多年的艺术生涯中,所获得的最主要也是最突出、最珍贵的财富,是她在声腔艺术以及唱腔创新方面的成果。她演出和指导排练并设计过唱腔的 70 余个剧目中,所塑造的各类人物的音乐形象生动、鲜明、逼真,在风格各异的豫剧流派中独树一帜,对豫剧音乐的改革起到了极为重要的作用,在豫剧发展史上有着举足轻重的地位。

过去豫剧一直是以高腔大嗓、粗犷、高亢的音调取胜,而桑振君独辟蹊径,靠自身嗓音优势,以细腻、委婉、缠绵的音调起家。这种风格和她自幼耳濡目染坠子音乐有直接关系,她融入了豫东调、豫西调、祥符调、沙河调各豫剧流派的精华,并借鉴其他剧种及歌曲音调,这是她声腔艺术发展中最主要的源泉。随着人们艺术欣赏水平的不断提高、其他剧种的影响以及现代轻音乐的渗透,她这种风格流派逐渐为更多观众所赏识。

## 巧与美是她的声腔特点

她的声腔特点可用以下十个字来概括,两个字来形容,这十个字是:偷、闪、滑、抢、巧、连、断、跳、咏、比;两个字是"巧"与"美"。十个字的前五个用"巧"来概括,后五个用"美"来形容。偷、闪、滑、抢、巧是对桑派声腔艺术中吐字技巧的总结,也是组成桑派声腔风格与特点最珍贵的部分。所谓"偷"是指她吐字敏捷、轻巧,在快速节奏中轻声唱出多字;所谓"闪"是指她躲过强拍,在弱拍或在弱拍的后半拍处吐字,有一闪而过的意思;所谓"滑"是指她在吐字时为了强调语气,加强口语化的效果,把字用滑音的方法进行装饰,使字产生柔滑的色彩;所谓"抢"是把唱词的上下韵紧紧扣连,减少停顿,在较快的节奏中唱出多字,这是她进入唱段高潮时惯用的手法;"巧"是指她减少停顿,一气(包括偷换气)唱出几十个字的吐字功夫与技巧。

桑振君的唱腔,在字、声、情这三方面的巧妙结合上无可挑剔。她说:"字不是死的,应该是活的,每个字词中都含着一种情感,这些字词要通过美妙的声音来传递剧中人物的喜、怒、哀、乐,感动观众,这是演唱的目的……"也是她重视吐字的指导思想。桑大师运用偷、闪、滑、抢、巧等吐字的绝招,摆布字的节奏和节拍,使字与旋律融合贴切,偷字闪板,字正韵甜,语气准确而朴实,感情真挚而动人,字字入神,声声入情。试以她早年录制的《打金枝》中国母的唱段"赶快赔礼莫迟疑"(参看2013年中国戏剧出版社出版的《桑振君唱段选集》第8页)为例：

这段唱腔的前半段，是国母劝说驸马郭暧时演唱的，为了把国母那种语重心长的感情准确地传达给观众，对一些关键字的唱法，她进行了精心设计。如："孩子气"的"孩"字上，把强拍的前半拍闪过，在后半拍处用了两个十六分音符和一个八分音符进行了装饰，并把"子"字处理在弱拍的最弱处，又在"气"字上采取"la"音及"do"音下滑的方法，这样不单使字正了，腔圆了，旋律美化了，更重要的是把国母谆谆教导的口吻准确地表现了出来；在"是她无理"的"理"字上，用加花的手法把四个十六分音符和一个八分音符连在一起唱出，并加重了这些音的力度，表现了国母处理此事的严肃性；在"我不怪你"的"你"字上，占了两拍的时间，旋律连续下行，很贴切地把河南坠子的音调揉了进去，产生了和蔼可亲、耐心开导的效果；《观文》中，秦雪梅要去书馆察看商郎的文章，恳求丫环伴随，唱词中有一句"给姐姐找一个富贵之家"，她为了使丫环认真倾听她的许愿，打动丫环的心扉，把"富贵"两字用了一个十度音程的大滑音，在突慢的速度中占去了三个四分音符的时值，由低到高，再由高到低，同时又把弱进强、强进弱的唱法也加了进去，这种较为特殊的曲线型的大滑音，来自弦乐演奏的方法，用人声表现，巧妙、动人，很有个性，很有特色，这种唱法在《投衙》唱段中"帅府的差人五百多"的"多"字处和"一群人马赶下了坡"的"坡"字处的演唱效果总是让现场情趣横生，观众拍案叫绝。

在人物情感十分激动的场合时，她善于把唱词结构重新调整，使唱词密集，节奏紧缩。如《打金枝》中"赶快赔礼莫迟疑"这一唱腔的后半段，转入国母对金枝的批评时用的"呱嗒咀"板式，这一板式原是在规整的六字体上下句中进行的，但在"与你公参拜寿你不去，宫院里又得罪你的女婿，你若是国母娘的孝顺女，赶快陪礼莫迟疑"这个地方，节奏形式变格了，把前两句上下韵19个字和后两句上下韵17个字，组成一个多字连句体，在一字一音快速的节奏中一气呵成,字字如疾风骤雨,声声似雷霆万钧,对金枝的错误毫不宽容、决不姑息的严厉态度,表现得如此真切;在《对绣鞋》"三班衙皂齐声喊"这个唱段的最后,转入"垛子板"乐段时,从"红缎子绣鞋是我亲手做"开始,24句唱词185个字之间,环环相扣,喷吐爽利,每到此处总要让听众止住呼吸,为她那清纯、脆巧、柔滑兼容的吐字和韵味醇厚、婉转悦耳的声腔陶醉,并为张纯姐这个天真、爽朗、伶牙俐齿的人物深深感动。还有一些叙事性唱段,如她的获奖剧目《下陈州》中桂英的"陈州荒旱百姓苦"这个唱段,虽然是哭诉冤情的情绪,但在字词的处理上仍然是平中见巧,在感人的气氛中同时品味到唱功的魅力。

连、断、跳、咏、比五个字是对桑派唱技方面的概括。"连"是指一字多音气息连贯,这样可以产生圆滑、柔美的效果,特别是叙事抒情段用这一唱法效果最好;"断"是"连"的反义,指将音唱出断离的意思,使其造成短顿或轻快、跳跃的情绪,如同器乐演奏时的轻顿音与保持音的效果;"跳"是指一个音到另一个音的跨越,桑派唱腔中五度音程到八度甚至八度以上复音程的大跳大量存在,这样可以使旋律起伏,用于人物情绪激动的场面;"咏"是指含情脉脉,轻声演唱,有吟唱的效果,近似"咏叹调";"比"是指演唱中强与弱、高与低的力度对比,快与慢的速度对比,以及调式(包括离调)、声腔流派等方面的对比手法。《白莲花》剧中,白莲出场的第一段唱腔在连、断、跳、咏、比五个方面的唱功技巧上尽善尽美。"参禅打坐白水潭"这一句内唱的大"栽板",一个七字句的起腔,一字多音五次起落,桑大师那时隐时现的润腔把观众带进一个山清水秀、碧波荡漾、群仙戏水、五彩缤纷的环境中来;秀丽、辽阔、柔美的长托腔把白莲对美景的赞叹,和对人间美好生活的向往,表现得丝丝入扣、天衣无缝。这段唱腔最后两句在演唱处理上更为精彩,从"又恐怕"开始先停了三拍,紧接着在"猜疑面"后边停了两拍,过了两小节又停了一拍,在弱拍处唱出了"我"字后,一个下行的长拖腔扩展了旋律,这个下韵的"流水"送板仅十个字却用了36

个小节构成了旋律,加上她那声断情不断、娓娓轻柔的咏叹调,把白莲那种与韩本结为良缘的心境和恐怕引起猜疑产生的担心、为难的心理活动,惟妙惟肖地表现了出来,叫人淋漓酣畅。

## 新腔创作与时俱进

　　随着时代的变迁,戏曲传统程式也在不停地演变,每个时代都将会留下它的传承文化,这是社会进步的必然。历史上枯竭的剧种,大都是长期循规蹈矩以致停滞不前的,豫剧能够迅速发展和众多艺术家们对传统的继承与创新所做出的贡献是分不开的。当代人在对戏曲音乐的继承与发展上的认识不存在原则上的分歧,假如真有点保守意识,也并非反对戏曲的创新,在继承与创新的进程中,一直存在着的是在创新幅度上大与小、快与慢的争论。桑振君是走在戏曲改革前沿的勇士,她为提升豫剧音乐的美学价值不懈地追求着,从20世纪50年代至今,她的新腔创作都在表现着与时俱进的内容,继承与创新是她的座右铭。她从学艺开始就养成了改革创新的习惯。她曾经说过,因改动老师教过的唱腔受到责骂,因不循规蹈矩常被同行讽刺嘲笑。1955年我们合作排演现代戏《草原之歌》,她扮演剧中女主人公依错加,这是一个藏族的牧羊姑娘,她说:"身穿藏衣,头戴藏帽,一个新时代的人物形象,传统戏中的水袖、台步都不用了,仍用一点不改的传统唱腔也肯定不行,观众不接受,我也别扭。"这时她不顾保守派的阻挠强行更换了原来的设计方案,重新创作出很多有新意的唱段。

　　新腔创作是桑派艺术中最为可贵的内容。下面从五个方面归纳她的创腔经验。

　　一、死板式活用

　　按照豫剧传统板式的规则,在套板式唱段中板式之间的连接上有着固定的套路,比如"裁板"转"慢板"再转"流水"等。桑振君在设计唱腔时,既遵守这些传统规则,也不受这些规则的制约。传统程式是创作的一种形式,它必须服从于内容,表现人物的思想情感和塑造人物典型的音乐形象是目的，这一点桑振君非常明确。下面仍以《打金枝》中国母的唱段为例，这个唱段分前后两个乐段，前乐段是对女婿的劝说，后乐段是对女儿金枝的批评，对女婿需要心平气和、耐心开导，对女儿那种娇惯成性、目中无人的倔犟个性国母了如指掌，在女婿面前不但不予袒护，反倒自责："我养的女儿她不争气，驸马儿要担待这一回……"国母的态度是那么诚恳，言语是那么婉转、亲切，苦口婆心地劝导着郭暧。桑振君选用了豫西调"慢二八板"的板式，这一板式常用缓慢的速度，一字多音，曲调柔和、委婉、朴实、亲切，适于叙事抒情，用来表现国母在处理家庭矛盾时，那种宽宏大量的大家之气恰到好处。这段戏进入第二乐段，国母在批评、斥责金枝时，情绪激动，态度严厉，先用了"飞板"又导入"呱嗒咀"，最后结束在"垛子板"上，因为"飞板"比较自由，似唱似说，表现激动恼怒的情绪比较上口，"呱嗒咀"、"垛子板"节奏紧凑有力，适合表现斥责严厉的感情，这几种板式的有机组合，使得这段唱腔结构严谨、层次分明、有张有弛、跌宕错落。

《杨乃武与小白菜》中有一段唱腔在板式安排上更是绝妙、奇特，六句唱词用了五种板式。开头两句是"流水板"，第三、四句是"呱嗒咀"，第五句和第六句的前半句是"垛子板"，第六句的后半句是"慢板"（指将这里两小节合为一小节，把四二拍变为四四拍，即两梆子中抽出一梆子的效果）和"二八板"的落腔。"流水板"的起腔有多种，这里选用了豫东调中"花流水"的唱法，它与"呱嗒咀"的配合，连续偷、闪的节奏变化对描写秀姑为杨乃武高中皇榜兴奋不止的心情，起到了推波助澜的作用；"垛子板"每个字节都在强拍上，一字一音，连接紧密，把秀姑在激动的心情下脱口而出的祝词表现得字正情真；最后的"慢板"和"二八板"的落腔是秀姑情深意长内心活动的写照。这段唱腔的板式安排别具匠心、独出心裁，在豫剧传统板式的连接上是绝无仅有的。虽然板式变化错综复杂，但听起来却很朴实、流畅，绝无哗众取宠之感，而且在人物音乐形象的塑造上更显得突出、明快。

二、改变主音位置,丰富唱腔的表现力

豫剧传统唱腔中存在着宫与徵两种调式,一个是以宫为主音的豫西调(俗称下五音),另一种是以徵为主音的豫东调(俗称上五音),豫东调中一般来讲是以 so 为主音的,但不一定是徵调式,有时 so 已是宫的效果,只是在记谱时没有标明前 so 等于后 do 的调号,豫剧圈里把这种自然转调不改变调号的做法叫"离调"。"离调"的目的是为了充分发挥音乐的表现功能及调性色彩,使音乐在进行中产生对比的效果。现代音乐作品中,常见的转调基本上有两种:一是改变调号或不改变调号,二是改变调式或不改变调式。桑振君的唱腔中常常是不改变调号的做法。桑派《对绣鞋》中张纯姐的大段唱腔"俺到镇平县内前去喊冤"中长达 50 句的唱词,如果一直停留在豫东调"二八板"上,旋律音程狭窄,常在六度之间,或者偶尔会出现一个八度音程,乐句重复频繁,将会产生平铺直叙、四平八稳的效果。为了改变这一状态,桑振君在这段唱腔的六个地方,采用了临时离调的手法,让 B 徵与 B 宫两种调式交替进行(指用 E 调演唱),在唱到"三班衙皂齐声呐喊"时,为了表现唱词中"一句话说错了活命难"的恐惧心理,旋律下行,主音下降五度,转入 E 宫调式,音调开始忧伤、悲切。这段唱腔从 B 徵到 B 宫最后又到 E 宫,三种调式的音响效果使得人物复杂的感情变化得到了充分展现。

多种调式在一段唱腔中交替使用的方法,传统戏中为数不多,对一个专业作曲家来讲也需要过硬的功夫,桑振君成了不识音符的作曲家,难能可贵。

三、发挥清角在唱腔中的作用

豫剧中常用的清角 fa 比十二平均律中的升 fa 还要高些,正因为这一特殊音的存在,给豫剧带来了一种特殊的风格。桑振君是最早把原位 fa 带到豫剧中来的一个,这很可能是她受河南坠子音乐影响的原因(河南坠子音乐中常用原位 fa)。原位 fa 含有清乐音阶性质,它又是现代音乐中常用的音,它的进入和豫剧中的升 fa 产生了强烈的对比。在桑振君的新腔创作中经常把原位 fa 用在旋律中,而且有时还不把 fa 作偏音使用,让其在重拍位置上构成旋律,起着主导作用,这样的唱段格调特别新奇、别致,令人心旷神怡(参看中国戏剧出版社出版的《桑振君唱段选集》第 154 页的"我见过多少个村庄火光闪")。豫剧旋律音阶中增添了一个新的元素,对豫剧音乐的丰富与发展将是一项重要的贡献。

四、注重吸收、借鉴,融豫剧为一体

桑派声腔艺术是在潜心勤奋、博采众长、融会贯通中逐步完善的,吸收是措施,融化是原则,融豫剧为一体是她追求的目的。正因如此,她的声腔艺术才被大家所推崇、赞美。她的唱腔吸收其他剧种和姊妹艺术音调的例子很多,"河南坠子"的音乐元素在其中占据着重要的位置,如前边已经举过《打金枝》中国母唱段的例子"才把公主"的"主"字、"她可不知理"的"理"字和"我不怪你"的"你"字等上的润腔。除此她还吸收了曲剧、越调、评剧、吕剧、京剧以及民歌等方面的音调。她吸收得得当、贴切,融化得流畅、自如,毫无生硬之感。

五、发挥自身嗓音优势,创造自己的声腔风格

她演出的每个戏的唱腔,都要按自己嗓音条件精心设计,所以在嗓音的发挥上都达到了非常完美的程度。如,在《朝阳沟》中婆母娘的唱段"我拉她会上把理说"这段唱腔节奏明快、旋律朴素,生动、逼真地刻画出了拴保娘得到城里来的媳妇后,掩盖不住的喜悦心情;唱腔的中段吸收了吕剧的音调,很有新意。又如,很多人用一种固定的唱腔模式演唱《断桥》,她以为这不符合"百花齐放"的方针,白蛇的音乐形象应有不同风格和不同流派的唱腔出现。她在这一指导思想下设计出别具一格的"西湖山水还已旧"等的新唱段来。

她演出过的剧目有一部分是同其他流派相同的,但从声腔风格来看却截然不同,个性极其鲜明,"不吃别人嚼过的馍"是桑振君的创作个性。桑派《桃花庵》中"年年月月盼张才"等就是典型的例子。她每排一个戏都要花大功夫设计唱腔,一个字的唱法和

一个腔弯要设计五六种方案,哪怕是一两句的唱词,她也不肯轻易放过;对她所排演的戏,她不单要设计她饰演人物的唱腔,为保证全剧的演出质量,她对剧中所有人物的唱腔都要认真研究,拿出设计方案。现在一直流传着的《打金枝》中金枝的唱段以及《桃花庵》中陈妙善、王桑氏的唱段等,都是她精心设计并亲口传授的。

## 艺术创作认真执着

桑振君在戏曲艺术创作上那种投入、执着、认真、创新的精神,让人崇敬。《白莲花》从1956年到1959年这4年间,唱腔改动的次数无法计算,白莲仙子在出场时唱的"参禅打坐白水潭"这七个字的唱词,从开始用"二八板"起腔换为"飞板"起腔,"慢板"直入的办法也曾用过,到后来用的"大栽板"是反复了无数次才定下来的。她在走路、吃饭、休息的短暂时间都不肯放弃对唱腔的琢磨、修改,进入创作状态时更是昼夜难眠、废寝忘食,花甲的年龄、瘦弱的身躯,同她那创新的观念和毅力完全不成正比。几十年如一日,创作与她相伴,音符与她结缘,唱腔一次次地变化、一次次地修改,都凝聚着她的心血和智慧,她勇于创新的个性、高尚的人生价值观是她最珍贵的动力。

桑振君在她的长期创作实践中,深知"变则兴,不变则衰"的道理,所以在她的艺术创作道路上,一直是把"创新"二字放在首位的。其实,有成就的戏曲表演艺术家们,也都是遵循着这一原则,发展着自己的流派。

桑振君是众所周知的、较早的豫剧唱腔革新家,她自称是"豫剧的造反派",是呀!不反咋能出新,不反咋能创作出那许许多多、脍炙人口、广为流传的唱腔,不反咋能形成独具风格的声腔流派,不反咋能塑造出栩栩如生的人物形象。故步自封、亦步亦趋只能使艺术枯萎。贵在创新,这就是艺术家的风采。

2007年7月9日,
在豫剧表演艺术家桑振君流派研讨会上的发言

## 桑派神韵美　难得是精神
——缅怀桑振君老师

徐火旺

　　豫剧桑派艺术创始人、豫剧表演艺术家、戏曲教育家桑振君大师离开我们已九年多了,尽管时光逝如流水,但她给我们留下的"桑派艺术"依然余音绕梁、不绝于耳。她生前为了传承豫剧艺术,给她的弟子、学生们悉心传艺、授课、排戏的身影,还依然清晰地留在我们的记忆里,我们永远缅怀她、纪念她。

　　我和桑老师是在20世纪70年代末认识的,那时我刚到邯郸地区行署文化局任艺术科长,局里举办了一期由全区专业剧团的编导、演员代表参加的"表导演培训班",我们邀请了桑老师到班上讲唱念课。至今我还清楚地记得她讲课的概要。她从演员演戏开篇,说:"我们演员演了一场戏,戏一散,观众就会议论,说这个演员'真能唱',这是一个评价;说这个演员'真会唱',这又是一个评价,这'真能唱'和'真会唱'的一字之差,就把我们演员的高低上下给分开了。"接下来,她模仿了河南豫剧界不同地域、不同流派、不同行当的诸多名老艺人的经典唱段或唱句,生动而鲜活地诠释了什么是会唱。之后,她根据自己的艺术实践,按照不同声韵,从运气、发声、吐字、行腔的技巧到日常习练的方法,讲了怎么样做到会唱。在这中间,她特别强调的是一定要唱人物,要唱出人物的身份、地位、脾性和真情实感。这一节唱念课,赢得了与会者的高度赞扬，我也从中受益匪浅。桑老师的声腔艺术由此引起了我极大的兴趣，成了我和她日常交谈的一个重要话题。我不是奢望自己成为一个作曲家，只是想丰富一下自己的业务素养，以适应工作的需要。从那时起，在她晚年的26年中，我成了她座上的常客，后来还到东风剧团工作了七年，即使在我调离东风后，也经常登门造访。每年的农历腊月二十七日，是她的诞辰，只要她在邯郸，我都会前往她的住所去为她祝寿。后来还真有点想总结一下桑老师的艺术成就和经验，但限于自己的能力一直没有付诸行动。在她去世两年后的2006年，东风剧团申报"豫剧桑派艺术"为国家级非物质文化遗产时，我有幸参与了对申报材料的起草和整理，才有了更加深入的了解。

　　应该说，桑老师对豫剧声腔艺术的改革和创新，从一开始是很感性的，甚至有点"误打误撞"。但她一直有一条朴素的心理底线，那就是"观众必须认可"。我问过她的这种思想是什么时候开始有的，她说有两件事让她记一辈子：一是她五岁时第一次登台唱河南坠子，说的是《马前泼水》，当她唱到"身上无衣肚里饥"时，因联想到自己家的苦难，忍不住掉下泪来，场上的观众给她鼓起掌来，她以为自己唱的哪出岔了，一时吓坏了，后来才知道这是给她叫好。"次数多了，我知道了演唱要有真情实感，才能打动观众。"二是她进入豫剧圈后，第一次到安徽界首当主演，因自己不懂行内规矩，造成了误会，这个戏班的乐队有意"掂"她。首场出演《秦雪梅》，乐队把一个本就缓慢的大慢板，一撤再撤，慢得让她无法迈腿，无法张嘴。她形容当时的感受说："就像把我给焊到了舞台上一样！"面对观众，不唱是不行的。惶急之中，她把说河南坠子的功夫和唱法使了出来，唱腔按豫剧走，但在唱句中添加衬字，有时还把原来两个唱句里的词，压到一个唱句里唱，乐队把节奏赶上了，她又有意放慢速度，她的这种快与慢的变化，乐队从没有经历过，一下慌了手脚，乐队也怕观众说他们包不住演员的唱，被迫跟着她的唱腔紧赶慢撵。最后她说："急是急了，但我还是一直在感觉着观众的反应,要真是观众不接受,唱砸了,我也对不起观众啊。没想到观众被我的唱给拿住了,最后还给我来了个满堂好!""演完后,等心静下来自己想这件事时,我突然心里一亮,观众既然喜欢这样唱,我为什么不这样唱?观众认演员,演员也得认观众。所以我一直说我是豫剧的造反派,我之所以敢造反,观众是我最大的支持者。"

如果要把桑老师的声腔改革分为期段,这应该说是她的一个节点。一个从"误打误撞"开始,向理性升华的节点。然而,任何事物的发展,一旦从感性进入理性阶段,难度就会增大,艺术上也是这样,对于桑老师来说,就更是这样,因为她没有上过一天学,没有应有的文化基础作依托,更没有相应的乐理知识作指导,但她一路走来似乎驾轻就熟,而且还总结了一套她自己的理论和方法。我前面说的她那次在邯郸地区"表导演培训班"上的唱念课,就是她的经验之谈。她的这些经验,首先来自她的天赋灵性,亦或是出生在艺人家庭对她的熏染和影响,再就是她的个性中有一个燃点——"有心"。人和人的差距,往往就是被"有心"和"无心"把距离拉开的。正是她的"有心"助燃了她的灵性,使之上升成为对戏曲艺术的悟性,所以有了她最初的"演唱要有真情实感,才能打动观众",进而有了以"一定要观众认可",作为自己演艺的标准。加上她精神品格中,那种执着忠诚于豫剧事业的坚忍不拔,助她积累了丰富的实战经验,从而突破了文化和乐理知识上的局限,成就了她的梦想。

在日常生活中,和桑老师随意谈起她设计的唱腔时,会听到很多极其经典的道理,朴实无华,浅显易懂,但很具操作性。比如她说,设计唱腔就像开中药铺,你得要啥有啥。所以她把河南豫剧中的大小板式,包括300多个曲牌,都熟记于心,不管是豫东调、豫西调、祥符调、沙河调,也不管哪个流派、哪个行当,甚至连河南其他兄弟剧种、曲艺等姊妹艺术的东西,只要她认为是好的,她都会千方百计学会,记在脑子里。在设计唱腔中,她还有自己的章法,她说:"设计唱腔主要是用它表现人物,那就得先吃准人物再进行设计;我们是豫剧,必须要保证豫剧味。选材用料,首先要用豫剧的东西,豫剧的板式、曲牌、拆卸、组装随你便,但你得揉和好,如果还不能达到人物的需要,再找找河南省内地方剧种、曲艺或姊妹艺术的东西借鉴;这样要还不行,就去找其他剧种或别的音乐曲调去借鉴。"她特别强调了借鉴吸收的原则:"借鉴吸收是为了人物需要,不能单为了出新去借鉴吸收";"不管用谁的东西,它再好,也得把它剁成三鲜馅儿,豫剧就是荞麦皮,那也得'包'住它,让它跟豫剧变成一体"。她对"包"字,还有一个明确的解释:"放得开,收得回,任你用谁的东西,拐多少弯,最后都得字归韵,腔归豫,弯回到豫剧中来。"她的这些说辞,如果作为作曲理论,在文字表达上也许还得推敲斟酌,但我们回头看她设计的唱腔,我们不能不承认她的这套章法是有效的、成功的。同时,我们透过这些章法,也感受到她老人家在艺术上的刻意和用心。

中华人民共和国成立后,党和国家在致力于恢复和发展国民经济的同时,在文化领域也开展了"戏改"工作。1949年10月2日,也就是开国大典的第二天,中华全国戏曲改进委员会就成立了,一个月后,改称"文化部戏曲改进局",属国家新建政府的行政机构。"戏改"除了体制方面的改革外,在艺术上,从一定意义上讲,重点是音乐唱腔的改革,难点也在于此,最为集中的问题是如何保持地方戏曲各自的风格和特色。桑老师可以说是这方面的先知先觉者,而且她已经积累了一些经验。赶上这么一个时代背景,更是如鱼得水,成为她改革豫剧声腔艺术的又一个节点。

桑老师一生参加演出、指导排戏、参与设计唱腔的剧目达79个,所以有了她早期在河南时期的辉煌。1964年到邯郸后,她设计的现代戏《李双双》的唱腔,可以说是她的代表作之一。戏一上演,就受到观众的热情追捧,成为东风剧团的保留剧目之一。"文革"后的1979年,又复排进京演出,在科学院和在京的三军部队的巡回演出中很是轰动。时任国家人大副委员长的郭沫若郭老看完戏后，问谁是这个戏的唱腔设计，演李双双的演员李素芹回答说："是俺桑老师。"郭老得知桑老师没有随团来京，就安排人专程到邯郸去接。桑老师到北京后，郭老和夫人于立群在北京饭店亲切接见了她，对《李双双》的演出评价很高。郭老说东风剧团的《李双双》与电影《李双双》比，双方主要演员的表演各有特色，东风剧团的唱腔更增加了人物的表现力，丰富了人物的思想感情，把解放后一个进步农村妇女善良、忠厚、泼辣、开朗的性格和感情，表现得非常鲜明，希望她以后能多设计一些像《李双双》这样好听的豫剧唱腔。郭老作为新中国一代文化巨擘，能对桑老师设计的唱腔作出这样的评价，足以说明桑老师设计唱腔的功力和水平。

  桑老师生前，总说她搞唱腔设计是"笨人生笨法，全靠心想脑子记，想好了哼给乐队记谱，再教给演员"。她的"法"是笨了点，但这"笨法"却不是谁都能使得开的。东风剧团演员张兆祥曾跟我说起过桑老师的这种"笨"能力。1965年，桑老师随东风剧团到北京总政歌舞团去学《江姐》，在返回邯郸的火车上，桑老师就把全剧所有人物的唱腔都设计好了，由此大大提前了这出戏的排练进度。这出戏从那时搬上舞台，至今常演不衰，深受观众的青睐。2007年7月，在郑州为纪念老人家逝世三周年时，还演出了这出戏。演出中，因剧场电缆老化，造成舞台用电故障，中途停演维修。主持人赶忙上台安抚观众，说一会儿就能修好，后来看修复时间得延长，又以向观众介绍当晚到达现场观看演出的领导、业内专家及桑派艺术传人的方法，来稳定观众情绪。10多分钟过去了，电缆还是没能修好。主持人再次出招，请在现场看戏的桑派戏迷清唱桑派唱段，我真的有点坐不住了，觉得这招有点不靠谱。让我意外的是还真的就有戏迷朋友一个接一个地自告奋勇，参与演唱，现场观众也热情配合。七月的郑州，闷热难耐，我起身到楼上一看，楼上更是像蒸笼一样，但观众似乎毫不在意，还在为台下演唱的戏迷叫好、鼓掌，这种状况至少维持了半个多小时，楼上楼下竟然没有抽签退场的，直到舞台上恢复灯光，这场戏得以善始善终。当然，这首先反映的是郑州观众的素质修养,但桑派艺术的魅力、《江姐》这出戏的魅力,更是不能排除在外的因由。

　　设计唱腔,分析人物要到位,但是,如何通过唱腔呈现出设计者对人物的分析和把握,即便是具有专业谱曲知识的人,也未必都能做到。但桑老师靠她的章法却做得唯美精湛。1980年,我调东风剧团后不久,她就一直在准备排《齿痕记》,让我帮她整理剧本,中间我说了一句:"这个戏有不少剧团演呀!"她说:"是。但我跟人家的有点儿不一样。我觉着窦氏是个个性很强的女人,她等了张才12年,人没等回来,夫妻情深,她要替张才把这家撑起来,她在考虑张家以后的事,所以她才要认义子,她想用这个办法来接续张家的香火,去安抚可能已经不在人世的丈夫。她要光是哭天抹泪,或者破罐子破摔,听天由命,那敢情就没有这个戏了。"这就是她对"窦氏"这个人物的分析和认知。那时,仅从平面的文字上,并没有什么感觉。1982年初,桑老师带队在郑州演出时,河南人民广播电台为她录音,其中有窦氏《上门楼》的唱段,尽管她那时已经20多年不登舞台了,嗓子有些塌,气息也有些跟不上,但她唱的窦氏这段唱腔,还是极好地表达了她对这个人物的理解和设计。第一次听桑老师练唱,给我留下了深刻的印象。唱腔中每个字的铺摆陈设,每个音符的使用和装饰,包括对节奏的长、短、疾、徐,抑、扬、顿、挫的控制和处理,都斟酌到了细致入微的境界。唱段中,唱词的语境和唱腔的意蕴互为补益,相得益彰,绘声、绘色、绘情、绘景、绘心声,听得让人拍案叫绝。一句幕后九个字叫板:"丫鬟,你与我带路来呀——"叫了46秒,窦氏那种历尽沧桑的慵懒、落寞和无奈,与声俱来。接下来的第一句唱"九尽春回杏花开,可是又一载",更是一步三叹,匠心独具。前半句"九尽"之后的一个停滞,接着又止在"春回杏花"之前,再返回"春回",然后才唱出"杏花开"。这给观众勾画了一幅水墨丹青——凄楚端庄的贵夫人窦氏,伫立在一棵花蕾绽放的杏树跟前,神情呆滞地盯着盛开的杏花,却久久不愿把那个"开"字吐出口来,因为这象征着"可是又一载"。桑老师在解释这个"开"字之前的返回时说:窦氏等张才等了十二年,开始时觉着昨天没回来,今个可能就回来了,今个没回来,还有明天,她是盼着日子快一点过,想着能早一天把丈夫盼回来。那时是"天天的想,夜夜的盼,年年月月盼张才"。桑老师在那里用了紧打慢唱的节奏,用前抢(天天的、夜夜的)后拖(想、盼)、先拖(年年月月)后抢(盼张才),把窦氏当时想、盼丈夫的急切心情诠释得淋漓尽致。但在她想、盼了十二年后,百法都使尽了,丈夫还是"石沉大海",她已觉着多一天就多一分"渺茫",无可奈何的她,最后还是不得不认账——去年今日到此时,又是一年过去了。岁月无情,又把新一年的"渺茫"再次写在了她的脸上。这段唱中,有着不少的经典之处,比如"鸿雁飞去,紫燕飞来"一句,在"去"字和"来"字的拖腔上,做了诗情画意的处理,"去"字借着自然的送气之势,把"去"字的拖腔处理成了渐趋渐弱的颤音,而"来"字在收气中与"去"字形成鲜明的反差,把它放在了拖腔的逻辑重音上,构成了天空中鸿雁渐飞渐远、紫燕由远及近的态势。这"去"者和"来"者,依然是上一句中"可是又一载"的延续,仰望天空,窦氏脸上依然是无法抹去的情伤。任是春风拂面,百花争艳,蜂绕蝶舞,都丝毫难以排遣她的内心苦楚。在这个近17分钟的唱段中,桑老师把窦氏的唱腔一直调处在低透回转的倾诉里,到后半部,在两个地方做了小高潮处理,第一次是从"我夫妻的连理枝被折坏",到"我可怎做安排";第二次是上门楼后,从"也有老,也有少"到"为什么不见夫张才"。两次小高潮中有一个共同的"焦点"——"婴孩"。从"窦氏女三十单二岁,我跟前缺少儿'婴孩'"和"还有那二八的佳人抱'婴孩'"都把节奏处理得明快强烈,因为这是触动窦氏"心结"的关键词,这不单是从艺术层面上,对唱段节奏的调处润色,也是设计者着意凸显窦氏谋划张家后事心理的手法,从而完整地、栩栩如生地推出了窦氏这个特定环境中的人物,也为整个戏脉的发展铺埋了伏线。

在这出戏的唱腔设计中还有一个亮点,就是窦氏盘问妙善后,妙善被迫和盘托出实情,窦氏被这突兀而来的真情实况给彻底击垮了。她各州府县地找,求神告庙地算,为丈夫做了自己所能做的一切,她怎么也没想到与自己情深义盟的丈夫,竟然会辜负自己,与眼前这个尼姑苟合,而且十二年前就死在近在咫尺的桃花庵。按照传统结构剧本的技巧,这是一个戏眼,可以写一个精彩的唱段,但桑老师独辟蹊径,一改传统戏曲中旦角的哭,用"喂呀——"作虚拟表达,在这里设计了一个"长哭"。这个长哭中,从意外的震惊,到难以接受的现实,怨张才对自己的薄情,怜张才的命运无常,悲自己的痴情无辜,那种惊、怨、怜、悲的五味杂情在哭中哀婉生发,哽咽流转,泣诉如歌,扣人心弦,把窦氏彼时彼地的心境表现得活灵活现,实在是一个绝妙创新的经典。

  我和桑老师相识较晚,没有见过她设计唱腔时的实况,曾从侧面问过她类似"设计唱腔一定很难吧"这样的话,桑老师只是简略地回答:"难有啥法?摊上了就得作难";"难是自己找嘞,再难也得搞啊!生能百法地憋呗"。朦胧中给我一种在"难"中不懈"坚持"的感受。2007年8月,邯郸电视台拍摄关于《豫剧桑派艺术》专题,我受邀同摄制组一齐到河南郑州、许昌等地,采访对桑派艺术有研究的专家、学者和艺术家。在许昌听了与桑老师合作多年的豫剧作曲家袁世安老先生,讲了桑老师搞唱腔设计的几件事。一是《白莲花》唱腔中"参禅打坐白水潭"的经过,袁老说:"这段唱腔桑老师和我们(乐队)折腾了一个多星期,改过来、改过去总也不满意,一直到最后一天的晚上11点多,还是不成。她说:'算了,今天就到这儿,大家休息吧。'大家拖着疲惫的身躯各回各家了。我回到家躺下,迷迷糊糊还没睡着,忽然听见她敲我家门,边敲边说:'老袁,我又想好了这段唱,快起来,集合乐队试试。'我赶紧起来把她哼的唱腔做了记录,等乐队召集齐,马上进行试唱、和乐,终于取得了满意的结果。"二是桑老师对离调的运用。袁老说:离调就是调式的转换,这是一种很专业的手法,这种手法对一些专业作曲家来说,也是有一定难度的,但桑老师在《对绣鞋》一剧中,"去到正定县内去喊冤"的163句唱中,六次使用这种手法,难能可贵。三是桑老师在对豫剧唱腔的改革中,围绕人物音乐形象的需要,大胆对豫剧板式及板式组合的传统程式都进行了改革,在《杨乃武与小白菜》一剧中,小白菜一个六句唱的段子里,用了五个板式,精彩的是她糅合得圆润流畅,既优美好听,又符合人物。我听后,从中对桑老师的"作难"和"坚持"才有了较为深刻的体会。

桑老师是豫剧艺术的一代宗师。同时,她与我们后来的豫剧人,还有着一个同样的身份——相对于近300年的豫剧历史而言,她也是一代传承人。她毕其一生,创造了风靡于她那个时代的豫剧桑派艺术。她的"灵性"、她的"悟性"、她的"有心"、她的"坚持",都是她成功的因素,但还有一个重要的性格"基因",给我留下了极深的印象。1980年,我调东风剧团工作,因一家出版社要桑老师的简历,她托我执笔。那是我第一次系统地了解她老人家的人生经历。桑老师在交谈中,诉说了她幼年时期的血泪苦难和艺术生涯中的艰难坎坷。她在那样一个暗无天日的艰难世道间,决然奋争,执着于事业上的拼搏进取,成功创建了豫剧桑派艺术。尤其是在她当红时期,毅然放弃舞台,专注于戏曲教育,使我对她肃然起敬。在我感叹她的悲惨遭遇、庆幸她的成功时,桑老师说了一段让我十分感慨的话:"人这一生,最难不过一死,最苦不过要饭,经历了这些,再没有我过不去的坎儿。后来谁说我多好,说我多能、多有名气,我自己心里明白,我原来就是个要饭嘞。有人说我多不好、多不行,给我戴这帽子、那帽子,我还是说,我就是个要饭嘞,大不了再要一回。"就是她这种"淡泊名利"、"荣辱不惊"的心态,在她的心灵深处开拓出了一片纯净的艺术天地——一个任她驰骋、任她超越的天地,成就了她的艺术人生。这是我们后来者在继承她所留下的艺术业绩的同时,必须要继承的。豫剧艺术的发展就是像桑老师这样,在继承前人的基础上超越前人,在一代更比一代强的更迭传承中,发展和繁荣起来的。

# 发展豫剧桑派艺术之我见

苗文华

桑派艺术是豫剧艺术宝库中的一枝奇葩。这种独特的艺术风格被人们总结为委婉细腻、字乖韵巧、声情并茂、百句不竭。桑振君大师经过长期的艺术实践,创造了偷、闪、滑、抢、衬、离调等演唱技巧和方式,其声腔特点堪称戏苑一绝。桑派艺术同常、陈、崔、马、阎等豫剧流派一样越来越受到广大人民群众的喜爱,其艺术价值也引起了有关专家学者的密切关注。那么,如何在新的历史时期进一步发展桑派艺术呢?我认为应做到以下几点。

一要坚持继承性。继承是发展的前提,这是规律,戏剧史上每一位流派创始人、每一位大师都是这样走过来的。不继承前辈创造的宝贵遗产,何谈改革创新?何谈发展?一个青年演员只有通过继承,掌握了扎实的基本功,并对优秀传统剧目有了深刻的认识和理解,才能为开拓创新打下坚实的基础。比如京剧演员董圆圆,她主演了许多梅派代表剧目,掌握了梅派唱、念、做、舞的流派风格,达到了融会贯通、运用自如的境界,所以她才成功塑造了一本、二本《宰相刘罗锅》中的格格和《洛神赋》中的甄宓。桑派艺术博大精深,桑振君先生一生主演过许多剧目,如《打金枝》、《投衙》、《八件衣》、《白莲花》、《黛玉葬花》和现代戏《英雄山》等,塑造了许多鲜活的人物形象,留下了许多别具一格的优美唱段。由于桑派艺术声腔乖巧，旋律多变，掌握起来有一定难度。所以，当前最重要的首先是培养好人才，使桑派艺术后继有人；其次是挖掘整理其代表剧目，使之得以传承；再次是开展理论研讨，尤其是要加强对其声腔特点的深入研究，并通过一定的传媒手段做好普及工作。我想这是发展桑派艺术的基础。

二要体现时代性。在科学技术十分发达的当今社会，声、光、电的现代化技术和新材料的运用，以及日趋先进的工艺制作手法，为戏曲艺术的现代化提供了广阔的天地，这就要求戏曲艺术家必须要有现代的创作理念，有效地运用这些先进的现代技术手段。前一时期，中央电视台十一频道《名段欣赏》栏目录播了我演唱的桑派名剧《白莲花》选段，在音乐配器上成功地加进了一些西洋乐器，丰富了音乐的表现力；我饰演的白莲仙子在服装、化装、饰物以及道具上，由质地到形式与传统相比都做了大的调整。录制时，灯光师们还用多彩的光源成功地构筑了多维的舞台空间，自由时空、虚拟手法得到了充分运用：烟雾缭绕之中，绿叶田田、莲花盛开……伴着音乐，白莲仙子飘然而至，这样使舞台形象更加丰满动人，取得了很好的艺术效果。实践证明，以当代审美意识表现人物，以现代的技术手段张扬美学精神，是发展豫剧桑派艺术（当然也是所有戏曲艺术）的重要途径。

三要注重创新性。创新是一个民族发展的灵魂，艺术创新是艺术发展之灵魂。桑派艺术本身就是创新的典型。很多人都知道，这和桑先生艺术上的多元思想和革新精神是分不开的。她曾告诉我，任何一门艺术，要想不断向前发展，就必须向其他艺术学习、交流，而不要把自己封闭在狭小的框框内。她还说，在艺术上我是"造反派"。这些艺术理念使她不甘于墨守成规，在实践的基础上，大胆地集纳不同地域流派的演唱风格于一体，甚至把河南坠子的演唱技巧也巧妙地融入到豫剧板式中，并根据自己对人物性格的理解和戏剧情景的认定，来琢磨、设计更准确、更生动、更优美的唱段，进而创造出了奇特的演唱技巧，其声腔特点被公认为豫剧唱腔的一绝,从而发展形成了俏丽精巧、高雅优美的豫剧"桑派"艺术。戏曲作为人类智慧的一种特殊创造物,它必然伴着人类社会生活和历史文化的变革而变革,在逐步形成自己一定持续影响力(传统)的同时,又不断通过艺术家们创造性的劳动去突破、改造和自我更新,否则,艺术就失去了生命力。我想,桑派艺术的发展必须继续致力于此,在继承的基础上大胆地创新,不仅在声腔特点上,还要在表演风格上创新。当前,桑派不仅要向豫剧其他流派学习,还要面向全国,向京剧、越剧、黄梅戏等其他剧种学习,不断地丰富自己、发展自己,使流派风格和声腔特点更加新颖、更具特色、更有艺术魅力。在这里,我还要亮明一个观点,那就是对"度"的把握:无论怎样创新,豫剧的基调决不能丢,那种远离豫剧旋律基调,把豫剧半歌剧化,甚至歌剧化的倾向是极不可取的!

　　四要把握群众性。戏曲服务于人民,检验戏曲的是人民大众,人民群众喜欢的戏曲才是有生命力的。桑派艺术之所以能成为豫剧的一个流派,说明在过去的发展中它除了形成自身的特点外,还拥有了一定的观众群。但现在的问题是,如何把这个具有明显地域特色的流派艺术扩大到更大的地域,拥有更多的观众群(像安徽的黄梅戏在全国都有很大的影响),使桑派艺术更好地为广大人民群众服务?我认为还必须在以下几个方面做出努力:首先是要强化群众意识。我们的戏曲工作者必须进一步深入群众,只有深入群众,才能熟悉生活,通过切身体验,捕捉到大众情感的通俗表达和日常的表达方式,在新的历史时期获得一种更贴近实际生活的感性形式,为广大群众创作出更多的他们所喜闻乐见的艺术精品。其次是要研究观众群。我们必须看到,桑派艺术所面对的观众群,已远不是过去豫东南地区沙河流域一带的观众群了,它的影响力早已远及河南以外(如河北、吉林、山东、陕西等省)。因此,谋求发展,我们不但要面对河南,还要放眼全国,用现代意识和现代美学精神加强对更大地域观众的了解和研究,进而准确把握时代的脉搏及审美思潮。最后是要引导观众群。桑派艺术风格独具,声腔甜润奇特。在了解观众、适应观众的同时,还要注意用它特有的艺术魅力来培养观众、陶冶观众,提高观众的艺术欣赏水平。只有这样,它才能不断地沿着观众的审美趋向,能动地发展自己,完善自己的艺术本质。

# 难忘娘亲

谢爱芳

1946年,俺娘在郑州北下街剧院演出。剧院经理跟俺是老乡,他知道俺家就姥姥、妈妈和我三个女的,揭不开锅,也知道俺娘心眼好,能挣钱,便请求她收下我,能让我活命就行,可俺娘却不这么想,她当着俺爹谢顺明、剧院经理和俺家人的面说:"要说苦,过去我比你们还苦。孩子我既然收下了,我就要教她学戏。待她将来有了本事,不也好养活她妈和姥姥嘛。"这样,我就随俺爹谢顺明的姓,取名谢爱芳,拜俺娘桑振君为师傅,而且也是俺娘的开门弟子。

其实俺娘只比我大6岁。但她对我的养育之恩,不亚于我的亲娘!我唱戏没有一点基础,也不喜欢唱戏,恐怕也不是唱戏的料。但在俺娘那里,一切都由不得我了。她教我不但不分白天黑夜,而且非常严格。可以说在她那么多徒弟里,我挨的打最多。记得有一次,我的倔劲也来了,不练了,哭着要走。俺娘看我哭了,她也哭了。她哭着说:"爱芳,我学戏的时候,还没有你大,也没有人教我,好多我都是偷着学的。娘对你是狠了点,可都是为了你啊!"娘的话让我如梦初醒,也应了"严师出高徒"那句话。也就两三年光景,俺娘就把我也培养成了个"角"。郑州解放前夕,俺娘看我学得差不多了,就不让我跟她了,要撵我走。我哭着不走,俺娘说:"过去你走,我不让你走;现在你不走,我必须让你走!"我哭着说:

"我跟着娘没有饿死,还学会了唱戏。我要好好报答娘的恩情,永远跟娘在一块。"娘语重心长地说:"你跟我在一块,我始终都压着你,这样对你成长不利。你要知道,娘要的是艺子,不是孝子,所以你必须给我走!"

离开俺娘后,我也成了主演,而且还多次和俺娘唱过对台戏。台上是竞争对手,台下依然是母女情深。1964年俺娘要离开郑州,到邯郸东风剧团教学。我劝俺娘说:"咱的观众在河南,离开了河南,离开了舞台,不就像鱼离开了水?"娘平静地说:"我14岁当主演,啥荣誉都有了,我不能一直占着舞台。到那里了静下心来,教出一个够本,教出两个赚一个。"我知道俺娘的脾气,她要是下决心了,别说九头牛拉不回来,就是把命贴上她都在所不惜。

解放后我一直在河南省豫剧一团,也曾给常香玉老师配过戏。赴朝慰问志愿军时,组织上又把我和俺娘放在了一个慰问团。可惜正当我风华正茂,应该好好展示桑派艺术风采的时候,由于自己身体不争气,基本上就算离开了舞台。我觉得对不起俺娘,这也是我一生的遗憾。

# 桑老师给了我艺术生命

刘伯玲

我1955年就参加了郑州市豫剧团。那时该团的演员，大部分都来自密县，唱的自然也都是豫西调。1963年，老师调入了郑州市豫剧团，演出了《观文》。我觉得老师的戏，每个角色都不同，唱腔不同，人物方面也不同，一个戏一个样，都不雷同。尤其是她设计的唱腔更绝，字乖韵巧，韵味醇厚，百句不竭，自然转调，真的把我给惊呆了。我一进团就在郑州豫剧团，虽然也很努力，但不了解外边的世界，没见过这么好的唱法，倒有点是井底之蛙了。我很渴望学到老师的戏。可当时条件有限，没有录音机、光盘这些现代电器，所以老师在舞台上演，我就在后台一句一句地学，也许是老师发现了我的好学，后来就让我饰演《观文》里的丫鬟，这样我学得就更有劲了。不过当时是鹦鹉学舌，照葫芦画瓢。词是什么意思，不知道；动作表示什么意思，也不大清楚。桑老师看我学得刻苦、认真，就开始教我了。那时的教法和现在不一样，老师不仅要经常演出，在团里的任务也很重。她是业务团长，排了很多戏，如《社长女儿》《祝你健康》《东风解冻》等，都是她设计的唱腔，那时候没谱子，她的唱腔又与众不同。她就一个角色一个角色地教。她很累，我实在不敢去打扰她，但老师并没有忘记我，没有整块时间，又不能像课堂一样，老师就见缝插针，随时施教。比如，吃饭的时候，老师一说到戏了，放下碗就教。有时候下乡演出，赶场等车的时候或者在马车上,她都能随时随地教。记得排《打金枝》时,我演金枝,一上场那种高傲的气质,我怎么也演不出来。老师反复教了多遍,我还是表现不出来,这时老师急了,不但停止了排练,而且批评说我笨,笨死了!那时我20岁出头,爱面子,受不了,当场就哭了。哭罢我想,哭有什么用?能哭出戏来吗?有了这个想法,又害怕老师批评,这样在晚上煞戏以后,我不睡觉,仔细琢磨、回味老师教过的动作、表情,练着练着,慢慢开窍了。后来我想,老师的严厉批评,其实是激将法。她是"逼"着我,找到解决困难的金钥匙。再后来在《桃花庵》中扮演陈妙善,就比以前好多了。不过令人惋惜的是,没有多长时间,老师就离开了郑州市豫剧团,到邯郸去了。

"文革"后开放古装戏,我去邯郸找老师学《姐妹告状》,那时已经有"半截砖"的录音机了,可老师住在临街的大杂院里,声音嘈杂,白天很难录音,这样老师就趁夜深人静的时候起来给我录音,一连录了好几个夜晚。有了老师的录音,我回来就一字一句地学习,等学会了,又请她到郑州排戏。她那么大年纪了,还不辞辛劳,作为豫剧大家,可没有半点架子。她一遍一遍地给我示范,不厌其烦,一丝不苟。有时候觉得在大排练场说我不妥,就回到住处去说、去比,甚至正睡觉时说起戏了,就爬起来跪在床上给我比戏。老师的艺术、艺德、人品让我的确很敬佩、很感动!父母给了我生命,而老师给了我艺术生命,我永生难忘。而就在这时,我正式拜桑老师为师了。

# 我的恩师桑振君

赵贞玉

早在1962年,我就跟桑老师有了接触。只是那时我没有什么过多的奢望,只是希望她能知道我叫赵贞玉,非常喜欢她的桑派艺术,她能在百忙之中给我多说两句就行。没想到1964年,桑老师调到了我们东风剧团,我当时心里高兴极了。后来,东风剧团分房子时,我又幸运地和桑老师分在了一起,她住一楼,我住二楼,这样,日常接触就更多了,而且关系十分密切,情同母女。

因为住得太近,有时我在楼上练功,桑老师就上来了,她对我的要求非常严格,在练声上一字字、一句句、一遍遍地教我。特别是在吐字方面,她要求吐字清晰、咬好字头、以字带声,要掌握每个字的发音位置。她说,唱每个字,就像运动员投球,要百发百中地送到观众耳朵里。

我是1981年正式拜她为师的。那时我只是她的学生,但她对学生的付出,比许多人对徒弟的付出还要多得多。在我从艺几十年的经历中,扮演了不少角色,获得了很多大奖的同时,也得到了很多观众的赞扬和认可。我知道我的天资不算聪明,但能够到这一步,与老师呕心沥血的教诲、近水楼台先得月的条件是分不开的。

因为我们两家住得太近,就像一家人一样,她爱吃粗茶淡饭,有时她上楼来吃饭,有时我做好给她端下去。每次改善生活,我都要先孝敬她老人家。她衣服脏了,我就拿到楼上来洗,洗好叠好给她送下去。那时我经常外出演出,她也经常帮我照看孩子,她有点好吃的,也赶紧给我的孩子送上去,孩子都亲切地称她姥姥。

后来我有了儿媳李焕,她说李焕是个唱戏的好苗子,她对李焕也付出了很多,不过没有像对我那样严厉,而是和颜悦色、循循善诱。我感觉到,那是一种人们常说的"隔代亲"。

恩师常教导我,要想演好戏,首先做好人。她形象地说:"艺人要有艺人的规矩,每走一地,不要自己把饭吃完,要顾及别人,一定要给别人也留一碗。"我明白老师的意思,演戏是集体艺术,要我和大家搞好团结。我牢牢记住老师的话,努力按照她的要求去做。

前些年,别的剧团聘请我当主演,领导的意思是让我把别人的戏都接下来,我想起了老师的教导,只接了部分戏。比如《春草闯堂》中,丫鬟是主角,我就情愿演小姐甘当配角,很好地处理了同事之间的关系。

我与恩师感情深厚,在她重病期间,我时刻都陪在她的身边。临终前,她还握着我的手,每想起来我心里都非常难受。

老师离开我们快十年了,我无时无刻不在思念她。有时做梦也都梦见她。没有了恩师,就感觉自己像没娘的孩子一样,无依无靠。我非常怀念我的恩师,我想跟天堂里的恩师说一句:您放心吧,我们一定会把桑派艺术传承下去。

# 桑老师教我的点点滴滴

李素芹

我叫李素芹,原来是邯郸东风剧团演员,后来在邯郸艺术学校任教。我有幸跟桑振君老师学习了几十年,桑老师的口传心授,让我知道了什么样的唱腔才是最美妙的。

我原来是唱刀马旦的,注重更多的是身法练功,虽然嗓子也很好,但是还不会唱。1961~1962年,剧团领导两次派我们去许昌跟桑老师学习,一起去的有牛淑贤、胡小凤、赵贞玉等人。我主要学习了桑老师的经典剧目《对绣鞋》。当时看桑老师的唱腔那么巧妙、那么好听,我才知道豫剧唱腔是这么高雅,当时就下决心向老师好好学习。那个时候没有录音机,老师就一句一句地反复教我们,非常有耐心。经过近一个月的学习,我们都感觉自己的唱腔提高了很多。我记得在许昌学习就要结束的时候,正好有一个活动,桑老师就让我唱了《对绣鞋》。在许昌,桑老师的戏迷很多,他们对桑老师的唱腔了如指掌,我一唱《对绣鞋》,观众就给我鼓掌。我唱完走下场一看,桑老师就在下场门站着,我走到老师跟前,老师把手中的水递给我说:"妮儿,唱得不错。"我能看出老师非常高兴。回到邯郸后,由于当时没有电视台,就由广播电台给我录了《对绣鞋》,大家听后,都说我唱腔提高了很多。从此以后我每天都按照桑老师教给我的方法去练习,嘴皮要有力,口齿要伶俐,咬字要清楚,这时我才算明白什么样的唱腔美,什么样的唱腔好听。

1964年,桑老师调到东风剧团。知道这件事后,我们别提多高兴了,这么好的老师来教我们,我们感觉非常幸福,个个都憋足了劲儿,要好好学习。

到团后,桑老师示范演出《打金枝》,老师演国母,教给我的是金枝。当时一听金枝的唱腔这么好听,我真的入迷了,每天练习唱腔。后来团里给我排了现代戏《李双双》,桑老师费尽心血教我,这个戏唱腔很多,没有录音机,老师便一句一句地口传,老师教一句我学一句,反反复复,一遍又一遍,每一句的唱腔老师要教多少遍我已经记不清了。老师每每教得口都干了,我很心疼老师,便想了一个办法,就是记住老师的唱腔特点,下来以后自己多练习。比如说,李双双的一句唱"一件衣服没上领"中的"没"字,我一直找不到发音位置,后来我慢慢琢磨,发现它有些像小绵羊叫的声音"咩儿";还有一句唱"清明过后谷雨到春光正好",我听着有点河北梆子味儿,我就记住那个味儿。就这样我把每一句唱的特点都记住,就学得快了。通过这个戏,我了解到桑老师对艺术要求严谨。练唱时,老师不仅要求演员要唱对、唱好,还给乐队提出要求,每一段唱腔让乐队一个一个过,板胡拉完二胡拉,再接着笙、琵琶等,每一个乐队都要过一遍,每一个乐器发出的声音都必须准确,决不允许浑水摸鱼。

《李双双》唱腔中有一段"难道说见此事不理不睬",到快的地方很要嘴皮子功夫,我吐字上不过关,老师就告诉我这个字的着力点在哪儿,怎样将字吐得清晰,哪个字是轻的,哪个字是重的……然后,私下没事时我就练习,因此,通过《李双双》这个戏,我的唱腔得到了很大的提高。

排《李双双》时,我还没有结婚,剧中有很多两口子的情感戏我表现不出来,老师就亲自给我示范。我也知道是自己不好意思做,后来桑老师跟我讲,崔(希学)老师(导演)也跟我讲,让我要放开,大胆去入戏,我也逐渐进入了角色,按照老师的要求反反复复地做,直到老师满意。《李双双》中有个担水的情节,我没有担过水,不知道怎样去表演,本来是满满一桶水,我却担起来轻飘飘的。桑老师问我,你这桶里是啥,我说是水呀。老师说,你担沉不沉啊,我说,不沉。老师说,你担得不像,你要练习,去接两桶水,担着找找感觉。剧团几个演员在洗衣服,我就担着水走一圈倒给她们,然后再去担。一直练了一下午,老师才说,这才像了。担水像了,掂着一桶水浇红薯苗,又不像了。桑老师说,去掂水,找感觉。我就接一桶水,实际练习,去体会水桶很重的感觉。老师说,你要体会掂一桶水和掂空桶的感觉,去浇地时是一桶水,浇完后是空桶,在表演上要有明显区别。

《李双双》中还有个情节:孙喜旺离家后,李双双有一段唱"猛抬头见禾苗油绿青翠,满地的秋庄稼等着追肥",我唱到这儿,老师说,芹,这不行,你嘴里唱着"猛抬头见禾苗油绿青翠",你眼里是空的,没有庄稼,什么都看不见,没事儿到地里去看看。当时,我们在岳城水库排戏,中午其他演员都休息了,我一个人跑到地里,站到高坡上,看着一大片绿油油的庄稼,心情豁然开朗,马上就有感觉了。后来排到这段戏时,我眼里仿佛看到了绿油油的庄稼。桑老师问,你练习了吧?我说,按照你说的,我到地里去了,唱到这里心里眼里都有了感觉。

剧中孙喜旺走后,双双端起碗吃饭时,心里窝着火,埋怨喜旺是老好人,让孙有婆家的猪吃了队里的红薯苗,双双越想越生气,把碗一推,趴在桌上。这段表演我总是演不到位,老师一遍一遍给我示范,给我讲双双这时的心情,我心里慢慢有了角色。还有在剧中孙喜旺要走,双双不让走,双双去夺孙喜旺的包袱——当时我还没有结婚,一个大姑娘跟一个男人拉拉扯扯,我害臊,做不出来戏。排戏时老师叫我那样做,我做得非常不到位。桑老师就吵我,把我都说哭了,我心里也很委屈,就躲到幕条里哭,被老师发现后,老师有些生气地说,你躲到这里干啥?崔老师赶紧说,你别吵孩子,这是排戏呢,你好好跟孩子说。这样桑老师又给我比、给我讲,我才突破了心理障碍,表演也逐步到位了。

确实,在《李双双》这个戏上,桑老师在唱腔上、表演上教给我很多东西,让我终身受益。有太多的情景到现在还历历在目。剧中孙喜旺离家出走后,双双有段唱:"立了秋,秋风凉,梧桐树,落叶黄……"老师先给我讲这段戏中双双的心情,告诉我应该怎样去唱、去演。做针线活儿、端活儿筐、拿针,这些生活化的表演,老师说我做得不像,让我看人家怎样做活儿,自己也拿针做做活儿。老师说,虽然这是表演,但这完全来源于生活,一定让观众看到你真的是在做活儿。我就按老师教的方法去练去看,直到表演上得到老师的认可。

在排《李双双》这个戏上,桑老师费尽心血,不仅要教我们唱、念,还要给我们排戏,有时候还要亲自做示范。桑老师不辞劳苦,帮助我们提高艺术水平,我们深深感到桑老师对东风剧团贡献很大、功劳很大,东风剧团唱腔的提高与桑老师的付出是分不开的。

排完《李双双》后,桑老师又给我排了《山村姐妹》。这个戏主要讲两个姐妹有着不同的人生观和价值观,姐姐是党员,高中毕业后要回农村,一心要在山区干出一番事业,带领全村人把生产搞上去。妹妹和姐姐完全不同,是贪图享受、不想劳动的女孩。这个戏也是桑老师设计唱腔,并亲自排的,通过这个戏,我在唱腔上、表演上又有了很大提高。其实,在排《李双双》之前,我没有演过现代戏,现代戏在表演上更接近生活,一开始我把握不好,是桑老师通过《李双双》给我打下了扎实的现代戏功底。

后来桑老师又给我排了《江姐》。《江姐》的唱腔不同于前面两个现代戏,它很好地表现了一个知识女性、一个革命者的形象,非常好听,又符合人物。特别是江姐看到城楼上挂着彭松涛的人头那一场和审讯一场,桑老师给我讲江姐的内心感情、她肩负的任务以及一个革命者的英雄气概,使我对人物的把握更准确。

桑老师到东风剧团后,几乎所有戏的唱腔都是她设计的,桑老师唱腔的独特韵味只有她才能教。像《李双双》里双双、孙喜旺、孙有婆、大风等人物的唱腔都桑老师设计的。桑老师一句一句地教我们，每一个戏只要是有唱腔的演员，桑老师都是一个一个地教。先教一个演员，让她练习着，然后再教下一个，就这样，桑老师一个个教我们，一教就是好几个小时，有时通宵达旦。桑老师非常有耐心，对有些学得慢的演员，也是不厌其烦，在我们心目中，桑老师是一个非常好的老师。

桑老师还给我排了《红珊瑚》，还有好几部现代戏，通过这些戏，我在唱腔上、表演上有了极大的进步，这些都与桑老师分不开。平时没事我去老师那儿，老师就教我很多发音、吐字方法。这个字是舌尖上的、牙齿上的还是嘴皮上的，都细细地给我讲，并且示范了很多，我很感激老师。之前我虽然嗓子条件不错，但是对唱腔完全不懂，自从跟桑老师学习以后，才知道唱腔在戏中多么重要，唱腔原来是这样的。

后来我结婚有了孩子，我爱人是飞行员经常出差，我去演出时，孩子上幼儿园就没人接。一开始幼儿园老师代为照管，桑老师知道以后，就把孩子接到她家，帮我照顾孩子，给孩子买好吃的、做好吃的，又接又送，对孩子特别好。桑老师对我的恩情让我永生难忘，没有桑老师就没有我艺术上的今天。

# 梦幻成真
## ——恩师永在我心

王皖源

小时候,邻居都夸我有艺术天赋,我也不负众望,十三岁考上戏校,十五岁就进剧团工作了。正当我站在人生十字路口上徘徊的时候,著名豫剧演员桑振君老师从抗美援朝前线拥军归来,并担任了我们实验豫剧团的业务团长,当时我高兴得无法形容,仿佛看到了我想象中的"艺术殿堂"。

记得,在当时的欢迎会上,她说:"我是一个在旧社会吃过大苦、受过大罪的穷戏子,现在党和人民尊敬咱、关心咱,称咱们是新中国的宣传员,称咱们是艺术家呀!我心里明白,没有新中国,咱还是群穷戏子;没有共产党,就没有我桑振君。"当时,大家很受鼓舞,掌声不断。

记得,桑老师到剧团后,很快恢复了一批群众爱看的传统戏,也排演了一些现代戏,比如《志愿军的未婚妻》、《英雄山》等节目。

记得排演现代戏《我的一家》时,她既当演员,又当导演,还请话剧团的演员来讲《我的一家》的故事,并进行诗歌朗诵,让我们这些刚参加排演的演员平时也喊她"妈妈"。她说:"这叫深入角色,研究剧情。只要把角色、感情吃透,排戏、演戏就会自然生动。"那时,她还说:"我说的这些话,你们可能一时半会儿也听不懂,将来我会请这方面的专家教你们。"

为夯实地方戏剧艺术的基础,她还帮乐队购制了各种铜器以及曲胡、坠胡、大三弦等民族乐器;另外,那时候许昌地区有个部队文工团要缩编,她便请求领导派几位具有编导、作曲技巧并能歌善舞的文艺人才到剧团工作,并委以重任,给剧团增加了新的活力,很快就将现代戏《向秀丽》、《草原之歌》、《向阳商店》、《九姊妹》等一批新戏推上舞台。为把这些反映时代特色的现代戏演得更理想,她根据编导的建议,增添了大提琴、小提琴、双簧管、小号、长号、定音鼓等西洋乐器;在演唱上,她与音乐设计相结合,巧妙地把曲剧、柳琴戏、坠子书以及歌曲的唱法融入豫剧中,使观众听起来丰富多彩、韵味十足。

在 20 世纪 50 年代,桑团长常带领我们为群众办好事,每到一处,都给当地群众打水、扫地、访贫问苦;60 年代,自然灾害严重,剧团的年轻人上山下乡演出,还得饿着肚子搭舞台、搬箱子,一天演三场戏。有一天演出《盘肠战》时,武打演员刘天义在台上翻打了很长时间,累得浑身湿漉漉地倒在舞台上。桑团长知道后,立即叫人去夜市上买回一些高价馒头和红薯,总算让他们吃了一顿饱饭。

桑老师是豫剧界被人尊重的老前辈,为了培育学生,她甘愿当配角。比如排演《刘三姐》时,让我演刘三姐的 A 角,她演 B 角,还要演个采茶女。听到剧团宣布角色时,我晕头转向,心想我拿不下这种大角色。午饭后,我去桑团长家里找她。老师温柔地对我说:"孩子,你说演不了这个角色,这说明你进步了。我告诉你,世间万事开头难。只有不避艰险,勇于克服困难,才能登上艺术顶峰。再说,今天你敢来找我,说明你相信我这个老师。"那天下午,我们师徒两人谈得很开心。在老师给我排戏的那段日子里,我认真从道白、唱段、台步、翻身等诸方面一点一滴地学习和锻炼。记得有一次在剧团排《刘三姐》的"跳船"和"划桨"两场戏时,我的唱腔和身段总是搭配不好。这时,桑老师很生气地把戏停下来,在那三伏天里,她边唱边舞地给我做示范,在太阳底下整整晒了两个多小时。

1959年，河南举行戏曲汇演，我们许昌地区豫剧团荣获多项奖励，1960年，省里让我们进京汇报演出。到京第三天，剧团接到一封邀请函，文化部邀请桑老师当天下午参加一个国外友好代表团来华访问报告会。此时，桑老师已不在宾馆，因为她晚上要演出古装戏《白莲花》，所以提前去剧院化妆去了。当时带队的王守勋局长和老师联系后，说桑老师让我代表她去开会，还顺便给我捎回一件漂亮的外衣。当时，我和王局长坐上剧院开来的轿车，很快到了政协礼堂。在会上我见到了文化部长茅盾和梅兰芳、郭沫若先生。那天，回团以后，同志们都争着和我握手，说我太幸福了。

# 我学老师当人梯

宋凤丽口述 赵培强执笔

我与桑派的结缘,是偶然也是必然。说实话,在认识桑老师之前,我对她本人及其桑派艺术知之甚少。没想到2000年的一次偶然相遇,让我认识了老师,又走进了她的艺术世界。

记得那年5月的一天,我参加了张天佑先生举办的一个小型演唱会,会上我演唱了陈派的《拣柴》,唱完之后,我请在场的王素君老师给我指导。要是平常,王老师痛痛快快就说了,我看她对自己身边和她年纪差不多的那位女士很尊重,便悄悄问她是谁?她一说是桑振君老师,我赶忙上前与桑老师见礼。我表示什么时候请两位老师吃顿便饭。桑老师虽然摇头婉言谢绝了,但赠了我一盘"桑派艺术唱腔"的磁带,让我回家听听。这就是我与桑老师的首次见面。

我反反复复、仔仔细细地聆听了那盘磁带,深感桑派艺术唱腔的独特和优美。说来奇怪,平时听戏,其中的许多唱段,我听完了上句,就能猜出下句的旋律。但是桑派却不行。桑老师有过唱河南坠子的阅历,又善采百花之蜜,再加上她"偷、闪、离、滑"的演唱技巧,她的唱腔神奇、优美一点也不奇怪。我就这样被她那新奇而优美的旋律,深深地吸引着听下去、听下去。很快,我便将她的《齿痕记》中"上门楼"选段、《白莲花》里的一些选段学会了。

2001年,我在参加河南省青年戏剧演员大赛时,毅然选择了桑派的《投衙》。为什么选择《投衙》呢？原因之一是它的唱腔感染了我。这段唱腔音域高、速度快，好似字音是在舌尖上舔着牙齿唱出来一样，轻巧、跳荡；原因之二，是我觉得这段唱的唱腔音域非常适合我，那既高又快的旋律线与我甜甜的嗓音有机结合，显得既委婉又含蓄。

一直以来，我都觉得自己的嘴皮子功夫较弱，演唱总是显得笨拙有余而轻巧不足。但通过《投衙》唱段的练习，我的嘴皮子变得轻巧利索了；以前我还很怕唱"流水板"，但通过这段磨练，"流水板"也被我牢牢掌握了。

我把桑老师从邯郸请到郑州教我。她给我讲吐字、发声、运气的基本方法和诀窍，要求我字头要咬住、气要沉下去……通过她老人家的言传身教，我对桑派唱腔的特点、韵味又有了更深一层的理解。后来在2000年的桑派艺术研讨会上，桑老师应河南省文化厅长之请，准备在河南收徒，这样我和常俊丽才有幸成了她在河南所收的关门弟子。

拜师以后，我常到邯郸向老师请教，老师也常来郑州向我传艺。我们在一起谈艺术，谈人生，总是有说不完的话，情同母女。老师曾向我说起她苦难的身世以及练功时的刻苦，我钦佩老师的毅力，敬佩她的精神。她的故事传递给我的，是一种不屈不挠的奋斗精神，而这也正是我所需要的。与老师相比，我的成长环境与她是天地之别，但她一生都没有被厄运征服，没有被困难吓倒，为了她喜爱的戏曲艺术，她是痴心不改、勇往直前！

相比之下，我就很惭愧，我遇到困难就容易泄气。早先，我一直认为自己离开了舞台，要传承老师的艺术已不现实。我为此也长期苦恼过。但艺术的传承，又何止是剧团这一条路？我虽然没有机会在舞台上演大戏，但我还是可以通过我的教学，给我现在工作的省艺术职业学院戏曲班的学生传授啊。在这方面，她老人家不就做得很好吗？她不就是我应该学习的榜样吗？

1964年，桑老师才35岁，但她却毅然决然地离开了舞台，甘做人梯,到河北邯郸的东风剧团执教。在那里,她亲自担任唱腔设计,先后给李素芹排了《李双双》,给牛淑贤排了《红珊瑚》、《小保管上任》,给胡小凤排了《江姐》、《红色娘子军》,给胡小凤、牛淑贤合排了《梁秋雁》,给董秀香、岳秀珍排了《山村姐妹》,给赵贞玉排了《南方烈火》等10个现代戏。晚年又重点培养了该团的苗文华、郭英丽等,至于传艺给慕名而来的演员、戏迷的事情,不仅多得数不清,而且她还资助、鼓励他们。

想到这一点后,我便开始在学校物色苗子,传徒授艺。几年下来,我先后为学校的三四茬学生传授了桑派的《对绣鞋》。接下来,我将为学生们传授桑派的《投衙》、《秦雪梅·观文》和《白莲花》等剧。我要让学生们了解,桑老师是怎样做到"韵乖字巧、百句不竭"的;我要告诉她们,无论多长的唱段、多复杂的句式,只要经过桑老师的口,就会是流畅自如、绘声绘色的;我要让学生们去聆听、体会,桑老师是如何用她那又巧又美、千变万化的唱腔,把舞台人物的内心情感淋漓尽致地表达出来的;我要让桑派的花蕾,在学生的心中逐次盛开,引导她们一步步走进桑派、掌握桑派;我还要让学生们学习、继承桑老师那不屈不挠、持之以恒、勇于拼搏、无私奉献的艺术精神。

这,是我作为桑派传人应有的责任。

# 难忘恩师传艺情

常俊丽

2000年12月,恩师在郑州正式收我为徒后,自知已是古稀之人,她嫌零打碎敲地传艺不理想,于是就在2002年4月,专门从邯郸来到许昌,对我实行封闭式传授。

许昌是恩师的第二故乡,这里有她数不清的亲朋好友、痴情戏迷,恩师当然也想念他们,但为了集中时间和精力,给我传授技艺,她首先给自己"约法三章":一不拜访领导,二不会见朋友,三不吃住宾馆,而是悄悄地住在我家,就连她的叔伯妹妹桑振花也没告诉。老师在不影响剧团演出的情况下,抓住一切可以利用的时间,给我传艺。她首先从纠正我的驻马店口音、练习中州音开始,丁是丁卯是卯,一个字都不放过。然后是传授发声方法、吐字归韵,一点一滴,一丝不苟。这本来都比较枯燥了,可恩师的要求不仅是严格,简直就是苛刻。除了吃饭、休息时间可以不想、不练以外,其余的时间,手机要关机,电话不能接,并且在传艺中,连思想都不能抛锚。

恩师教我的第一出戏,就是她失传多年的《秦雪梅·观文》,而后是《桃花庵》等两部大戏。由于恩师年事已高,离开舞台时间又太长,很多音律唱不上去,这样她就小声哼一句,我爱人用板胡拉一句,让她听听是否正确,如果正确了,就及时记录下来,这样一字一句地一直记了一个多星期,才把《秦雪梅·观文》完整地记录了下来。

记得有一次在学习《秦雪梅·观文》时,秦雪梅的"秦"字,我唱不准,听起来总觉得像个"亲"字。恩师不厌其烦地给我指导,而我唱了一会,就流露出了烦躁情绪,思想不集中,左顾右盼。恩师这时顺手拿起筷子,狠狠地在我头上敲了两下说:"我在给你示范,你不看我,左顾右盼个啥!要在旧社会,像你这样不长心的学生,我早就踢出去了!"筷子把我头上敲起了疙瘩,也让我一下子清醒了。我两眼噙着泪,直到唱得她满意才过关。《秦雪梅·观文》里的"翻十字",是这出戏的经典。由于一连翻了三番,我老是唱串戏词。这样恩师就罚我,每天背诵戏词,直到顺顺利利过关为止。排完《秦雪梅·观文》,紧接着是优秀名剧《桃花庵》。《桃花庵》除了"上门楼"和"陈妙善在庵中悲悲戚戚"两段经典唱腔以外,其他唱腔都像《秦雪梅·观文》一样,是一句句记录下来的。《桃花庵》中我饰演窦氏,对于窦氏的唱腔、表演,她要求得非常严格,一句念白都不放过。不过她不仅对我要求严格,对戏里的所有角色,包括一个老家院、一个小丫环,她都是一个细节一个细节地去抠,直到她满意为止。经过近三个月的紧张排练,《桃花庵》进入了彩排,很多专家、学者、同行和戏迷观看演出后,又召开了座谈会。会上对我们两个新弟子的表演,给予了充分的肯定和热情的鼓励。恩师三个月集中传艺的时间虽短,但是对我的艺术成长是一个转折性跨越性的发展。没有恩师的严格要求和精心指导,就没有我今天被观众认可的艺术成果。

当时确实觉得非常枯燥,也反感她的"过分"要求。现在仔细想来,才觉得恩师是德艺双馨,无私奉献。既然收徒了,就要名符其实。自己时间不是很多了,就要拼着老命,和时间赛跑!

恩师除了精心地传授技艺,还教我做人。她常说:"学艺要耐得住寂寞。一个成角的演员,一定要有一个好的艺德,不要做戏霸,要照顾下面人的利益。另外,一定要帮助那些生活困难的人,不要摆主演的架子,角是要人捧的,牲口骨架大了值钱,人架子大了不值钱。"她是这样说的,也是这样做的。恩师的日常生活很简朴,除了抽烟,就爱吃些杂面条和素食,水果就爱吃点香蕉。她把积攒下的钱,都拿去接济那些生活困难的人了。我记忆很深的是,她在我家住的时候,她的琴师刘福庆老师来了,谈话中她得知刘老师生活困难,没钱看病,立马从兜里掏出300块钱说:"我身上的钱也不多,你先去看病买药,以后有啥困难再给我说。"刘老师当时泪流满面,激动的一句话也说不出来。刘老师走后我问恩师,为啥不了解一下情况,就盲目给钱?恩师说:"在许昌他是我的板胡,我的荣誉里有他的功劳,都是老同志了,我应该帮他一下。"恩师的为人、艺德和对艺术精益求精的追求,真的让我终生难忘。她的谆谆教导,如警钟般时刻在我耳边敲响,同时,我也把它作为我人生的座右铭时刻铭记。

光阴似箭,日月如梭。恩师虽然已离开我9年多了,可我对她的思念,反而越来越深。每当演出《桃花庵》、《秦雪梅·观文》的时候,我总觉得恩师就在身边,特别是当观众赞美唱腔,对我报以热烈掌声的时候,我就更加怀念恩师的严格要求、精心传艺。遗憾的是和恩师在一起的时间太短了,太短了……

# 发现桑派之美

王喜爱

打开百度,输入"桑振君",会找到约 57600 个相关结果。然而七年前,我虽听说过豫剧六大流派,但我不是戏迷,也不从事文化产业,自然不会想到能走近桑派、感受豫剧桑派的魅力。

有一次看演出,听了河北邯郸东风豫剧团苗文华团长演唱的《桃花庵》选段,我一下子就被那优美的唱腔迷住了。后来经老师介绍,我有幸认识了苗团长,得知她是桑振君大师的得意弟子、桑派艺术的传承人、中国戏曲梅花奖得主,这时,我对桑派艺术才初有认识。以后每次苗团长来郑,我几乎都全程陪同,认真观赏她的演出,渐渐地被深深吸引。我开始在网络上寻找桑振君老师的生平介绍和艺术唱腔,更多地了解桑派的发展和创新,更多地了解她德艺双馨的人生历程。

一、桑派之美,美在独特的创新与发展

首先,桑振君老师的唱腔设计嘹亮华丽,婉转动听,在人物塑造上雅致脱俗,端庄大气。一出《白莲花》,荣获 1956 年河南省戏曲观摩大赛剧本、音乐、表演、舞美四项大奖,高亢优美的唱段让人听得如痴如醉,却很少有人敢尝试模仿。《秦雪梅·观文》含羞带怯的深情诉说、《黛玉葬花》的凄切哀婉、《投衙》的沉着冷静、《对绣鞋》的伶牙俐齿、《下陈州》的英勇无畏、《桃花庵》的百转千回,让我们对豫剧有了更多的沉醉和骄傲。传统名剧《打金枝》在

1958年、1959年两次向毛主席汇报演出,现在已经成为我家的保留剧目,先生对我不满的时候,他就搬出"国母娘"的唱段,让我在循循善诱的优美唱段中自我反省。

艺术的生命力在创造,更在传承。1964年,在桑振君老师事业的鼎盛时期,她毅然退出豫剧的主场,接受河北省邯郸市的邀请,在东风豫剧团潜心收徒传艺。我们专程走访了桑派发展传承的那片土地,感受到中原古韵跨越时空的神奇魅力。桑派在这里开枝散叶,硕果累累,走出了胡小凤、牛淑贤、苗文华、郭英丽四位中国戏曲梅花奖得主。桑派豫剧以其婉约典雅的艺术风格,不仅在河北众多地方戏曲表现形式中占有重要的一席之地,而且有一大批年轻的拥趸,让古老的艺术焕发出时代的青春。

桑派的发展,不仅是由于桑老师呕心沥血的唱腔创作,更在于选人育人,凝聚了一批为艺术倾力奉献的创作团队。2002年,苗文华从美国回国,她深情地说:"我要回来,我师父还在这里等着我,让我把她的桑派艺术传承下去。我太爱我的艺术,我的生命也正融入到这种艺术中来。要是没有了桑派,我的生命就没有什么意义了。"七年来,我们看到,在政府及社会各界的全力支持下,苗团长带领她的团队,积极投身弘扬桑派艺术的各种文化事业中来:投巨资拍摄戏曲电影《桃花庵》、《打金枝》,排演《江姐》、《桃花庵》等大型剧目,参加国家和河南省主办的各种豫剧展播和大赛,并屡获殊荣。她坚持"文艺为人民服务"的宗旨,积极参与各种戏曲广播电视栏目和群众性文艺演出,不计成本,不辞辛劳,受到观众的广泛赞誉。

二、桑派之美,美在深邃的品位和效用

效用是指消费者从消费某种物品中所得到的满足程度,那么,作为文化产品,豫剧桑派艺术能满足现代人的哪些精神需求呢?

拒绝肤浅,追求深邃。我们所处的是一个快节奏的时代,多样化的媒体带给我们多元化的文化信息和表现形式。然而,在我们内心深处,对中国古典文化有着根深蒂固的执着。中国戏曲源远流长,它最早从模仿劳动的歌舞中产生。在它的萌芽状态,我们可以看到《诗经》里的"颂"、《楚辞》里的"九歌"的影子;在它的形成期,是唐诗宋词的鼎盛;在它的发展期,是宋代的"杂剧"、金代的"院本"和"诸宫调"的流行;在它的成熟期,是元杂剧和关汉卿的辉煌;在它的繁荣期,是明清传奇汤显祖,是他那传唱三百年的不朽名剧《牡丹亭》。因此,观赏戏曲,走过的是中国古典文学的历史年轮,品味的是各种文学形式的细流入海,听到的是诗词格律的抑扬平仄,看到的是东方艺术集合的美轮美奂。观赏豫剧桑派剧目,首先是浸润在中国古典文化的氛围,感受她深厚的文化品位。

摈弃浮躁,崇尚经典。中国戏曲是中华民族文化的重要组成部分,她以富于艺术魅力的表演形式,为历代人民群众喜闻乐见,在世界剧坛上也占有独特的位置。然而,中国戏剧与西方戏剧有着很大的差别,西方戏剧从综合走向专业,演绎出歌剧、舞剧、话剧的各自精彩,而中国戏剧由单一走向融合,展现出唱念做打的琳琅满目。它有丰富的艺术表现手段,把曲词、音乐、美术、表演的美融为一体,充分调动了各种艺术手段的感染力,形成中国独有的节奏鲜明的表演艺术。戏剧的魅力不仅在于艺术综合之美,更在于程式之美。程式是一种美的典范,是按照一定的规范对生活经过提炼、概括、美化而形成的,凝聚着古往今来艺术家们的心血。除了表演程式外,戏曲在剧本形式、角色行当、音乐唱腔、化妆服装等各个方面,都有一定的程式。优秀的艺术家能够不断突破程式的局限,创造出自己具有个性化的规范艺术。戏剧百看不厌的吸引力来自观众欣赏经典、享受经典的美学体验。桑派艺术不仅继承了传统程式之美,而且形成了委婉细腻、珠圆玉润、字乖韵巧、百句不竭的独特演唱风格,体现了桑派艺术的美学追求。

寻求超脱,疏解压力。豫剧桑派艺术的娱乐功能体现在三个方面,一是人在戏外,二是人在戏中,三是人生如戏,戏如人生。人在戏外,是说戏剧总是源于生活、高于生活。剧情内容设计离奇,冲突激烈,外在表现形式更是远离生活、变异生活。把普通的语言、日常的动作、平淡的感情强化、美化、艺术化,有效地增强了演出的艺术吸引力,同时,划清了舞台和现实的界限,让观众跳出个人的纷扰,以局外人的身份,轻松洒脱地"看一出好戏",享受"偷得浮生半日闲"的清雅。人在戏中,是说戏剧的主题鲜明,表演真挚感人,无论喜剧悲剧,无不彰显忠孝仁义的人性之美,可谓人在戏外,情在戏中,无论欢笑还是泪水,人们都获得了情感的愉悦和满足。人生如戏,戏如人生,这是人们对戏剧的最高评价。戏剧对人生的教诲和启迪,让我们的生活在平凡中有不断演绎精彩的激情,"人生的舞台不能只演一出戏",这便是我创造丰富人生的座右铭。

心灵寻根,慰藉乡愁。豫剧流传之广是除京剧之外的其他地方剧种所无法相比的,在国内有30家剧院团32名豫剧演员获得中国戏剧梅花奖。2006年5月20日,豫剧经国务院批准列入第一批国家级非物质文化遗产名录。台湾的豫剧演出到过几十个国家,受到各国观众的欢迎。豫剧具有鲜明的地域特色,小而言之是河南,大而言之是中原,因此,对豫剧的喜爱包含着现代和远古的两世乡愁。从现代的角度看,交通的发达和经济的全球化使得人口的迁徙更为普遍,漂泊成为常态。身在异乡的人们在时尚和潮流面前从未迷失自我,总希望找到自己心之所属,渴望乡音解乡愁。从历史的角度看,黄河流域中原文明是中华民族的发祥地之一,中原正韵实现的是海外华人民族寻根的梦想,这也是《梨园春》能走向世界的文化内涵。优美的桑派丰富了豫剧的百花园,使豫剧显现出更加蓬勃的生命力。

三、桑派之美,美在广阔的前景与未来

豫剧因其独特的文化品位、审美追求、娱乐和慰藉乡愁等多种效用受到人们的喜爱,桑派艺术更因适应当代文化消费趋势和生活方式,而具有产业化发展的广阔前景。

传播媒体的发达,使豫剧欣赏从固定剧场走向更多彩的空间,扩大了桑派拥趸的影响范围。豫剧与电视结缘,成就了《梨园春》

十年的长盛不衰,而网络视频使豫剧欣赏的时间和空间不受限制。桑派独特的唱腔艺术已经拥有大批忠实的戏迷观众,其中不乏青年才俊,她指导的韩鹏飞2007年在河南卫视《梨园春》栏目举办的"豫剧擂台争霸赛"中获第498期擂主,2008年获年度总冠军,2009年在"第五届擂响中国梨园春杯"全国戏迷擂台赛中获年度总冠军,在中央电视台举办的"CCTV戏曲盛典"比赛中获年度最佳男状元,在河南卫视举办的"梨园春十年争霸赛"中夺得了金奖擂主,使桑派走出邯郸、走出河北,得到更广泛的传播。

财富的增长和社会的进步,使人们得以享受闲暇。而这种闲适是戏剧欣赏的最佳心境,更是豫剧发展的经济社会背景。

艺术表现形式正在走过历史的轮回。当人们湮没在电影画面等电脑设计大制作之中,怎能不想念艺术家本身的创作魅力?被现代化抽离了情感的人们太渴望人工、手工这种体现人类创造力的东西来刺激我们日渐麻木的神经,从而感知和享受鲜活的生命力。当人们无奈地在动辄二三十集的电视剧的刻意拖沓冗长之间换台的时候,戏剧已悄悄地消融了它最初与快节奏现代生活的时差,让我们有效率地定格在戏剧频道,随意剪辑时间,品一出经典,得一份愉悦。

然而,豫剧是带有浓厚中原乡土气息的舞台艺术,具有强烈的地域色彩和民间韵味,这一特征决定了在产业化的过程中,豫剧的表现形式有其特殊的局限性。从演出剧目看,题材的选择要有所为、有所不为,要考虑观众对剧中人物的河南地方化的认可程度,不宜盲目追求表现重大历史事件和重要历史人物。从开拓市场看,要冷静细分消费者群体,考虑消费者偏好,打造精品,服务目标人群,而不是奢求扩大覆盖面;从表现手法看,要树立品牌意识,继承和发扬流派的艺术特色,创作本流派的经典剧目,突出流派的艺术表现力,同时,注重与其他流派的相互借鉴和交流,共同提高豫剧的整体水平。

流派是艺术领域独具特色、学有渊源、承有来者的群体,它的形成应具有扎实的实践基础、充实的理论根据和系统的训练教材。从这个意义上要求,桑派艺术还有很长的路要走。

初入梨园,道不尽戏与人生的远与近、虚与实、古与今、繁与简、俗与雅、快与慢,但我们对桑派艺术的未来充满期待,充满信心。祝愿桑派艺术能把握社会和历史赋予的机遇,不断推出艺术精品,为豫剧事业的发展做出更大的贡献。

# 我的妈妈桑振君

崔婉琳

妈妈是 2004 年 7 月 9 日去世的,屈指算来已有近八年时间,很多人让我写一些关于母亲的回忆文章,可我迟迟没有动手,因为对母亲有太多的思念,在近三千个日日夜夜中,每每想起、谈起都会泪流满面,悲痛不已,对母亲的崇敬之情、怀念之情,挥之不去。随着年龄的增长、时间的推移,我对母亲有了更深刻的认识和理解。母亲的经历、母亲的情怀、母亲的执着、母亲的宽容、母亲的博爱,母亲这传奇的一生让我终生难以忘怀。我想通过这篇文章把妈妈生活中的点点滴滴与大家分享,缅怀她老人家。

## 生活中的精致与完美

妈妈在艺术上追求完美,大家通过她的声腔艺术都有所了解,其实在家庭生活的方方面面上,妈妈都在不经意中追求着精致和完美。妈妈在九岁时就失去父母及六位亲人,后来她进入戏班学戏,在生活上没有人教给她怎样裁衣、做饭和做家务,可是妈妈每做一件家务都是那么妥贴、那么精致,以至于跟着妈妈生活几十年的我都没有学到真谛。

就说妈妈切菜,不论是萝卜、青椒、土豆,还是各样的肉类,几乎她所切的每一根菜、每一条肉丝都可以用卡尺来量,甚至连最难切的晾晒半干蔫蔫巴巴的芥疙瘩咸菜,她都会切得长短一致、粗细均匀。切菜时她从不着急,切累了休息一下再切,不论是粗菜还是细菜,她都会做得很精致。每当妈妈炒的菜端上来,我真的不忍心动筷,因为完全可以作为一件艺术品去欣赏。还有妈妈氽的小肉丸子,每个都是大小均匀、光光溜溜,个个晶莹剔透。虽然我在妈妈的熏陶下,算是在亲戚朋友中公认做饭还算细致的,但是的确没法跟妈妈比,氽丸子永远没有妈妈氽的丸子个头均匀,而且丸子表面也不光滑。其实,在家里我算是比较吃香的,因为妈妈对我干家务还比较认可,最惨的是我哥哥,无论他干什么妈妈都嫌他没章法,连最简单的换个灯泡都对他不放心。还有我嫂子,剥个葱、剥个蒜都不敢让我妈看,害怕挨吵。后来,追其原因,我觉得是妈妈无论干什么心里总是特别有数,而且她总能找到做好事情的窍门和规律,这是我等不具备的。

还有我印象最深的就是妈妈会做很多样式的衣服。妈妈冬天穿的棉衣、中式外罩都是她亲手裁剪和缝制的,我们所有的服装像棉袄、棉裤、皮袄、衣服、裤子等等,几乎都是她用手工缝制的,每一件都做得平平整整非常合身,我很惊诧,简直就像大裁缝做的。妈妈干家务仔细认真,也不允许我毛糙。记得我刚学会织毛衣,一针一针织得很慢,大概用了近二十天时间毛衣织了一大半时,妈妈发现在最先织的地方有一处的花型织错了,其实不太明显,可是妈妈非让我全部拆掉,我那个不愿意呀,但看着妈妈那不拆不行的眼神,还是拆掉了。不过,这次拆毛衣没有白拆,从此也让我养成了做事认真的习惯,现在想来从内心感谢妈妈对我的教育。

## 妈妈最后的日子

2004年3月5日,我领孩子到石家庄参加专升本考试,3月8日下午在石家庄突然接到妈妈电话,她说,这几天我很难受,浑身疼得厉害,还有些低烧。我赶紧说,我明天上午回去就联系医院,让我嫂子帮您收拾一下东西,下午就住院检查。3月9日下午3点,我和妈妈及哥嫂还有我爱人一起到医院。因为是下午,只能进行心电图和 X 光检查。我们首先让妈妈进行的是 X 光检查，当时医生说，有些问题，最好再做一个 CT 检查进行确诊。很快结果出来了——肺癌，我们完全没有思想准备，四个人全傻眼了，泪水都在眼眶里打转，我马上意识到，不能让妈妈知道，立即控制情绪，马上转向下一个检查项目。

　　妈妈这个病非常痛苦，因为是肺癌骨转移，从颅骨到脚踝骨已经布满了癌细胞，她身体的每一个部位我们都必须小心翼翼地护理，一不留神就会给妈妈带来痛苦。发展到后来只能用止疼针剂来减少她的痛苦。这种药副作用很大，总量要控制，医生要求每打一针都要有时间记录。我和爱人、哥哥和嫂子我们四人轮流值班。一天我到医院去值班，妈妈告诉我说，你嫂子今天问我，妈，我照顾您不好吗？妈妈说，你们照顾得都很好，嫂子说，那为什么我们值班的时候就比小琳值班的时候多打一针呢？其实原来我也没有对比过记录本，只是把打针时间记录一下，看看与上一次间隔多长时间，看来嫂子比我仔细。不过嫂子"嫉妒"也没有办法，因为她从事的工作跟文化艺术没有关系，和妈妈在一起时话题就少，妈妈躺在病床上，疼痛就会不时袭来。因为我在机关从事艺术管理工作，和妈妈有更多的共同语言。平时就经常和妈妈一起欣赏央视的戏曲频道，一起聊演员的艺术特色，这样一来我可以从妈妈那里了解更多的戏曲知识。这次妈妈住院，我和妈妈还是不断谈戏，这样转移了她的注意力，疼痛的神经就不敏感了，在不经意中减少了妈妈的打针次数。记得在医院我和妈妈聊得最长的一次是《李双双》。妈妈说，1964 年初，她从郑州豫剧团调到邯郸东风剧团任教，不久剧团决定排《李双双》，妈妈担任唱腔设计和导演。这个戏倾注了妈妈很多心血，演出效果非常好，后来因为"文革"原因，这个戏停演了。1977 年，东风剧团再次复排《李双双》，而且带着该剧进京演出，在三军司令部影响很大，演出效果非常好。郭沫若先生和夫人于立群观看演出后，在北京饭店热情接见了我妈妈。他们对《李双双》的演出给予了高度评价，称赞东风剧团演出的豫剧《李双双》可与电影《李双双》相媲美，两个主要演员的表演和张瑞芳、仲星火的表演可以说是各有所长，尤其剧团的唱腔更增加了人物的表现力，丰富了人物感情，把解放后一个农村进步妇女善良、忠厚、泼辣、开朗的性格和感情，表现得非常鲜明，希望她以后能多设计一些像《李双双》这样好听的现代戏唱腔。从20世纪60年代的创排到70年代的复排，我都没有机会看这个戏，其实20世纪70年代我也看过，但当时我不过几岁，一点记忆都没有。不过，那天在医院我非常有幸，妈妈兴致很好，给我谈了很多《李双双》的事，谈了她设计唱腔怎样体现人物性格和剧情要求，谈了她怎样教剧中人物李双双挑水，怎样教剧中人物孙喜旺唱腔，不过那天说的最多的是剧中人物孙有婆，她的性格很有特点，妈妈还把孙有婆的一段唱腔给我唱了一遍，我听了很兴奋，这段唱腔把孙有婆的形象刻画得很生动、很形象。这是我第一次听妈妈唱这段唱腔，也是最后一次。

自从妈妈住院后，一直处在疼痛之中，特别是随着病情不断恶化，她时常处于半昏迷或昏迷之中。但是，令我们惊讶的是，不管妈妈处于什么状态，只要她得意弟子苗文华一去，抓着她的手一声"师傅"，就能把她唤醒，她立刻会说，文华来了。随即眼神中会出现少有的神态，很有光彩，那是母亲对孩子的关爱和师傅对弟子期待的眼神。她们两双手捧在一起，四目对视，脸上都挂着舒心的微笑，似乎相互间传递着师徒缘分的心声。她们二人的师徒之情在艺术传授之中逐步加深，我妈妈非常喜欢苗文华，一是苗文华的艺术感悟力很好，理解能力很强，我妈教她唱腔，她领悟很快，而且惟妙惟肖；二是20世纪90年代中后期，戏曲处于低潮时期，很多演员都改行不唱戏了，唱歌的、跳舞的、下海的都有，剧团也不经常演出了，苗文华却没有放弃对戏曲艺术的追求，一头扎进师傅家里，埋头学艺，用将近两年的时间，系统学习了发声、吐字、归韵和桑派经典唱段，在声腔艺术上有了质的飞跃。师徒二人在艺术领域里心心相通，这也许就成为她们在精神领域信息畅通的最好理由。

妈妈的病情越来越重,已经很少进食,疾病把她折磨得皮包骨头,这样说也不准确,因为几乎一点脂肪也没有了,整个皮肤好像已经从骨头上脱离坠了下来。尽管这样,她非常坚强,我们告诉她止痛针副作用很大尽量少用,她会咬牙坚持,从开始用上止痛针直到最后,她的用药量始终没有怎么增加。我们告诉她医生让两三个小时翻一下身,她浑身疼得我们都不忍心去接触,可是当我们说,妈,翻翻身吧,她会说,好。我们的手不敢接触她身体,怕给她带来痛苦,就轻轻拽起她的睡衣兜着她翻身。虽然妈妈很瘦,平时都是 70 多斤,但到最后她只剩下 50 多斤。她住院整整四个月,身上没有褥疮,她非常配合治疗和护理,四个月的时间,我亲眼目睹了妈妈的坚强。

## 从不间断的家庭课堂

妈妈是 1964 年初到邯郸东风剧团任教的,我不到 7 岁,已经记事。我家离剧团很近,这样既方便了妈妈上班,又方便了学生学习,从那时起,我家就经常有东风剧团的学生到家学习。

妈妈对戏曲艺术那份深深的情结,随着她从演员转向教师,都倾注给了她的学生。她常说,教出一个演员我够本,教出两个我就赚一个,我可不想把我这点艺术带到坟墓里。可是妈妈的情怀哥哥理解不了,哥哥认为,妈妈可以教学生,但是"文革"中曾经对妈妈有过激行为的学生一定不能教。妈妈的胸怀很大,她总说,那是运动,孩子又小,大人怎么能跟孩子计较,我是老师,他们学戏我有义务教他们。因为这些,在家里妈妈与哥哥常会发生一些口角。

随着妈妈一天一天变老,她常说要跟时间赛跑,抓紧把她几十年积累的"财富"抛出来。妈妈对艺术的情感很难用语言来定义,为了艺术她什么都舍得。平时在家里妈妈生活很简单,也很俭省,包括对我们在经济上也非常"苛刻"。可是如果家里来了外地学生找她学戏,不管住多久,妈妈都会管吃、管住、管路费,临走还给零花钱,这样的事例很多。20 世纪 80 年代中期,我一个月就几十元工资，妈妈是我工资的好多倍，可是她的钱总不够花，一弄就说，小琳给我拿50块钱，有时还说拿100块。因为，我妈家就像客栈，经常有外地学生在家吃住，长的好几年，短的两三天，每天我妈给她们说戏，和她们一起吃饭。邯郸的学生更是随到随学，有求必应。妈妈教学生非常有耐心，一遍、两遍、七八十来遍，她都不厌其烦，而且可以忘记一切。有时，妈妈给我打电话说，星期天领孩子回家吃饭吧。我说，好啊。结果一进楼道（我妈住一楼）听到家里传来教唱的声音，就想到完了，我妈肯定什么都没有准备，我就赶快买菜做饭。等12点多了，学生走了，我妈才发现我们来了。

## 几十年如一日地不断学习

妈妈解放初通过扫盲班开始学文化，她学习非常认真，而且非常有韧性，有毅力，一坚持就是几十年。我曾听她说，当时学文化，读书或者写东西，遇到不认识的字，刚开始还不会查字典，只要看见上衣兜上挎着钢笔的人，不管认识不认识上前就问，她就靠着这种学习方法，一点一点地读完了中国四大古典名著。因为要创排《红楼梦》，妈妈饰演林黛玉，所以《红楼梦》她读过很多遍。而且一些重要事件在哪一回，她都记得清清楚楚，这些是我通过她和一位叔叔谈话知道的。当时我大概十四五岁，这位叔叔是天津下乡到邯郸的知识青年，他是文化世家，读过很多书，而且"文革"前他家就有英文打字机，因为他说，他下乡时用英文打字机给姐姐写信，还被误认为是特务发电报。这位叔叔是通过妈妈的一个师姐妹开始与我家来往的，他常和妈妈一起聊古典文学，聊到《红楼梦》时，他们说得津津有味，把每一回中的人物对话和内心潜台词都说得很细。当时，我还没有读过《红楼梦》，可是听着他们的谈话，我长了不少知识，也为我后来读《红楼梦》做了很好的铺垫。有一次，我记得他们还聊起鲁迅先生的《呐喊》，通过他们谈话，我才知道妈妈读了很多书。

其实，妈妈读书学习的习惯一直没有间断，她的床头总会放着报刊和几本书,还有一本字典。连续很多年,她都让我帮她订阅报刊,一直保持不变的是《参考消息》和《读者》。有时,我也很纳闷,不知道她为什么喜欢看《参考消息》,那些国际风云离我们很远,妈妈居然很关心,而且读得很认真。妈妈最后几年还重点读了《上下五千年》,还有很多人物传记。妈妈晚年在家主要是读书、写回忆录和整理唱腔资料,总是看她在忙,不是看就是写。

妈妈为了教好学生,把汉语拼音挂图挂在卧室里,她坚持不懈地对照挂图研究唱腔发音位置和吐字方法,通过几十年潜心研究,她能用最通俗的语言、最简单的方法,让学生又快又好地掌握发音位置和发音技巧。

我特别敬佩妈妈非凡的记忆力,妈妈五岁拜母为师学唱河南坠子,姥姥教她的小唱段,她都记得清清楚楚。只要是妈妈演过的戏,就是间隔几十年她都能把整个剧本复述下来,而且把整台戏所有的人物唱腔都记得非常清楚。虽然妈妈不识谱,但她设计的整台戏所有的人物唱腔,都好像刻印在脑海里一样,绝不会丢失。听妈妈说过,她设计完《江姐》唱腔后,所有剧中有唱腔的演员都集中在会议室,她教这个演员一段唱腔后让她复习着,就紧接着教下一位,几个演员就好像车轮战,有时甚至是通宵达旦。

我感谢上苍赐予我与妈妈几十年的母女缘分,是她用温暖无私的母爱养育了我,用朴实真诚的言行教育了我,用宽容博爱的胸怀感染了我,让我懂得怎样做人做事,妈妈留给我的是取之不尽用之不竭的丰厚精神财富,感谢妈妈!

我惊叹妈妈传奇的经历,从一个9岁失去所有亲人的孤儿,成长为创立了艺术流派的艺术家,妈妈前行路上的每一块基石都记录着她的泪水、汗水甚至是鲜血,她把痛苦和磨难作为一种激励,从泥潭和沼泽之中走向了艺术的顶峰。她刚强耿直的性格、孜孜以求的精神、善良宽厚的品质成就了她,她的经历、她的故事是留给后人永远宝贵的财富。

# 跋

书稿完成后总要恭恭敬敬地请人作序,一般来说,被请者多是著名的专家学者、社会知名人士或者是有关领导,这似乎也是社会普遍认可的天经地义之事。但请人作跋呢,不知怎的,在我的眼中总觉似有不敬,思量再三,不便向人张口。于是乎,只有"劳驾"自己,说上几句想说的话,算作自跋吧。

和有义同志写完书稿,不禁长舒了一口气,几年劳作,几多辛苦,也终于赢得了几分快乐。

我与有义同志是在豫剧桑派艺术的活动中相识的,他多才多艺,在部队当兵时就是文艺骨干。有一次聊起来,知道他在笛子演奏方面也下过功夫,谈到一些著名独奏曲,谈到一些什么三吐音、双吐音、花舌音、指颤音等演奏技巧,谈到哪些曲子的作者是谁等等,他头头是道,给我留下了深刻印象。当然,我们谈得最多的还是对豫剧桑派艺术的认识和理解,那时,我已知道他是个戏迷,一个地地道道的桑派迷,而且和桑老师是忘年交。

说起来,我和有义同志一样,与豫剧桑派艺术都是有些缘分的。不同的是,他是近些年与桑派艺术结缘,我是少年时期与桑派艺术相亲。我在许昌长大,从小就受到桑派艺术的熏陶。父亲和叔叔都是戏迷,他们常常带着还是小学生的我去看桑振君老师的戏。有时家里来了客人,父亲常以买来戏票请他们看戏作为招待的方式。这时,我也每每可以享受到客人的待遇……

我上小学时的学校离许昌剧院很近,有一个时期,少先队号召做好事,我们的任务就是每天晚上到剧院门口帮助检票。每等锣鼓开响,观众已进得差不多时,门卫老大爷一声令下:"看戏去吧!"我们几个红领巾就一溜儿小跑地窜到场内,扒着舞台边儿看戏,几乎天天如此。日子长了,看得多了,对桑派的许多剧目都比较熟悉,什么《打金枝》啦、《下陈州》啦,还有《游龟山》、《白莲花》、《观文》、《八件衣》、《革命家庭》等等,剧中的主要人物形象可以说深深地刻在了我的脑子里,其中的许多唱段还能熟练地唱上几句。那时,当然不可能对艺术有深刻的理解,看热闹、看剧情的成分自然多一些。所以,我当时最喜欢看的就是《白莲花》了,只觉得白莲仙子可爱,而且神通广大。最不喜欢的是《观文》,秦雪梅出来独自一人在台上,咿咿呀呀地唱个没完。小时候记性好,虽然不理解,许多唱词就那么记住了,长大之后,细细品味,才知其中之奥妙。

那时,桑老师在我的心目中绝对就是个仙子,我非常崇拜她。记得有一次放学回家,突然发现桑老师在我前面走,不知怎么的灵机一动,向前猛跑几步超过她,然后猛一转身并自发口令"敬礼!",恭恭敬敬地行了一个少先队礼。桑老师哈哈大笑,当我再次发出"礼毕"口令时,她早已迎了过来,并把我高高抱起。几十年过去了,回忆起这件事如同昨日。

上中学以后看戏逐渐少了,也再没有见过桑老师,后来听说她到了邯郸，我为她离开河南心里难受了好久……

由于共同的对桑老师的这份情结，我和有义的联系逐渐多了起来。不久，他因《解读朋友》书稿一事请我作序，我欣然同意。这么一来二往，我们的关系日渐密切。

自然，不谋而合，本书的意向也由此诞生。

共同讨论《桑振君传》书稿事宜，大约是三年前的事了，根据桑先生原来的回忆片段《我的艺术生涯》，首先草拟了大纲。接着，我们利用业余时间，走邯郸、赴开封、下许昌，几乎遍访了桑先生的亲朋好友、同事和弟子，掌握了大量的第一手材料。

当时，我因公务缠身，实在无暇顾及，便委托有义同志先拿出初稿，有义同志十分上心，期间做了大量的整理工作，一年前，初步框架基本形成。

写作这东西，非得静下心来不可。今年元月，我卸任省政协秘书长后，便专心致志地投入到本书的写作之中。

写作是苦差事，有时，或因结构或因语言而思路受阻，竟一两日毫无进展，每遇此情，着实令人愁眉不展，以至茶饭不思。

但写作又是乐事，有时灵感大发，突然间，文如泉涌，当两手在键盘上不停地敲打时，倍感心旷神怡。

其实，工作的苦和乐，也在个心劲儿。说实话，过去的工作，有一些未必是自己愿干的，但因那是工作必须得去干！现在写书，而且是给自己敬重的艺术大师立传的书，完全是出于自发，形式虽苦，心中却早已自得其乐了，有时进入了状态，简直就像入了迷，通宵达旦也丝毫不知疲倦。

我约有义同志不定期地小聚，边喝茶，边讨论书稿，每当此时,我们常常会忘记自我,会一同进入书中之场境。有一次,当我读到某一片段时,忽觉声音哽咽,读不下去了,只好停下来稍稍平静,我抬头看时,有义同志早已热泪盈眶……

上个月我们碰面时,再次按照原定的几项原则,通审了全稿的大纲。

我们是按照以下几点来把握的。

一是真实性,传记不是小说,最忌瞎编乱造,所以选取材料时,我们力求真实可靠,凡是弄不准的材料一律不收入书中。在写作过程中,我们也是这样做的。有时,为了弄清一个细节或了解新的情况,要往返多次进行采访,如采访桑振君当童养媳时的丈夫谢顺明先生,我们曾先后往开封跑了四趟。

二是故事性,在情节的描述上,力求生动鲜活,尽量避开概念化的语言,以白描为主,以增强故事的有感性。

三是知识性,本书涉及的人物较多、地域较多、戏曲专业知识较多,我们尽量地顺便多介绍一些相关知识,以增强可读性。

四是包容性,采访对象各有各的观点,尤其涉及豫剧各流派特点,并对其进行评价时,往往不可避免地会有一些片面之词。作为作者,我们对素材处理时,力求做到客观公允;万不能以个别人的观点而以偏概全,更不能感情用事。

五是通俗性,豫剧的观众有一大批在农村。此类书籍的读者也有一大批在农村,考虑到这个特点,在语言上,我们尽量口语化,力求通俗。

六是流畅性，尽量避免长句子，力求读起来朗朗上口。

想是这么想，是否做到了这些，只有让读者来评价了。

为桑先生作传，我们才疏学浅，本难堪任，但出于对桑先生的崇敬，不过尽点心力而已，疏漏错讹之处，敬望方家、读者正之。

需要说明的是，本书写作过程中，得到了桑先生的女儿崔婉琳，桑派弟子苗文华、常俊丽、宋凤丽，桑先生的同事袁世安、吴雪琴、王皖源、方晓兰、李素芹，河南省戏迷协会王长法等的大力支持。特别是著名诗人李铁城先生、河南省戏剧研究所老书记侯耀忠先生、著名剧作家齐飞先生还多次在有关方面给予指导，在此，一并向他们表示衷心感谢。

尤其是谢顺明老先生，不顾年迈，四次盛情接待我们，讲述了许多鲜为人知的事情，在此，特向谢老表示深深的敬意！

明年7月9日是大师逝世10周年的日子，谨以此书，献给敬爱的桑振君先生！

是为跋。

2013年10月17日